法藏知津

中國佛教研究集成

初 編

杜潔祥 主編

第 **34** 冊

憨山德清註《莊》之研究

李懿純 著

花木蘭文化出版社

國家圖書館出版品預行編目資料

憨山德清註《莊》之研究／李懿純 著 — 初版 — 台北縣永和市：
花木蘭文化出版社，2010〔民 99〕
目 2+250 面；19×26 公分
（法藏知津——中國佛教研究集成 初編：第 34 冊）
ISBN：978-986-6528-28-6（精裝）
1.（明）釋德清　2.莊子　3.學術思想　4.研究考訂
121.337　　　　　　　　　　　　　　　　　　97016640

ISBN - 978-986-6528-28-6

9 789866 528286

法藏知津——中國佛教研究集成
初　編　第三四冊　　　　　　ISBN：978-986-6528-28-6

憨山德清註《莊》之研究

作　　　者　李懿純
主　　　編　杜潔祥
總 編 輯　杜潔祥
印　　　刷　普羅文化出版廣告事業
出　　　版　花木蘭文化出版社
發 行 所　花木蘭文化出版社
發 行 人　高小娟
聯絡地址　台北縣永和市中正路五九五號七樓之三
　　　　　　電話：02-2923-1455／傳真：02-2923-1452
電子信箱　sut81518@ms59.hinet.net
初　　　版　2008 年 9 月（一刷）　2010 年 8 月（二刷）
定　　　價　初編 36 冊（精裝）新台幣 55,000 元

憨山德清註《莊》之研究

李懿純　著

作者簡介

李懿純，台灣大學中文系學士、淡江大學中文所碩士、輔仁大學中文所博士研究。主要研究領域為道家、禪宗及三教思想，近年則著力於晚明莊學，並於國際會議上發表多篇相關研究成果，本書即 2003 年 6 月定稿為據。

提　　要

　　明末三教融合之色彩濃厚，晚明四大師的出現，帶來了振興佛教之契機。四大師之一的憨山德清，更具有融通三教之主張，其調合三教之立場，亦為明末佛教帶來全新展望。本論文主要以憨山「註莊」為研究對象，通過憨山「註莊」之研究，突顯其特色及學術價值。本文共計六章：

　　第一章〈導論〉：對既有研究之成果，作一第二序之探討及介紹，並說明本文研究之動機、目的及方法。

　　第二章〈憨山德清註莊之動機及其中心思想〉：首先以憨山「註莊」思想之「動機」為其基礎，再透過憨山「註莊」之動機緣由，揭示憨山融通三教之中心思想。最後，再論述憨山融攝儒、道二家會歸於佛之主張。

　　第三章〈憨山德清註莊之基本立場〉：通過憨山《老子道德經解》與《莊子內七篇註》，作一「對照表」。由此「對照表」，梳理出憨山解老、註莊之如實主張，及其矛盾之處，藉此釐清憨山解老、註莊之理解及其基本立場。

　　第四章〈憨山德清註莊之系統架構及其內容特色〉：以憨山「註莊」「楞嚴為首、華嚴為次」之基礎出發，進而探論憨山對於莊子內七篇相因次第之主張，再由此呈顯憨山「註莊」之內容特色。

　　第五章〈憨山德清註莊之工夫論及其境界說〉：由憨山三教之判教觀出發，透過憨山對於孔子、老莊、佛之定位及其判攝，釐清憨山以佛統攝儒、道之立場；再由此三教之判攝，進一步探論憨山「註莊」之「工夫論」及其「境界說」。

　　第六章〈結論〉：本文之回顧與總結，並且揭示本文未來研究之展望及其時代意義。

目

次

第一章 導 論

第一節 研究動機及目的

　　憨山大師〔註1〕乃明末四大師〔註2〕之一，在中國佛教思想史上，影響堪稱廣泛。〔註3〕其「註莊」〔註4〕之思想，更有其特色及意義，此特色乃是憨山以

〔註1〕 福善記錄、福徵述疏，《憨山大師年譜疏註》，（臺北：老古文化事業股份有限公司，民國87年4月，初版八刷），頁50：「予三十八歲，春正月，水齋畢；然以臺山虛聲，謂大名之下，難以久居，遂蹈東海之上，始易號憨山，時則不復知有澄印矣。」根據以上文獻與論說之便，以下簡稱憨山。

〔註2〕 明末四大師爲：雲棲袾宏（1535～1615）、紫柏眞可（1543～1603）、憨山德清（1546～1623）、蕅益智旭（1599～1655）。雲棲袾宏、紫柏眞可、憨山德清又並稱爲「三大師」。

〔註3〕 憨山在中國佛教史之影響，可參考以下等著作：
　　1. 郭朋，《中國佛教思想史》（下卷），（福州：福建人民出版社，民國84年9月，第一次印刷），頁357：「在中國佛教思想史上，影響更爲廣泛的，則是被稱爲明代佛教四大家的袾宏、眞可、德清和智旭，它們都是禪教兼通而不拘一格的人」。
　　2. 野上俊靜等著、釋聖嚴譯，《中國佛教史概說》，（臺北：臺灣商務印書館股份有限公司，民國82年12月，二版第一次印刷），頁182：「以禪淨一致爲主軸的各宗互融，構成了明代佛教的特色。這一傾向，可從幾乎是出現於同一時代之中弘佈佛教的所謂四大：袾宏、眞可、德清、智旭的共通見解中，得到消息」。
　　3. 釋聖嚴，《明末佛教研究》，（臺北市：東初出版社，民國82年11月），頁69：「……三位尊宿，則更詳盡，特別是憨山德清，由於有其自序年譜可據，讀來猶如現代銀幕的景觀，生動、活潑，充滿了眞實感的撼人力量。姑且不論憨山大師的悟境究竟有多深，對於一位禪者的定境、悟境的敘述，能

佛學思想註解《莊子》內七篇，而意義則建立在憨山兼注儒、道經典，〔註5〕及其於明末三教融合之思想上，具有代表性與學術價值。

憨山生於明世宗嘉靖二十五年，圓寂於明熹宗天啓三年，此時明末佛教雖已充分融入中國之社會風俗中，然而，由於佛教傳入中國已久，至明代末期這段期間，亦已產生諸多流弊與問題。其中包括佛教內部之問題，乃度牒販賣之流弊、僧尼素質之低下、叢林制度本身等多項問題〔註6〕；而外在因素又有政治干預佛教、羅教的興起、以及道教等其他宗教融合、紛爭之問題，在在都顯示明末佛教已漸漸走向式微之途。然而，其他宗教與其思想之交互融合，卻也顯示出明末佛教思想之精彩，而晚明四大師的出現，更替這股融合風氣，帶來振興佛教之契機，是以，研究憨山思想當具有一定之學術價值。

蓋佛教自傳入中國起，就在謀求與本土文化之融合，此乃是任何外來文化融入中國發展之必經途徑；而中國佛教經過格義、創教、立宗等階段，到了唐代後期，已經顯現出很強的禪教合一、儒釋道會通之色彩。到了明代，由於教育和科舉的影響，儒家深入到中國社會的各個方面，道家學說則作爲儒學之補充，始終與儒學共生，它們同時對佛教思想產生影響。〔註7〕故吾人

有如此的細微而明朗者，在中國禪宗史上，當可推爲第一」。

4. 忽滑谷快天撰、朱謙之譯、楊曾文導讀，《中國禪學思想史》（下），（上海：上海古籍出版社，民國91年4月，第一次印刷），頁804：「當明末禪者非禪者，教家非教家，說持律，慕淨業，持密咒，行坐觀，不發揮一既成宗派之特色，陽呈禪匠之觀者有之。而受時人敬信，似爲一代之宗將，其最有名於世者有二。一謂達觀眞可，二謂憨山德清」。

〔註4〕以「註」字作爲憨山注莊之「注」字，主要援引自憨山《莊子內七篇註》中所用之「註」字。

〔註5〕例如：儒家經典方面，憨山注有《中庸直指》、《大學綱目決疑》等書；道家經典方面，則有《老子道德經解》及《莊子內七篇註》。

〔註6〕晚明佛教叢林制度等問題，可參考江燦騰，《晚明佛教叢林改革與佛學爭辯之研究——以憨山德清的改革生涯爲中心》等專作；而陳運星於《儒道佛三教調合論之研究——以憨山德清的會通思想爲例》，（中央大學哲學研究所碩士論文，民國80年6月），頁124～125中，以憨山所處之時代爲主，並根據明代湛然圓澄之《慨古錄》，以及參考江燦騰《晚明佛教叢林改革與佛學諍辯之研究——以憨山德清的改革生涯爲中心》之著作，整理出晚明叢林制度之問題，吾人節錄如下：一、朝廷佛教政策之不當：包括官方不開戒壇、並以收銀代替考試度僧等；二、叢林本身之弊端：包括師資水準低落、僧人行爲失檢等；三、牽涉官廷之是非：包括慈聖李太后，篤信佛教，一生資助佛事且費用浩繁，所引起之是非鬥爭等。

〔註7〕張學智，《明代哲學史》，（北京：北京大學出版社，民國89年11月，第一版

可知，明代三教融合〔註8〕之色彩已經非常濃厚，而憨山身處於這個時代，其三教調和之表現，勢必展現於註莊思想上。換言之，憨山身為明末四大師之一，身處於三教調和色彩濃厚之明末，其本質思想〔註9〕勢必互相影響，更何況其熟稔儒、道二家之學，著有《中庸直指》、《大學綱目決疑》、《老子道德經解》、《莊子內七篇註》、《觀老莊影響論》等與儒、道相關之作，是故，吾人可推論，憨山乃以三教調和之立場註解《莊子》！

　　憨山三教思想之展現既然如此濃厚，本論文為何單以憨山「註莊」之思想作為研究？此乃有鑑於憨山三教合一之思想，已有諸多專論見世；〔註10〕且研究憨山之學者，大都以其佛學角度切入，針對其佛學思想作研究，對於憨山儒、道色彩等著作則較少著墨；〔註11〕即使有專論出現，切入角度亦由

第一次印刷），頁 628。

〔註8〕關於明代三教融合之研究，可參考：唐大潮《明清之際道教「三教合一」思想論》（北京：宗教文化出版社，民國 89 年 6 月，第一版第一次印刷）、洪修平《禪宗思想的形成與發展》〈三教合一與農禪並作〉（南京市：江蘇古籍出版社，民國 89 年 1 月，第一版第一次印刷）等著作，以及李霞〈論明代佛教的三教合一說〉（《安徽大學學報》（哲學社會科學版），第二十四卷第五期，民國 89 年 9 月）、劉學智〈「三教合一」義蘊辨微——兼談心性論與當代倫理實踐〉（《宗教哲學》第一卷第四期，民國 84 年 10 月）、唐大潮〈「三教合一」思想成因初探〉（《宗教哲學》第三卷第一期，民國 86 年 1 月）、郭武〈明清雲南儒釋道三教合流簡論〉（《宗教哲學》第二卷第二期，民國 85 年 4 月）、洪修平〈儒道佛三教與傳統文化的「人學」特質〉（《哲學與文化》第十九卷第二期，民國 81 年 2 月）、陳俊民〈宋明「三教合一」思潮中的「心性」旨趣論稿〉（《鵝湖》第十五卷第四期，民國 78 年 10 月）、王鐳〈儒佛道三教的研究〉（《道教文化》第三卷第一期，民國 70 年 5 月）、史繼忠〈儒道佛的紛爭與融合〉（《貴州民族學院學報》（社會科學版）第三期，民國 82 年）等期刊。

〔註9〕此處所言之「本質思想」，所指乃憨山本身之思想而言。

〔註10〕關於憨山三教合一之思想論著，可參考：陳運星《儒道佛三教調合論之研究——以憨山德清的會通思想為例》（中央大學哲學研究所碩士論文，民國 80 年 6 月）、崔森《憨山思想研究》（四川聯合大學宗教學研究所碩士論文，民國 86 年）、夏清瑕《憨山大師佛學思想研究》（南京大學哲學系博士論文，民國 89 年）等專著；期刊則可參考李霞〈憨山德清的三教融合論〉（《安徽史學》第一期，90 年）、江平〈憨山大師思想特色〉（《五臺山研究》第一期（總第十八期），民國 78 年）等篇章。

〔註11〕例如：崔森《憨山思想研究》（四川聯合大學宗教學研究所碩士論文，民國 86 年）、夏清瑕《憨山大師佛學思想研究》（南京大學哲學系博士論文，民國 89 年）等專著。

其生平或佛學思想爲主，而未見以其他角度切入者；〔註 12〕是以吾人以憨山
註儒、道思想作爲考量。然而，又爲何單選憨山「註莊」思想作爲研究？此
除了內在因素，乃個人之學思歷程及因緣際會外；尚有其外在因素，乃吾人
身處於二十一世紀的現代，儒家思想雖作爲積極努力之動力，然而，在積極
實踐之背後，卻也需要道家思想加以調和。而憨山「註莊」所呈顯之特色及
「內聖外王」的完美藍圖，在在都揭示出儒、道二家思想之融合，是故，吾
人以憨山「註莊」之思想作爲研究進路，並企圖以不同角度詮解之。

　　透過以上論述，本論文之研究動機及目的，可統攝爲兩點討論：其一「以
往研究成果之侷限」，乃深感憨山「註莊」之思想研究，其研究成果並不充分，
故欲進一步研究之。其二「憨山註莊特色之呈顯」，憨山既處於三教調和之時
代，其「註莊」思想必具有其特殊性，故欲突顯其註莊之特色，希望達到憨
山註莊思想之精彩及其價值展現。以下針對此兩點，展開論述。

一、以往研究成果之侷限

　　憨山佛學方面研究之著作，已有漸漸增多之趨勢。吾人由釋聖嚴《明末
佛教研究》之「自序」中，不僅可以窺見明末佛教思想之研究已日趨興盛，
且研究者之學位論文，亦多以明末四大師爲主，釋聖嚴云：

> 在我的學位論文問世之前，學界對於明末的佛教，尚是一塊等待開
> 發的處女地，嗣後不久，美國州立賓州大學的徐頌鵬博士，提出的
> 學位論文是明末的憨山德清。一九七九年由賓州大學出版了《A
> Buddhist Leader in Ming China-The life and thought of Han-Shan
> Te-Ching》；美國哥倫比亞大學的于君方博士，撰成的學位論文是研
> 究明末的蓮池大師雲棲袾宏，一九八一年由哥倫比亞大學出版了
> 《The Renewal of Buddhism in China Chu-hung and the Late Ming
> Synthesis》。去年的美國哈佛大學，也有一位美國學者，以紫柏大師
> 爲主題研究，通過了博士學位，唯尚未見出版；本年春台灣中華佛
> 學研究所的釋果祥，也由東初出版社出版了一冊《紫柏大師研究》；

〔註12〕例如：張玲芳《釋德清以佛解老莊思想之研究》，（中興大學中國文學系碩士
　　　　論文，民國 88 年 6 月 15 日）、陳運星《儒道佛三教調合論之研究——以憨山
　　　　德清的會通思想爲例》（中央大學哲學研究所碩士論文，民國 80 年 6 月）等
　　　　專著。

另有一位苦學勤讀，正在充實學力中的臺大哲學研究所研究生——
江燦騰先生，也以明末佛教爲其主攻的領域，在國內發表了數篇論
文。尚有大陸學者郭朋，於一九八一年以通史體裁寫成《明清佛
教》……可見學術界對於明末佛教的研究，在短短十二年來，以成
了國內外及東西方學者間的熱門課題。〔註13〕

釋聖嚴此段自序，乃成於民國七十六年七月二十日，故吾人可清楚得知，在
民國七十六年之前，明末佛教之研究已逐漸興盛，至今學者對於明末佛教之
研究更是趨之若鶩；且研究之對象，大都鎖定於明末四大師，而憨山佛學思
想之研究亦是如此。然而，憨山「註莊」思想方面之研究，卻遠遠不如其佛
學思想之研究來的興盛。

　　目前學界之研究，與憨山「註莊」思想「直接」〔註14〕相關之專論，乃
以張玲芳《釋德清以佛解老莊思想之研究》爲代表；〔註15〕而「間接」〔註16〕
與憨山「註莊」思想相關之專論，則以許中頤《釋憨山《觀老莊影響論》的
義理研究》爲代表。〔註17〕就篇章而言，「直接」與憨山「註莊」有關之篇章
則有：邱敏捷〈憨山《莊子內篇注》之特色〉、〔註18〕張學智〈憨山德清的以
佛解老莊〉、〔註19〕陳榮波〈憨山大師的莊子思想〉、〔註20〕陳松柏〈眞常心
理論下之《莊子內篇註》〉、〔註21〕陳運星〈憨山德清《莊子內篇註》之中心

〔註13〕釋聖嚴，《明末佛教研究》〈自序〉，(臺北市：東初出版社，民國82年11月)，
　　　　頁1～2。
〔註14〕此處所言：「與憨山『註莊』思想『直接』相關」之意，乃指以憨山《莊子內
　　　　七篇註》爲研究對象者。
〔註15〕張玲芳，《釋德清以佛解老莊思想之研究》，(中興大學中國文學系碩士論文，
　　　　民國88年6月15日)。
〔註16〕此處所言「間接」之意，乃指與憨山「註莊」思想相關，卻不直接以《莊子
　　　　內七篇註》爲研究對象者。
〔註17〕許中頤，《釋憨山《觀老莊影響論》的義理研究》，(華梵大學東方人文思想研
　　　　究所碩士論文，民國90年6月)。
〔註18〕邱敏捷，〈憨山《莊子內篇注》之特色〉，(《中國文化月刊》第二五八期，民
　　　　國90年9月)，頁69～95。
〔註19〕此篇見於陳鼓應主編，《道家文化研究》第八輯〈憨山德清的以佛解老莊〉，(上
　　　　海：上海古籍出版社，民國84年11月，初版)，頁339～350。
〔註20〕此篇見於陳榮波，《哲學、語言與管理》〈憨山大師的莊子思想〉，(桃園：逸
　　　　龍出版社，民國81年2月，初版)，頁65～81。
〔註21〕此篇出自陳松柏，《憨山禪學之研究——以自性爲中心》〈眞常心理論下之《莊
　　　　子內篇註》〉，(東海大學哲學研究所博士論文，民國85年12月)，頁127～131。

思想〕〔註22〕與李春蕙〈憨山對莊子思想的詮釋〉〔註23〕等篇章。至於「間接」與憨山「註莊」有關之篇章則有：林文彬〈釋德清《觀老莊影響論》初探〉、〔註24〕夏春梅〈儒佛註老的《道德經》詮釋研究初稿〉、〔註25〕陳松柏〈憨山老學之思考方式與世間特質〉、〔註26〕陳松柏〈憨山《道德經解》之本體論詮釋〉、〔註27〕陳運星〈憨山德清《老子道德經解》之主要思想〉、〔註28〕陳榮波〈憨山大師心目中的老子思想〉、〔註29〕李曦〈釋德清《道德經解》評述〉、〔註30〕王煜〈釋德清（憨山老人）融攝儒道兩家思想以論佛性〉〔註31〕與陳文章〈莊子寓言精神之工夫型態與境界型態（上）（下）──兼比較憨山、郭象、宣穎、陳壽昌之注解〉〔註32〕等篇章。至於夏清瑕〈從憨山和王陽明的《大學》解看晚明儒佛交融的內在深度〉、〔註33〕蔡金昌〈憨山德清以佛解

〔註22〕 此篇出自陳運星，《儒道佛三教調合論之研究──以憨山德清的會通思想爲例》〈憨山德清《莊子內篇註》之中心思想〉，（中央大學哲學研究所碩士論文，民國80年6月），頁245～267。

〔註23〕 此篇出自李春蕙，《莊子思想詮釋的分際》〈憨山對莊子思想的詮釋〉，（國立臺灣師範大學國文研究所碩士論文，民國82年6月），頁99～158。

〔註24〕 林文彬，〈釋德清《觀老莊影響論》初探〉，（國立中興大學《文史學報》第三十一期，民國90年6月），頁15～33。

〔註25〕 夏春梅，〈儒佛註老的《道德經》詮釋研究初稿〉，（華梵大學哲學系：《第五次儒佛會通學術研討會論文集》，民國90年5月），頁28～34。

〔註26〕 陳松柏，〈憨山老學之思考方式與世間特質〉，（華梵大學哲學系：《第六次儒佛會通論文集》下冊，民國91年7月），頁321～342。

〔註27〕 此篇出自陳松柏，《憨山禪學之研究──以自性爲中心》〈憨山《道德經解》之本體論詮釋〉，（東海大學哲學研究所博士論文，民國85年12月），頁125～127。

〔註28〕 此篇出自陳運星，《儒道佛三教調合論之研究──以憨山德清的會通思想爲例》〈憨山德清《老子道德經解》之主要思想〉，（中央大學哲學研究所碩士論文，民國80年6月），頁233～245。

〔註29〕 此篇見於陳榮波，《哲學、語言與管理》〈憨山大師心目中的老子思想〉，（桃園：逸龍出版社，民國81年2月，初版），頁58～64。

〔註30〕 李曦，〈釋德清《道德經解》評述〉，（《五台山研究》第三期，民國77年），頁32～39。

〔註31〕 此篇見於王煜，《明清思想家論集》〈釋德清（憨山老人）融攝儒道兩家思想以論佛性〉，（臺北市：聯經出版事業公司，民國81年4月，第三次印行），頁165～210。

〔註32〕 陳文章，〈莊子寓言精神之工夫型態與境界型態──兼比較憨山、郭象、宣穎、陳壽昌之注解〉（上、下），（《鵝湖》第二十二卷第十一期，民國86年5月、《鵝湖》第二十二卷第十二期，民國86年6月），頁1～10、頁26～32。

〔註33〕 夏清瑕，〈從憨山和王陽明的《大學》解看晚明儒佛交融的內在深度〉，（《河

儒思想研究——以《大學綱目決疑》爲例〕〔註34〕與王開府〈憨山德清儒佛
會通思想述評——兼論其對《大學》、《中庸》之詮釋〉〔註35〕等篇章，則以
憨山「註儒」爲主，並旁敲側擊關連至憨山「註莊」之思想。

　　吾人首先針對篇章而言，「間接」與憨山「註莊」有關者，大都著重於憨
山老學之研究，抑或其註儒思想之研究，只有旁敲側擊關連至憨山「註莊」。
至於王煜〈釋德清（憨山老人）融攝儒道兩家思想以論佛性〉，〔註36〕則太過
廣博，其中關於憨山「註莊」之內容較少，多以憨山佛學思想爲主；而陳文
章〈莊子寓言精神之工夫型態與境界型態（上）（下）——兼比較憨山、郭象、
宣穎、陳壽昌之注解〉，〔註37〕乃以憨山、郭象、宣穎、陳壽昌注解爲比較之
研究，亦非針對憨山「註莊」之研究。是以，其中與憨山「註莊」有關之篇
幅皆極少。而「直接」與憨山「註莊」有關之篇章，大都爲期刊，抑或只是
專論中的一小章或節，其論述與憨山「註莊」有關之篇幅，大都太過簡略，
內容亦不充分。故以篇章而言，研究成果多有侷限。

　　至於兩本專論，「間接」與憨山「註莊」有關之專論，乃以許中頤《釋憨山
《觀老莊影響論》的義理研究》〔註38〕爲代表。此書主要以憨山〈觀老莊影響
論〉爲主題論述，〈觀老莊影響論〉又名「三教源流異同論」，故吾人可知，內
容必與憨山三教之判攝有關，此與本論文以憨山「註莊」爲研究，尚有一段距
離，加上此書論述簡潔，有些論點尚未交代清楚，〔註39〕故仍有可發展之空間。

南師範大學學報》（哲學社會科學版）第二十八卷第六期，民國90年），頁10
～14。

〔註34〕蔡金昌，〈憨山德清以佛解儒思想研究——以《大學綱目決疑》爲例〉，（華梵
　　　　大學：《第十三屆佛學論文聯合發表會論文集》，民國91年9月14、15日），
　　　　頁375～395。

〔註35〕王開府，〈憨山德清儒佛會通思想述評——兼論其對《大學》、《中庸》之詮釋〉，
　　　　（華梵大學哲學系：《第三次儒佛會通學術研討會論文選輯》，民國87年12
　　　　月26日出版），頁169～191。

〔註36〕此篇見於王煜，《明清思想家論集》〈釋德清（憨山老人）融攝儒道兩家思想
　　　　以論佛性〉，（臺北市：聯經出版事業公司，民國81年4月，第三次印行），
　　　　頁165～210。

〔註37〕陳文章，〈莊子寓言精神之工夫型態與境界型態——兼比較憨山、郭象、宣穎、
　　　　陳壽昌之注解〉（上、下），（《鵝湖》第二十二卷第十一期，民國86年5月、
　　　　《鵝湖》第二十二卷第十二期，民國86年6月），頁1～10、頁26～32。

〔註38〕許中頤，《釋憨山《觀老莊影響論》的義理研究》，（華梵大學東方人文思想研
　　　　究所碩士論文，民國90年6月）。

〔註39〕例如：作者以《占察善惡業報經》爲憨山「唯心識觀」之理論定義及其來源，

而「直接」與憨山「註莊」有關之專論，乃以張玲芳《釋德清以佛解老莊思想之研究》〔註40〕爲代表。由此書之題目觀之，即可知作者之重點應放在憨山「以佛解老莊」之思想研究，然而，進一步觀看此書，吾人卻發現，內容述及憨山「以佛解老莊」者，只在於此書第五、六章，至於與憨山「註莊」有關者，則只有第六章。五、六章之前，約論文之三分之二，乃著重於敍述憨山之生平背景及其佛學思想，以及憨山對三教之判攝。「以佛解老莊」應爲此論文之重點篇章，反而所佔篇幅不多，加上作者五、六章之敍述，大都本著憨山本意述之，〔註41〕尚未突顯憨山「以佛解老莊」之特殊性。是以，憨山「註莊」之研究成果尚待發展，以往研究成果雖可觀之，然仍有進一步發展之空間。

二、憨山註莊特色之呈顯

歷來莊子之研究可謂非常之多，無論是古大德之註疏或見解，抑或後代學者之研究，在在都顯示「莊學研究」〔註42〕之廣博。而莊子思想之所以值得研究，乃在於其思想之精深及其透過思辯性所帶來之價值意義，亦即「莊子思想的生命十分奇特：作爲一種理論形態、思想體系，它在先秦以後就停止了發展，已經終結；但是，莊子的思想觀念，莊子的語言，仍舊生機盎然地生長在魏晉、唐宋迄至今天的我們的生活和思想之中」。〔註43〕是故，吾人

然卻未加以溯源或解釋。本論文第二章第二節〈憨山德清註莊之中心思想〉之第二小節〈憨山德清「唯心識觀」之思想溯源〉中的第五系統〈占察善惡業報經說〉裡，將會針對此論點加以討論。

〔註40〕張玲芳，《釋德清以佛解老莊思想之研究》，（中興大學中國文學系碩士論文，民國88年6月15日）。

〔註41〕例如：作者第六章第三節〈《莊子》內七篇各篇思想要略〉，大部分乃順著憨山解釋而敍述，亦即引憨山原文而加以解釋，是故，並未突顯憨山「以佛解老莊」之特殊性。

〔註42〕關於「莊學研究」之定義，根據崔大華，《莊學研究》〈自序〉，（臺北：文史哲出版社，民國88年9月，初版），頁1：「莊子思想是以儒家思想爲主體的中國傳統思想的重要組成部分，是中國傳統思想某些基本特徵和內容的最早的觀念根源。因此，全面而深入的莊子思想研究，我以爲自然首先必須從《莊子》中探索、發現莊子思想的整體內容及其內在聯繫、邏輯結構；同時還必須跨出《莊子》本身，在一種比較寬廣的中國哲學和世界哲學的背景下來觀察、分析莊子思想的理論面貌及其存在、演變的歷史。具有這兩方面內容的莊子思想研究，可稱之爲『莊學研究』。這是對中國哲學中的一個觀念淵源的歷史考察」。

〔註43〕崔大華，《莊學研究》〈自序〉，（臺北：文史哲出版社，民國88年9月，初版），

可知，莊子的思想觀念，及其生命之無限開展，仍帶給後世不同之思考模式，是以其可作爲一種理論形態，抑或思想體系，而其價值之展現，乃在於後世者將莊子思想應用於世，且大放異彩。

　　莊子思想如此博大精深，研究莊子者又如此數不勝數，吾人該透過何者，突顯其註莊之不同特點？憨山本身之佛學信仰，其立場非常明確，故其註莊勢必融入佛教色彩，且必具有一定之特殊性。是故，在莊子思想中，選擇憨山註莊爲命題探討，乃因憨山註莊有此特殊性之緣由。再者，憨山既處於三教調和之時代，其註莊必展現其不同以往之思想，於明末三教調和之思潮，憨山更具有其代表性，無論在儒、釋、道三教之調和、融攝上，亦具有一定之影響力。是以，透過憨山註莊之特殊性及代表性，呈顯出憨山註莊不同於他家之說法，由他家與憨山自家說法之比較，揭露其註莊所蘊含之深度義蘊。

　　換言之，吾人透過憨山註莊之研究，進一步揭示其本身思想之差別相，再透過此差別相，由其自身立場出發，以佛學之角度，開展其在莊學所注入之新生命。並且，憨山可作爲明末融攝三教之代表人物，由其對佛、道二家之註解，揭示其註莊研究之深度意涵，再由此深度意涵，窺見其註莊之價值意義！

第二節　前人研究成果之檢討

　　以上已說明，與憨山「註莊」有關之篇章，無論「直接」或「間接」相關者，大都爲期刊或論文中的某章某節，除了篇幅不多，論點亦不易開展。故此節之重點，乃以當代學者對於憨山研究之專著爲主，至於以下所提到之單篇論文或期刊，乃是具有特殊觀點〔註44〕者，故以此爲輔。期以專著爲主、篇章爲輔之方式，展現前人研究之成果，並且作一檢討與開展。

　　前人研究之成果，將分爲兩部分討論：其一「以時代背景及憨山生平爲範圍之探討者」，此部分與本論文關係較爲疏遠，乃研究憨山必須具有之背景知識，亦即此部分乃是以明末時代背景及憨山生平爲主軸之論文；故此部分乃以介紹性之方式展示，並加以檢討。

　　其二「以憨山德清思想爲主題式進路之探討者」，此部分與本論文關係較爲

　　頁2。
〔註44〕所謂特殊觀點乃相對於一般觀點而言，此處之特殊觀點，所指乃是單篇論文或期刊中，對於憨山之研究，有提出別於一般研究之看法者。

密切，專論憨山「註莊」者雖不多，然吾人乃欲以「憨山註莊」爲進路，並由論著中歸納出作者「註莊」之進路。換言之，此部分主要透過「憨山註莊」爲主軸，藉此窺見以憨山思想爲主題式進路之研究者之立場，並加以檢討。

一、以時代背景及憨山生平爲範圍之探討者

透過上一節之敘述，吾人已然瞭解，探討憨山佛學之研究者，有日趨增多之趨勢，而以明末時代背景及憨山生平爲主軸討論之專論，亦多見於世。以下針對「時代背景」及「憨山生平」，分爲兩點論述：其一，主要以明末「時代背景」爲範圍，並以憨山爲探討對象者；其二，主要以「憨山生平」爲範圍探討者。以下依據此兩點展開論述。

（一）時代背景

以明末時代背景爲範圍，並以憨山爲探討對象，主要專著有：江燦騰《晚明佛教叢林改革與佛學諍辯之研究——以憨山德清的改革生涯爲中心》、〔註45〕釋見曄《明末佛教發展之研究——以晚明四大師爲中心》、〔註46〕釋聖嚴《明末佛教研究》〔註47〕以及荒木見悟《佛教と陽明學》。〔註48〕篇章則有：陳運星〈宋、元、明之三教交涉——宗教之管制與興革，以及理學家之佛老觀、全眞道之三教觀〉、〔註49〕〈憨山大師之時代背景〉〔註50〕以及林繼平〈從陽明、憨山之釋大學看儒佛疆界——禪宗「破三關」哲理的探索〉。〔註51〕以下依序論

〔註45〕江燦騰，《晚明佛教叢林改革與佛學諍辯之研究——以憨山德清的改革生涯爲中心》，（臺北市：新文豐出版股份有限公司，民國79年12月，一版）。

〔註46〕釋見曄，《明末佛教發展之研究——以晚明四大師爲中心》，（國立中正大學歷史研究所博士論文，民國86年12月）。

〔註47〕釋聖嚴，《明末佛教研究》，（臺北市：東初出版社，民國82年11月）。

〔註48〕荒木見悟，《佛教と陽明學》，（東京：株式會社第三文明社，民國79年7月30，初版第二刷）。

〔註49〕此篇見於陳運星，《儒道佛三教調合論之研究——以憨山德清的會通思想爲例》〈宋、元、明之三教交涉——宗教之管制與興革，以及理學家之佛老觀、全眞道之三教觀〉，（中央大學哲學研究所碩士論文，民國80年6月），頁65～103。

〔註50〕此篇見於陳運星，《儒道佛三教調合論之研究——以憨山德清的會通思想爲例》〈憨山大師之時代背景〉，（中央大學哲學研究所碩士論文，民國80年6月），頁104～131。

〔註51〕此篇見於林繼平，《明學探微》〈從陽明、憨山之釋大學看儒佛疆界——禪宗「破三關」哲理的探索〉，（臺北：臺灣商務印書館股份有限公司，民國73年

述與檢討。

　　江燦騰《晚明佛教叢林改革與佛學諍辯之研究——以憨山德清的改革生涯爲中心》，〔註52〕乃企圖以「世俗化」〔註53〕之不同角度，探討叢林改革之活動，並以憨山爲主軸論述，亦即此書乃以晚明佛教「世俗化」之脈絡來進行探討，並結合憨山叢林改革爲中心論述。此作法不同於以往處理此問題之研究者，故具有獨創性；且以歷史角度爲出發點，不僅兼顧時代背景，亦兼顧以憨山爲論點中心之展現。由憨山金陵報恩寺時期乃至曹溪中興時期，無不鉅細靡遺地論述探討，而論及此段時期叢林改革之佛學諍辯，則以憨山與晚明〈物不遷論〉之諍辯爲重心討論。此書若以叢林改革及憨山生平爲脈絡觀之，可謂非常完善，然若純粹以憨山思想爲脈絡探討，此書則較少觸及。此書主要以歷史角度詮釋，其中對於憨山思想之探討，相對而言，亦無法兼顧。是以，與吾人欲研究之憨山「註莊」思想，距離較爲疏遠。

　　釋見曄《明末佛教發展之研究——以晚明四大師爲中心》〔註54〕一書，

12月，初版），頁238～256。

〔註52〕 江燦騰，《晚明佛教叢林改革與佛學諍辯之研究——以憨山德清的改革生涯爲中心》，（臺北市：新文豐出版股份有限公司，民國79年12月，一版）。

〔註53〕 關於「世俗化」之定義，作者有不同於以往之見解，其於《晚明佛教叢林改革與佛學諍辯之研究——以憨山德清的改革生涯爲中心》，（臺北市：新文豐出版股份有限公司，民國79年12月，一版），頁2云：「所謂『世俗化』，主要指政治、社會、經濟、文藝、思想等爲宗教所帶來的影響，或者與宗教關係有極大幅度的變化」。

楊惠南爲作者此書作序時亦云：「『世俗化』（secularization）一詞，是宗教社會學者，如瑪克斯·穆勒（Max Muller）、布耳努夫（Bullnuf）等人的用詞，原義是『與鬼神、宗教脫離關係』。在宗教社會學上，這一用詞和『神聖化』（regularization）一詞正好相對應。後者的字面意義是：爲宗教教規所束縛、或隸屬於宗教之下。而江燦騰先生的大作——《晚明佛教叢林改革與佛學爭辯之研究》一書，卻對『世俗化』一詞有著他自己特有的定義：『所謂『世俗化』，主要指政治、社會、經濟、文藝、思想等爲宗教所帶來的影響，或者與宗教關係有極大幅度的變化。』這意味著大乘行者爲了實現『普渡眾生』的本願，必須暫時忘記個己在宗教上所扮演的角色——『了生脫死』，然後穿上政治、社會，乃至一般世俗哲學思想的外衣，廣泛地和世俗人士交往。因此，江先生還說：『……宗教本身，其實是作爲國家、社會和地方有機體，構成社會的一大要素。』誠然，宗教是國家、社會不可分割的一環；而宗教徒，不管他是『世間』的在家人或是『出世間』的出家眾，也都無法脫離疏而不漏的，『世俗化』的恢恢罟網」。

由上可知，江燦騰此書，乃是以憨山爲一「世俗化」之大師爲主軸論述。

〔註54〕 釋見曄，《明末佛教發展之研究——以晚明四大師爲中心》，（國立中正大學歷

乃以「歷史研究法」為進路，透過歷史脈絡之進程，重新詮解晚明之佛教，並以晚明四大師為中心探討。此書對晚明佛教之發展，有一定之見解與看法，例如：對於晚明羅教之興起，則有「羅教的出現雖對佛教構成壓力，但從另一角度來看，何嘗不是晚明佛教復興的契機」〔註 55〕之見，且此書透過「穩健派」〔註 56〕與「前進派」〔註 57〕兩大系統看晚明佛教之發展，更有其獨創性。然而，將主軸置於晚明四大師之架構，卻過於龐雜，雖然是以四大師之生平貢獻為主軸論述，但卻簡而不精，此乃以晚明四大師為論述中心之限制。此書以晚明佛教為主，論述中心又在於晚明四大師，且以晚明四大師之生平貢獻為主軸。是以，此書與吾人欲探討憨山之「註莊」關係疏遠，然對瞭解晚明佛教與憨山生平卻有一定之幫助。

　　釋聖嚴於《明末佛教研究》〔註 58〕一書中，將憨山歸入第一章〈明末的禪宗人物及其特色〉中，〔註 59〕並分別依據明末之禪者，作一資料考查，將明末禪者之籍貫、宗派、世代、傳記、語錄等資料，一一歸納整理。其中憨山雖無明顯傳承，然釋聖嚴依然將其歸於「明末禪宗人物」之族群裡，吾人

　　史研究所博士論文，民國 86 年 12 月）。

〔註 55〕釋見曄，《明末佛教發展之研究──以晚明四大師為中心》，（國立中正大學歷史研究所博士論文，民國 86 年 12 月），頁 20。

〔註 56〕作者所指「穩健派」之代表人物為「雲棲袾宏」與「蕅益智旭」，其於《明末佛教發展之研究──以晚明四大師為中心》，（國立中正大學歷史研究所博士論文，民國 86 年 12 月），頁 20 云：「本文架構之二是從穩健派看晚明佛教的發展，此章則以雲棲袾宏、蕅益智旭為例探究之。為何以二人為穩健派之代表呢？因為二人皆認為僧人本分，是以了生脫死為目的，與世俗、社會、國家的關係應遠離而非投入。他們修行的歸向是『他方性』的西方淨土，非以改善『現世性』的娑婆世間為歸向」。

〔註 57〕作者所指「前進派」之代表人物為「憨山德清」與「紫柏達觀」，其於《明末佛教發展之研究──以晚明四大師為中心》，（國立中正大學歷史研究所博士論文，民國 86 年 12 月），頁 22 云：「本文架構之三是從前進派看晚明佛教之發展，此章則以憨山德清、紫柏達觀為例探究之。為何以此二人代表？因為除關懷自己道業成就及法門興衰之外，加上對社會、百姓有分強烈的使命感與關懷，使得他們二人奮不顧身投入社會大熔爐中，直接參與濟世度民的工作；卻也因此使二人有不幸的遭遇：一位被流放到嶺南，另一位於獄中自行坐化。相對於袾宏的二分法，他們認為聖與俗、出世與入世並非截然地劃分」；作者此說，亦等同於江燦騰所定義之「世俗化」，結合兩者，憨山則為一「前進派」之「世俗化」僧侶。

〔註 58〕釋聖嚴，《明末佛教研究》，（臺北市：東初出版社，民國 82 年 11 月）。

〔註 59〕釋聖嚴，《明末佛教研究》，（臺北市：東初出版社，民國 82 年 11 月），頁 1～84。

由此歸納可知，禪學思想勢必展現於憨山思想中。釋聖嚴《明末佛教研究》一書，主要乃以明末佛教之研究爲主，對於明末佛教人物之分門別類，有一定之貢獻，且其對於明末佛教之資料彙整，亦堪稱完善。然而，若以「憨山註莊」之角度觀之，距離則較爲疏遠。

而日文方面，以明末時代背景爲範圍探討者，首推荒木見悟，荒木見悟的《佛教と陽明學》，〔註60〕乃是以明代爲背景而展開論述之著作，其中有些篇章亦有談論憨山。〔註61〕然而，因其談論之主題爲「佛教」與「陽明學」，故其中談論憨山所佔之篇幅並不多，且對憨山「註莊」並無著墨。

就篇章而言，陳運星〈宋、元、明之三教交涉——宗教之管制與興革，以及理學家之佛老觀、全眞道之三教觀〉〔註62〕以及〈憨山大師之時代背景〉〔註63〕兩文，主要出自其所著《儒道佛三教調合論之研究——以憨山德清的會通思想爲例》一書中。此書分爲兩大部分，第一部份「儒道佛三教調和論之溯源及其省察」，乃此書第一至第四章，論述重點則在於東漢至明代之間，有關於儒、道、佛三教交涉之情況探討；第二部分「憨山大師儒、道、佛三教調和論的會通思想之研究」，乃此書第五至第十章，論述重點則偏向於憨山生平、思想及其三教調和論之研究。其中作者第四章〈宋、元、明之三教交涉——宗教之管制與興革，以及理學家之佛老觀、全眞道之三教觀〉、第五章〈憨山大師之時代背景〉主要乃是以「時代背景」爲範圍論述，而第五章〈憨山大師之時代背景〉，更是以憨山爲主軸探討。此部分敘述詳細，對於瞭解「明末背景」頗有幫助。此書之後半部份，主要以憨山思想爲主軸探討，是以，第七章以後，歸攝於「以憨山德清思想爲主題式進路之探討者」，並於以下再做論述，此不贅述。

〔註60〕荒木見悟，《佛教と陽明學》，（東京：株式會社第三文明社，民國79年7月30，初版第二刷）。

〔註61〕例如第十二章〈明末佛教の性格〉，則有談論到憨山「學問の三要」，及其判攝孔子爲「人乘之聖人」、老子爲「天乘之聖」、佛則爲「超聖凡之聖」之主張。請參見荒木見悟，《佛教と陽明學》，（東京：株式會社第三文明社，民國79年7月30，初版第二刷），頁136。

〔註62〕此篇見於陳運星，《儒道佛三教調合論之研究——以憨山德清的會通思想爲例》〈宋、元、明之三教交涉——宗教之管制與興革，以及理學家之佛老觀、全眞道之三教觀〉，（中央大學哲學研究所碩士論文，民國80年6月），頁65～103。

〔註63〕此篇見於陳運星，《儒道佛三教調合論之研究——以憨山德清的會通思想爲例》〈憨山大師之時代背景〉，（中央大學哲學研究所碩士論文，民國80年6月），頁104～131。

　　至於林繼平〈從陽明、憨山之釋大學看儒佛疆界──禪宗「破三關」哲理的探索〉〔註64〕一文，主要以宋明理學之角度去研究憨山，而非由憨山佛學之立場出發，故此文雖以陽明、憨山兩者注解〈大學〉爲主軸論述，然文中卻仍可見其以宋明理學之角度探究憨山之偏頗。此文雖充分展現作者之立場及其看法，然卻也顯出比附之嫌及不夠客觀之實。

　　綜合以上論述，以明末時代背景爲範圍論述憨山者，主要出發點大都以時代爲主，而非憨山本身。是故，此部分之專著與篇章，對於瞭解明末時代背景頗有幫助，然若以「憨山註莊」之角度觀之，此部分當爲背景知識，而非主要「註莊」之資料。

（二）憨山生平

　　以「憨山生平」爲範圍探討的專著有：徐頌鵬《中國明代佛教領袖──憨山德清的生平與思想》（*A Buddhist Leader in Ming China—The life and thought of Han-Shan Te-Ching*）〔註65〕一書。篇章則有：陳運星〈憨山大師的生平與著作〉〔註66〕吳百益〈德清之學思歷程〉（"The Spiritual Autobiography of Te-Ching"）〔註67〕以及荒木見悟〈憨山德清の生涯との思想〉。〔註68〕以下依序論述與檢討。

　　徐頌鵬《中國明代佛教領袖──憨山德清的生平與思想》（*A Buddhist Leader in Ming China—The life and thought of Han-Shan Te-Ching*）〔註69〕一書，乃以宗教之角度爲進路，並以憨山〈憨山老人自序年譜實錄〉〔註70〕爲基礎展開論述。

〔註64〕 此篇見於林繼平，《明學探微》〈從陽明、憨山之釋大學看儒佛疆界──禪宗「破三關」哲理的探索〉，（臺北：臺灣商務印書館股份有限公司，民國73年12月，初版），頁238～256。

〔註65〕 Hsu, Sung-peng. A Buddhist Leader in Ming China：The Life and Thought of Han-shan Te-ching. University Park：Pennsylvania State University Press, 1979.

〔註66〕 此篇見於陳運星，《儒道佛三教調合論之研究──以憨山德清的會通思想爲例》〈憨山大師的生平與著作〉，（中央大學哲學研究所碩士論文，民國80年6月），頁132～176。

〔註67〕 Wu, Pei-Yi. "The Spiritual Autobiography." The Unfolding of Neo-Confucianism. Ed. Wm. Theodore de Bary. New York：Columbia University Press, 1975. 67～92.

〔註68〕 此篇見於荒木見悟，《陽明學の開展と佛教》〈憨山德清の生涯とその思想〉，（東京：研文社，民國73年），頁135～173。

〔註69〕 Hsu, Sung-peng. A Buddhist Leader in Ming China：The Life and Thought of Han-shan Te-ching. University Park：Pennsylvania State University Press, 1979.

〔註70〕 《憨山老人夢遊集》卷五十三〈憨山老人自序年譜實錄上〉、卷五十四〈憨山老人自序年譜實錄下〉，其有年譜而無註疏，以下簡稱爲〈年譜〉。所用之版

集中討論憨山之生平及其思想，並依據憨山之所在地與際遇，將其生平分為九個時期，〔註71〕此乃本書之創見。然而，將憨山之生平背景及其思想，作直線縱貫式之敘述，卻顯得研究格局太過廣泛，即使能兼顧憨山生平及其思想，卻無法深入，此乃此書範圍太廣之限制。

就篇章而言，陳運星〈憨山大師的生平與著作〉，〔註72〕主要出自其所著《儒道佛三教調合論之研究——以憨山德清的會通思想為例》一書中。以上已論述過，此書分為兩大部分，而〈憨山大師的生平與著作〉乃第六章。此章將憨山生平與著作，作生涯與行誼之展示，並客觀地將憨山著作以表格之方式羅列。對於瞭解憨山生平與著作有一定之幫助。

而吳百益〈德清之學思歷程〉（"The Spiritual Autobiography of Te-Ching"）〔註73〕一文，乃是作者發表於《新儒學的開展》（*The Unfolding of Neo-confucianism*）一書中的單篇論文〈德清之學思歷程〉（"The Spiritual Autobiography of Te-Ching"）。此乃於「十七世紀中國思想學術研討會」（Confrence on Seventeenth-Century Chinese Thought）之會議上，所發表之論文。作者以為，十七世紀為年譜、自傳興盛之時代，故憨山是有意識地書寫

本：福善日錄、通炯編輯，《憨山老人夢遊集》，（臺北：新文豐出版股份有限公司，民國89年12月，一版四刷），分裝四冊，總共五十五卷；以下簡稱《夢遊集》，本文凡提及之《夢遊集》，均採用此版本，並以卷數、總頁數陳述。

〔註71〕憨山生平之九個時期，吾人依據徐頌鵬（Hsu, Sung-peng），《中國明代佛教領袖——憨山德清的生平與思想》（A Buddhist Leader in Ming China——The life and thought of Han-Shan Te-Ching）一書，整理翻譯如下：
憨山德清的生涯分期（1546～1623）（Han-Shan Te-Ching's Life（1546～1623））：
憨山幼年時期（Han-shan's Family and Childhood.（1546～1556））
報恩寺時期（The Pao-en Period.（1557～1570））
雲遊和五臺山時期　（Travels and Stay at Wu-t'ai.（1571～1582））
牢山時期（The Lao-shan Period.（1583～1595））
流放和曹溪時期　（Exile and the Ts'ao-hsi Period.（1595～1613））
衡山時期（The Heng-shan Period.（1613～1615））
東遊時期（Travel to the East.（1616～1617））
廬山時期（The Lu-shan Period.（1617～1621））
重返曹溪和圓寂　（Return to Ts'ao-his snd Death.（1622～1623））

〔註72〕此篇見於陳運星，《儒道佛三教調合論之研究——以憨山德清的會通思想為例》〈憨山大師的生平與著作〉，（中央大學哲學研究所碩士論文，民國80年6月），頁132～176。

〔註73〕Wu, Pei-Yi. "The Spiritual Autobiography." The Unfolding of Neo-Confucianism. Ed. Wm. Theodore de Bary. New York：Columbia University Press, 1975. 67～92.

〈年譜〉，並企圖以〈年譜〉建立出自我風格，此觀點乃獨具創見；然而，此篇論文之討論，集中在憨山之〈年譜〉上，並以憨山早期之生平背景爲資料，卻顯得過於單薄，此乃單篇論文之限制處。

至於荒木見悟〈憨山德清の生涯とその思想〉〔註74〕則見於荒木見悟《陽明學の開展と佛教》一書中。作者將憨山之生平，分爲四個時期，〔註75〕而此四期之分判，與作者發表於《池田末利博士古稀紀念東洋學論集》中的〈憨山德清の思想〉〔註76〕此篇論文之分期相同。連師清吉依據荒木見悟之分期，將憨山生平四期譯之如下：

> 德清生涯蓋可區分四期。三十歲於冰雪苦寒之五台山發悟，聲名達於慈聖聖母之耳而結宮廷之因緣，然不堪世俗煩擾，於三十八歲棲隱山東牢山（勞山），爲第一期。於牢山創設海印寺，與道教之無爲教派論爭而逐漸取得有利情勢，救濟山東饑民，奮力於菩薩行，爲第二期。五十歲，受方士讒言，流謫嶺南雷州，交戰於嵐煙烈日，又盡瘁於饑饉疫病之死者的度生，復興曹溪道場，爲第三期。六十五歲，獲恩赦而北行，輾轉於江南地方，其後難辭曹溪僧俗的懇請，再度南下，七十八歲入寂，爲第四期。〔註77〕

吾人依據此分期，可清楚瞭解，荒木見悟之分期，乃根據憨山生平之重要際遇與救濟世人之良行，所分判出之四個時期，此與徐頌鵬依據憨山之所在地與際遇，分爲九個時期稍有差異。易言之，荒木見悟乃針對憨山之生平事蹟及其際遇，作出四期之分判；而徐頌鵬所針對者乃在於憨山之所在地，兩者分判之重點相異。是以，吾人可知，荒木見悟之四個分期，乃具有其特殊性。然而，荒木見悟在〈憨山德清の生涯とその思想〉此篇文章中，內容主要以憨山生平爲中心展開論述，其中涉及憨山思想之部分乃較少論及，故與吾人所欲探討之憨山「註莊」思想，距離則較爲疏遠。

綜合以上論述，吾人可知，欲瞭解「憨山生平」，其〈年譜〉乃重要之依據，

〔註74〕此篇見於荒木見悟，《陽明學の開展と佛教》〈憨山德清の生涯とその思想〉，（東京：研文社，民國73年），頁135～173。

〔註75〕請參見：荒木見悟，《陽明學の開展と佛教》，（東京：研文社，民國73年），頁151。

〔註76〕荒木見悟，〈憨山德清の思想〉，（《池田末利博士古稀紀念東洋學論集》，民國69年9月1日），頁705～719。

〔註77〕連師清吉翻譯荒木見悟〈憨山德清の思想〉此篇文章之手稿，頁1～2。

然因個人進路不同，是以對憨山生平之分期亦有所差異，此乃探討「憨山生平」之殊相。既然以「憨山註莊」爲研究中心，對於「憨山生平」亦需有一定之瞭解，是故，以「憨山生平」爲範圍探討之文章，亦應爲本文檢討之對象。

二、以憨山德清思想爲主題式進路之探討者

透過上一小節之論述，吾人可以瞭解，「以時代背景及憨山生平爲範圍之探討者」之專論與篇章，雖對瞭解明末背景與憨山生平頗有幫助，然卻與憨山「註莊」之研究，距離較爲疏遠。而此一小節，即針對「以憨山德清思想爲主題式進路之探討者」之專論與篇章，作一研究成果之展示與檢討。

以下分爲五大系統論述，此五大系統爲：其一「以『三教調和』爲進路探討憨山註莊者」，以陳運星、趙春蘭、王煜爲代表；其二「以『三教判攝』爲進路探討憨山註莊者」，以許中頤、林文彬爲代表；其三「以『眞心一元』爲進路探討憨山註莊者」，以崔森、夏清瑕爲代表；其四「以『禪學自性』爲進路探討憨山註莊者」，以陳松柏爲代表；其五「以『以佛解莊』爲進路探討憨山註莊者」，以張玲芳、邱敏捷、荒木見悟爲代表。以下依序分別敘述。

（一）以「三教調和」爲進路探討憨山註莊者

上一節已說明，陳運星所著之《儒道佛三教調合論之研究——以憨山德清的會通思想爲例》〔註 78〕一書，前半部份乃爲「以時代背景及憨山生平爲範圍之探討者」，後半部份則因其以憨山思想爲主軸論述，故將其第七章以後，歸攝於「以憨山德清思想爲主題式進路之探討者」。又陳運星此著作乃由三教思想入手，其探討「憨山註莊」亦以此觀點，是以此著作第七章以後，則歸入此節討論。故「以『三教調和』爲進路探討憨山註莊者」乃以陳運星《儒道佛三教調合論之研究——以憨山德清的會通思想爲例》一書中的第七章以後爲代表。

至於另一代表著作，則以趙春蘭《從憨山德清思想探討其夢遊詩——以〈山居詩〉爲重心》〔註 79〕一書爲主，此書書名雖以憨山之「夢遊詩」爲主軸探討，然眞正與憨山「夢遊詩」有關之論述，只在於第七章〈德清佛學思

〔註78〕陳運星，《儒道佛三教調合論之研究——以憨山德清的會通思想爲例》，（中央大學哲學研究所碩士論文，民國 80 年 6 月）。

〔註79〕趙春蘭，《從憨山德清思想探討其夢遊詩——以〈山居詩〉爲重心》，（華梵大學東方人文思想研究所碩士論文，民國 87 年 6 月）。

源與夢遊詩之關係〉、第八章〈夢遊詩主題思想分析〉及第九章〈夢遊詩之〈山居〉解讀〉三章而已。其餘除了第一章論述〈明末之佛教背景與德清〉以外，第二章至第六章，明顯承襲陳運星《儒道佛三教調合論之研究──以憨山德清的會通思想爲例》一書中的第六章至第十章而來，其中所用之大綱標題與陳運星非常類似，內容更是雷同。

　　例如：趙春蘭第二章〈德清之生平與著作〉，乃承襲陳運星第六章〈憨山大師的生平與著作〉而來，其中有關憨山生涯之分期，陳運星依據《年譜疏》、徐頌鵬《中國明代佛教領袖──憨山德清的生平與思想》(*A Buddhist Leader in Ming China—The life and thought of Han-Shan Te-Ching*)、江燦騰《晚明佛教叢林改革與佛學諍辯之研究──以憨山德清的改革生涯爲中心》以及荒木見悟《陽明學の開展と佛教》四本著作，將憨山生涯之分期，作一展示。然而，因徐頌鵬之論文，乃爲外文著作，故陳運星翻譯徐頌鵬對於憨山生涯所分之九個時期，其中的第六個時期，翻譯乃有錯誤。徐頌鵬第六個分期應翻譯爲「衡山時期」(The Heng-shan Period.（1613～1615）），吾人根據其論文中所云，譯之如下：「1613 年冬天，憨山（Han-shan）接受鄭豐益（Tseng Feng-i）之邀請，從廣東前往湖南衡陽。鄭豐益之前寄了很多信函邀請憨山，希望憨山於晚年時，能夠與其在衡山（Heng Mountain ＝ Heng-shan）作伴。於是憨山在福善（Fu-shan）、通瓊（T'ung-chiung）和福慧（Fu-hui）幾位親近門徒之陪伴下，前往衡山。」〔註80〕透過此段論述即可知，所謂「Heng-shan」，徐頌鵬所指的乃爲「Heng Mountain」，亦即位於湖南（Hunan）衡陽（Heng-yang）的「衡山」，是以應譯爲「衡山時期」，而非陳運星所譯之「憨山時期」。〔註81〕然而，此錯誤卻亦見於趙春蘭之論文中，〔註82〕是以吾人可推論，趙春蘭論文之第二

〔註80〕此段翻譯之原文，乃根據徐頌鵬（Hsu ,Sung-peng），《中國明代佛教領袖──憨山德清的生平與思想》（A Buddhist Leader in Ming China──The life and thought of Han-Shan Te-Ching），（University Park：Pennsylvania State University Press, c1979），頁 92："During the winter of 1613 Han-shan left Kuangtung for Heng-yang in Hunan at the invitation of Tseng Feng-i,who had sent him a dozen letters asking him to stay with him in his old age at the famous Heng Mountain （Heng-shan）.Han-shan was accompanied by several of his close disciples,including Fu-shan,T'ung –chiung,and Fu-hui."而譯之。

〔註81〕陳運星，《儒道佛三教調合論之研究──以憨山德清的會通思想爲例》，（中央大學哲學研究所碩士論文，民國 80 年 6 月），頁 141。

〔註82〕趙春蘭，《從憨山德清思想探討其夢遊詩──以〈山居詩〉爲重心》，（華梵大學東方人文思想研究所碩士論文，民國 87 年 6 月），頁 45。

章幾乎承襲陳運星之第六章而來。

　　而趙春蘭第三章〈德清三教調和論之中心思想〉亦承襲陳運星第七章〈憨山德清三教調和論的理論基礎〉而來，其中大綱引用及內容敘述，幾乎一致。〔註83〕第四章〈融貫儒、佛以論「中和」〉乃承襲陳運星第八章〈憨山德清之融貫道、佛二家思想以論「中和」〉而來，兩者內容皆以憨山之〈春秋左氏心法序〉、《大學綱目決疑》及《中庸直指》為主軸論述，討論重點亦幾乎相同，然而趙春蘭將標體更改為「融貫儒、佛」，顯然與討論之內容不符，而陳運星之標題則為「融貫道、佛」，與所討論之內容才相符合。〔註84〕第五章〈融通儒、佛以論「眞宰」〉與陳運星第九章〈憨山德清之融通儒、佛二家思想以論「眞宰」〉，大綱及論述內容亦幾乎雷同。〔註85〕第六章〈融攝儒、道以論「佛性」〉與陳運星第十章〈憨山德清之融攝儒、道二家思想以論「佛性」〉，其中所論述之憨山佛學思想，亦無二致。〔註86〕是以吾人可以推斷，趙春蘭論文之第二章至第六章，乃幾乎承襲陳運星論文之第六章至第十章而來，雖然此部分之內容，與本論文所欲研究之憨山「註莊」相關，然因其幾乎承襲陳運星之論文而來，觀點亦與陳運星一致，是以吾人將斟酌參考此書，主要仍以陳運星所著之《儒道佛三教調合論之研究──以憨山德清的會通思想為例》為主。

〔註83〕　請對照：趙春蘭，《從憨山德清思想探討其夢遊詩──以〈山居詩〉為重心》第三章〈德清三教調和論之中心思想〉，（華梵大學東方人文思想研究所碩士論文，民國87年6月），頁75～90；及陳運星，《儒道佛三教調合論之研究──以憨山德清的會通思想為例》第七章〈憨山德清三教調和論的理論基礎〉，（中央大學哲學研究所碩士論文，民國80年6月），頁177～206。

〔註84〕　請對照：趙春蘭，《從憨山德清思想探討其夢遊詩──以〈山居詩〉為重心》第四章〈融貫儒、佛以論「中和」〉，（華梵大學東方人文思想研究所碩士論文，民國87年6月），頁91～114；及陳運星，《儒道佛三教調合論之研究──以憨山德清的會通思想為例》第八章〈憨山德清之融貫道、佛二家思想以論「中和」〉，（中央大學哲學研究所碩士論文，民國80年6月），頁207～232。

〔註85〕　請對照：趙春蘭，《從憨山德清思想探討其夢遊詩──以〈山居詩〉為重心》第五章〈融通儒、佛以論「眞宰」〉，（華梵大學東方人文思想研究所碩士論文，民國87年6月），頁115～144；及陳運星，《儒道佛三教調合論之研究──以憨山德清的會通思想為例》第九章〈憨山德清之融通儒、佛二家思想以論「眞宰」〉，（中央大學哲學研究所碩士論文，民國80年6月），頁233～267。

〔註86〕　請對照：趙春蘭，《從憨山德清思想探討其夢遊詩──以〈山居詩〉為重心》第六章〈融攝儒、道以論「佛性」〉，（華梵大學東方人文思想研究所碩士論文，民國87年6月），頁145～174；及陳運星，《儒道佛三教調合論之研究──以憨山德清的會通思想為例》第十章〈憨山德清之融攝儒、道二家思想以論「佛性」〉，（中央大學哲學研究所碩士論文，民國80年6月），頁268～305。

　　陳運星《儒道佛三教調合論之研究——以憨山德清的會通思想爲例》一書，乃是以三教調和論爲主軸論述之論文，而其第七章以後，則是以憨山之三教思想爲主，其中第七章〈憨山德清三教調和論的理論基礎〉，乃透過憨山之教相判釋所歸攝出，有關於憨山三教調合論之理論基礎。第八章〈憨山德清之融貫道、佛二家思想以論「中和」〉，則以憨山之儒學註疏爲主軸討論，由憨山註儒之代表作——〈春秋左氏心法序〉、《大學綱目決疑》以及《中庸直指》分別論述之，並透過憨山之儒學註疏，窺見其三教思想。第九章〈憨山德清之融通儒、佛二家思想以論「眞宰」〉，則以憨山之道家註疏爲主軸討論，透過憨山《老子道德經解》及《莊子內七篇註》，窺見其融通三教之思想。第十章〈憨山德清之融攝儒、道二家思想以論「佛性」〉，乃透過憨山之佛學註疏，以其《起信論直解》、《金剛經決疑》、《般若心經直說》、《肇論略注》等佛學著作，揭示憨山佛學之思想，並由此佛學思想，窺見其融通三教之立場。

　　陳運星以融攝儒、釋、道三教之方式，進行憨山著作之理解與介紹，乃兼顧憨山所有之思想，並加以全面展示。然亦因憨山著作繁多、立論亦多，單純以某一章節加以處理，卻顯得過於單薄，此乃以三教爲論點之侷限處，亦即範圍太廣而無法兼顧。故此書於論述中，雖盡量指出憨山著作之重點，然卻也只能點到卻無法詳加說明，此乃可惜之處。而吾人以「憨山註莊」之角度觀之，此書第九章〈憨山德清之融通儒、佛二家思想以論「眞宰」〉，由憨山《老子道德經解》及《莊子內七篇註》出發，顯現「眞宰」之重心，顯然有其特殊觀點。其以「三教調和」之角度論述憨山「註莊」，不僅凸顯三教之和合，亦顯出其殊相。針對三教與憨山思想而言，此論文當可對學界未及研究之處，提供初步的補充。

　　以「三教調和」爲進路探討憨山註莊者，還有王煜〈釋德清（憨山老人）融攝儒道兩家思想以論佛性〉〔註87〕一文，此文見於王煜《明清思想家論集》中。然此文太過廣博，所論問題亦過於繁雜，不僅囊括憨山儒、道、佛三家思想，且以「三教調和」之角度出發；然其中有關憨山「註莊」之內容卻著墨不多，大部分仍以憨山佛家思想爲主軸。此文乃經由哲學之角度，切入研究憨山之思想，故對憨山思想之探究當有一定之幫助。然若以「憨山註莊」

〔註87〕　此篇見於王煜，《明清思想家論集》〈釋德清（憨山老人）融攝儒道兩家思想以論佛性〉，（臺北市：聯經出版事業公司，民國 81 年 4 月，第三次印行），頁 165～210。

之角度切入，主要觀點在於儒、道二家與佛性之間的融通問題，對於憨山「註莊」雖稍有提及，然大都本著佛學角度詮釋，而非針對「憨山註莊」本身。

（二）以「三教判攝」為進路探討憨山註莊者

以憨山「三教判攝」為進路出發，探討憨山註莊者，則以許中頤《釋憨山《觀老莊影響論》的義理研究》〔註 88〕一書與林文彬〈釋德清《觀老莊影響論》初探〉〔註 89〕一文為代表。

許中頤《釋憨山《觀老莊影響論》的義理研究》〔註 90〕一書，乃以憨山三教判攝思想為進路，並透過此判教思想，進而探討憨山對於儒、釋、道三教之判攝，及其判攝之後所揭示之三教工夫及其境界。由大綱看起來，此論文架構非常完整，且專以憨山之〈觀老莊影響論〉〔註 91〕為主軸論述，應為期待之作。然而，於內文論述之過程中，卻過於精簡，尤其對於憨山「唯心識觀」之溯源，只以一句「出自於《占察善惡業報經》中地藏菩薩應佛命，為末世之求善法者所宣說之二種觀法之一」〔註 92〕斷言，而未詳加說明與解說。「唯心識觀」乃憨山用以詮釋三教之中心思想，然於書中，卻僅以《占察善惡業報經》作為歸攝，乃失之過簡。亦因此書過於精簡，故常有斷言之疑，是以，此書仍有進一步發展之空間。

至於林文彬〈釋德清《觀老莊影響論》初探〉〔註 93〕一文，乃順著憨山之〈觀老莊影響論〉而來，由「三教同源」及「三教異流」展開論述，最後統攝於「三教之會通與異同」。「三教同源」之部分，提出三教於教義上，歸攝同源之道理；「三教異流」之部分，即順著憨山〈觀老莊影響論〉中「論教

〔註88〕許中頤，《釋憨山《觀老莊影響論》的義理研究》，（華梵大學東方人文思想研究所碩士論文，民國 90 年 6 月）。

〔註89〕林文彬，〈釋德清《觀老莊影響論》初探〉，（國立中興大學《文史學報》第三十一期，民國 90 年 6 月），頁 15～33。

〔註90〕許中頤，《釋憨山《觀老莊影響論》的義理研究》，（華梵大學東方人文思想研究所碩士論文，民國 90 年 6 月）。

〔註91〕本論文所用版本為：明 憨山大師，《老子道德經憨山註：莊子內篇憨山註（附觀老莊影響論一名三教源流異同論）》，（臺北：新文豐出版股份有限公司，民國 85 年 4 月，初版四刷），頁 1～32；是以所提及之〈觀老莊影響論〉，乃以篇名號示之。

〔註92〕許中頤，《釋憨山《觀老莊影響論》的義理研究》，（華梵大學東方人文思想研究所碩士論文，民國 90 年 6 月），頁 26。

〔註93〕林文彬，〈釋德清《觀老莊影響論》初探〉，（國立中興大學《文史學報》第三十一期，民國 90 年 6 月），頁 15～33。

乘」、「論工夫」及「論宗趣」三部分加以解釋。此文之特殊觀點，在於透過「三教同源」與「三教異流」兩部分，提出其對於憨山「唯心識觀」之主張。亦即，憨山乃以《華嚴》、《楞嚴》爲教證基礎，並透過「唯心識觀」，作一判教模式，乃以「教取《華嚴》，證用《楞嚴》」爲〈觀老莊影響論〉之主要依據。此爲特殊觀點，亦爲此文之詮釋與創見。〈釋德清《觀老莊影響論》初探〉一文，充分展現其觀點及立場；然因此文僅是篇章，故能論述之篇幅亦多受限。加上單以憨山〈觀老莊影響論〉爲文獻，在文獻使用上不夠充分。故此文可作爲「憨山註莊」研究之基礎，仍有其開展之空間。

（三）以「真心一元」爲進路探討憨山註莊者

以「真心一元」爲進路，探討憨山註莊者，專論則以崔森《憨山思想研究》〔註94〕與夏清瑕《憨山大師佛學思想研究》〔註95〕兩著作爲代表。

崔森《憨山思想研究》，〔註96〕主要以憨山佛學思想爲進路，首先提出憨山「三界唯心」之理論基礎，再論及憨山佛學思想中的「佛性論」，及其對「法相唯識學」之認識，及「以密助禪」、「三教合一」等思想。其中亦有闡述憨山對於道家思想之評判，並以「真心一元」之角度，探討憨山註莊理論基礎之「唯心識觀」。然而，大綱架構雖大，內容卻過於缺乏，大多數論點只是隨筆帶過，例如：在論述憨山「對道家思想的評判」中，引用之文獻只限於〈觀老莊影響論〉，〔註97〕對於憨山道家思想重要著作——《老子道德經解》與《莊子內七篇註》卻未見引用，此乃文獻上過於缺乏之處。加上以憨山佛學思想爲進路，討論之論點過於廣泛，卻無法集中，又文獻上之引用亦顯出不足；作者引用憨山之著作，大都只限於其《夢遊集》中，且多數

〔註94〕崔森，《憨山思想研究》，（四川聯合大學宗教學研究所碩士學位論文，民國86年），此論文收於《法藏文庫》碩博士學位論文——《中國佛教學術論典》第二十九冊，（高雄：佛光山文教基金會，民國91年4月，初版一刷）。

〔註95〕夏清瑕，《憨山大師佛學思想研究》，（南京大學哲學系博士學位論文，民國89年），此論文收於《法藏文庫》碩博士學位論文——《中國佛教學術論典》第二十九冊，（高雄：佛光山文教基金會，民國91年4月，初版一刷）。

〔註96〕崔森，《憨山思想研究》，（四川聯合大學宗教學研究所碩士學位論文，民國86年），此論文收於《法藏文庫》碩博士學位論文——《中國佛教學術論典》第二十九冊，（高雄：佛光山文教基金會，民國91年4月，初版一刷）。

〔註97〕請參見：崔森，《憨山思想研究》，（四川聯合大學宗教學研究所碩士學位論文，民國86年），此論文收於《法藏文庫》碩博士學位論文——《中國佛教學術論典》第二十九冊，（高雄：佛光山文教基金會，民國91年4月，初版一刷），頁239～241。。

引用同一卷論述某一觀點。〔註98〕是以此本專著，雖以憨山佛學思想爲主軸論述，並以「眞心一元」之角度切入探討憨山註莊，然於內容論述及文獻使用上，都過於匱乏。

　　相較之下，夏清瑕《憨山大師佛學思想研究》〔註99〕則較崔森《憨山思想研究》〔註100〕來的廣博，論述亦較爲清晰。夏清瑕由晚明佛學復興與心學之開展開始論述，再由此背景進入憨山之「心性論」、「判教思想」、「三教關係」及其「大乘菩薩觀」、「菩薩行」等佛學思想。其對於晚明的佛學背景及心學開展，有極其詳細之敘述，而進入憨山佛學思想之論述中，亦盡量詳實。加上在參考文獻方面，亦頗爲廣博，吾人若欲瞭解憨山之佛學思想，此書乃可作爲參考之作。然而，針對「憨山註莊」而言，以「眞心一元」角度切入探討，仍承襲崔森而來。至於第五章〈從近世人生佛教的確立看憨山的大乘菩薩精神〉一文，即可顯出對於近世「人間佛教」之關懷，此章篇幅雖短，卻可見欲連結憨山大乘菩薩行與現代佛法人生之用心。然而，因憨山佛學論著繁多，思想亦博大精深，企圖以憨山佛學思想爲進路，則失之過廣，是以無法兼顧憨山所有佛學思想。此書雖已突顯憨山佛學思想之特色，然對於憨山佛學思想，卻仍有遺漏，例如：憨山之《肇論略注》、《圓覺經直解》、《金剛經決疑》、《般若心經直說》等重要佛學著作，即無法兼顧，此乃憨山佛學思想及論著繁廣之故。是以，針對憨山註莊而言，此書「眞心一元」之角度與崔森相似，不具特殊性；然論述卻較崔森詳實，故可作爲崔森觀點之補充。而針對憨山佛學思想而言，此書亦可作爲參考。

（四）以「禪學自性」爲進路探討憨山註莊者

〔註98〕請參見：崔森，《憨山思想研究》，（四川聯合大學宗教學研究所碩士學位論文，民國86年），此論文收於《法藏文庫》碩博士學位論文——《中國佛教學術論典》第二十九冊，（高雄：佛光山文教基金會，民國91年4月，初版一刷），頁222～229；作者於〈三、對法相唯識學的認識〉一節中，大都只引用《夢遊集》卷二闡述憨山之觀點，此乃文獻不足之處。

〔註99〕夏清瑕，《憨山大師佛學思想研究》，（南京大學哲學系博士學位論文，民國89年），此論文收於《法藏文庫》碩博士學位論文——《中國佛教學術論典》第二十九冊，（高雄：佛光山文教基金會，民國91年4月，初版一刷）。

〔註100〕崔森，《憨山思想研究》，（四川聯合大學宗教學研究所碩士學位論文，民國86年），此論文收於《法藏文庫》碩博士學位論文——《中國佛教學術論典》第二十九冊，（高雄：佛光山文教基金會，民國91年4月，初版一刷）。

　　陳松柏《憨山禪學之研究——以自性爲中心》〔註101〕一書，主要以憨山禪學之時代背景爲出發點，探討明末三教之環境及佛門流弊，並由此展示憨山禪學之趨向及其思想淵源。此書由憨山禪學之角度出發，並且依據憨山之佛學背景，以憨山之「自性」爲理論基礎，進而探討憨山禪學之「方法論」、「本體論」、「工夫論」等問題。此論文乃以「憨山禪學——以自性爲中心」之方式，貫穿通篇，整本論文中心思想一致，亦廣博詳細；以憨山禪學思想而言，可謂將憨山禪學思想鉅細靡遺的論說與介紹。然而，因探討內容過於廣泛，故於論述上不得不精簡，例如：第五章〈以自性爲中心之憨山禪學的「本體論」〉，討論之問題則囊括憨山之佛學著作、儒學著作、道家著作等範圍。其中對於憨山「本體論」中的「唯心識觀」，雖有其特殊見解〔註102〕，並以「禪學自性」之角度探討憨山註莊，然卻因範圍過大，對於憨山註儒、註莊等思想，只能以簡單敘述之方式帶過。且憨山註儒之著作——《中庸直指》，亦未見於書中，故吾人可知，此書對於憨山註儒之著作，尚有所缺乏。此乃以憨山禪學思想爲中心論述之侷限，是以此書仍有進一步開展之空間。

　　針對開展而言，陳松柏〈憨山老學的思考方式與世間特質〉〔註103〕一文，則是將其《憨山禪學之研究——以自性爲中心》〔註104〕一書中的論點加以開展，乃是以憨山老學之思想，作爲開展之方向。

　　此文首先提出憨山乃以《起信論》模式之「唯心識觀」爲理論基礎，並以此建構老學之看法。將憨山之理論基礎「唯心識觀」，歸於《起信論》系統下，並以「自性」爲其中心思想，此與《憨山禪學之研究——以自性爲中心》一書中，所展現出憨山以「禪學自性」爲中心思想之論點一致。並透過此中心思想，解讀憨山之老學，再由憨山「無我之體」、「利生之用」之體用模式，及其「心跡相忘」之三教觀，進一步詮解憨山老學之思考方式，並對憨山老學之世間特質作一論述與檢討。此文乃承接其《憨山禪學之研究——以自性

〔註101〕陳松柏，《憨山禪學之研究——以自性爲中心》，（東海大學哲學研究所博士論文，民國 85 年 12 月）。

〔註102〕本論文第二章第二節〈憨山德清註莊之中心思想〉之第二小節〈憨山德清「唯心識觀」之思想溯源〉中的第三系統〈起信論眞常心理論〉裡，將會針對此論點加以討論。

〔註103〕陳松柏，〈憨山老學之思考方式與世間特質〉，（華梵大學哲學系：《第六次儒佛會通論文集》下冊，民國 91 年 7 月），頁 321～342。

〔註104〕陳松柏，《憨山禪學之研究——以自性爲中心》，（東海大學哲學研究所博士論文，民國 85 年 12 月）。

爲中心》一書而來，並針對此書可開展之論點加以論述，且對於憨山中心思想論點一致，乃以「禪學自性」爲中心展開。此文行墨雖短，卻凸顯出立場及其看法。然亦因此文僅是單篇論文，著墨點又以憨山老學思想爲主，是以針對「憨山註莊」而言，僅具參考價値。

（五）以「以佛解莊」爲進路探討憨山註莊者

　　以「以佛解莊」爲進路，探討憨山註莊之專著，乃以張玲芳之論著爲主。在上一節「以往研究成果之侷限」中，已介紹過張玲芳《釋德清以佛解老莊思想之研究》〔註105〕一書之研究成果。此書雖以憨山「以佛解老莊」之思想爲研究主軸，然而，內容述及憨山「以佛解老莊」者，僅在於此書第五、六章，「以佛解老莊」應爲此論文之重點篇章，然所佔篇幅卻不多。加上第五、六章之論述，大都本著憨山本意述之：例如作者第六章第三節〈《莊子》內七篇各篇思想要略〉，大部分乃順著憨山解釋而敘述，亦即引憨山原文而加以解釋，是以並未突顯憨山「以佛解老莊」之特殊性。至於憨山「註莊」之理論基礎——「唯心識觀」，亦沒有著墨太多，僅通過文獻，作一敘述與資料上之整理。是故，此書在資料整理及文獻解讀上，尚有優點，吾人若欲瞭解憨山「註莊」之文獻內容，乃可參考此書。然而，若針對「以佛解老莊思想」之角度研究憨山，此書並未揭露，亦即此書尚未突顯憨山「以佛解老莊思想」之研究進路，僅以憨山生平背景、佛學思想，及其文獻解讀爲脈絡進行而已。

　　至於以「以佛解莊」爲進路，探討憨山註莊之篇章，則有邱敏捷〈憨山《莊子內篇注》之特色〉〔註106〕與荒木見悟〈憨山德清の思想〉〔註107〕兩篇文章。

　　邱敏捷〈憨山《莊子內篇注》之特色〉〔註108〕一文，企圖突顯憨山註莊之特色，其點出憨山註莊特色中以「我愛」爲執著以及「我執」等問題，並且針對憨山「生死問題」、「識神觀」等展開探討。通過對比研究，展現憨山註莊之特殊性。然而，此文中大都點出問題，卻尚未解決，亦即僅將憨山註

〔註105〕張玲芳，《釋德清以佛解老莊思想之研究》，（中興大學中國文學系碩士論文，民國88年6月15日。）
〔註106〕邱敏捷，〈憨山《莊子內篇注》之特色〉，（《中國文化月刊》第二五八期，民國90年9月），頁69～95。
〔註107〕荒木見悟，〈憨山德清の思想〉，（《池田末利博士古稀紀念東洋學論集》，民國69年9月1日），頁705～719。
〔註108〕邱敏捷，〈憨山《莊子內篇注》之特色〉，（《中國文化月刊》第二五八期，民國90年9月），頁69～95。

莊之特色點出來，卻未見論述。此文雖已突顯憨山註莊之特色，然卻缺乏論述，此乃單篇論文之侷限處。加上所用篇幅極少，故能論述處亦相對減少，是以此篇論文仍須進一步開展與論述。

至於荒木見悟〈憨山德清の思想〉〔註109〕一文，乃是荒木見悟發表於《池田末利博士古稀紀念東洋學論集》中的一篇文章。荒木見悟此篇論文，乃以憨山之佛學思想爲主軸論述，其中包括憨山「教禪一致」、「以佛解儒」、「以佛註莊」等思想闡述。以憨山之佛學角度出發，藉此突顯憨山三教合一之特色，並由「以佛註莊」爲進路，探討憨山註莊等問題，此文乃日本學者對憨山佛學思想研究之代表作。然因此文僅是《池田末利博士古稀紀念東洋學論集》中的一篇論文，故篇幅不大，論點雖有開展，卻稍顯不足。是故，針對憨山之佛學思想及其「以佛註莊」之立場，此文仍可進一步開展。

「前人研究成果之檢討」，透過以上針對憨山註莊，所細分之五個進路，吾人可以瞭解，憨山思想前人有關之研究，成果並不充分，仍有進一步開展之空間。尤其以憨山「註莊」思想之角度而觀之，更顯出前人研究成果之不足。是以，吾人透過以上之論述，對前人研究成果作一展示與檢討，並希望能針對憨山「註莊」之思想作進一步之開展。

第三節　研究方法及範圍限定

透過以上研究動機及目的之說明，以及前人研究成果之檢討，以下即針對本論文所使用之「研究方法」，提出說明，並且對本論文所涵蓋之範圍作一限定。以下分兩小節論述：其一「研究方法」，乃本論文之研究步驟；其二「範圍限定」，乃本論文所使用之文獻及其範圍限定。

一、研究方法

本論文之研究方法，所指並非一嚴格使用之研究方法，乃是吾人在寫作上所展示之步驟及其方式，以下分爲兩個層次與進路。其一「文獻解讀法」，乃爲文獻之爬梳、解讀之步驟；其二「比較研究法」，乃爲突顯憨山「註莊」之特色，所使用之對照方式。以下分述之。

〔註109〕荒木見悟，〈憨山德清の思想〉，《池田末利博士古稀紀念東洋學論集》，民國69年9月1日） 頁705～719。

（一）文獻解讀法

　　主要以文獻解讀爲主，亦即以爬梳文獻、解讀文獻爲首要步驟。本論文所指涉之文獻，乃是憨山「註莊」之原文，亦即透過憨山「註莊」之原文文獻，作一解讀及分析之步驟。在文獻解讀方面，採用「結構分析」、「脈絡性分析」以及「語意分析」三式：首先，通過對於文獻內容的推論與評估，探究其論述之前提及結論，並且評估其有效性與合理性，藉此完成「結構分析」；其次，通過文獻上語意脈絡本身是否適切，及其內部知識與外部知識是否一致，藉此展開「脈絡性分析」；最後，通過文獻上所呈顯之意義，分析其語意，以此展開「語意分析」。

　　透過以上三式，針對憨山「註莊」之原文文獻，作一「文獻解讀」：首先，通過對於憨山「註莊」文獻內容之推論與評估，探究憨山論述之前提及結論，評估其「註莊」之有效性與合理性，藉此完成「結構分析」；其次，通過憨山「註莊」文獻上語意脈絡，其本身、內部知識與外部知識是否適切、一致，藉此完成「脈絡性分析」；最後，針對憨山「註莊」文獻上，所揭示之意義，分析其語意，以此完成「語意分析」。

　　文獻解讀爲本論文首要之工作，透過文獻之爬梳及理解，對於憨山「註莊」之文獻，作一如實解讀。文獻上，首要以《莊子內七篇註》爲主，次要以《老子道德經解》爲輔，進行不同角度之分析與詮釋，以期達到最適切、最如實之解釋。

（二）比較研究法

　　透過文獻解讀及爬梳之基本工夫，吾人對於憨山「註莊」之原文文獻有一定之掌握後，則接續所使用之方式，則爲比較研究之方式。

　　本論文主要透過比較、對照研究之方式，將憨山之「註莊」，與其他注莊者作一對照，由此對照、比較之方式，突顯出憨山之特殊性。亦即藉由此對照之方式，比較憨山與他者之殊相，開展出憨山以佛註莊之立場。

　　本論文第二、三、四、五章，皆透過此方式進行對照、比較之研究，其中又以第三、四、五章爲主。本論文第二章〈憨山德清註莊之動機及其中心思想〉，透過當代之研究，將「憨山註莊之中心思想」，以比較、對照之方式，分爲五大系統；之後，再針對此五大系統，作第二序之溯源工作，並且透過第二序之分析，爲憨山中心思想重新定位。本論文第三章〈憨山德清註莊之基本立場〉，乃透過憨山解老、註莊之比較研究方式，突顯憨山解老、註莊之

「相同」與「相異」，本論文稱之爲「內部比較研究」。至於本論文第四章〈憨山德清註莊之系統架構及其內容特色〉與第五章〈憨山德清註莊之工夫論及其境界說〉兩章，乃以憨山「註莊」爲主軸，並透過歷代注莊之註釋，作一比較研究，由此將憨山「註莊」之特殊性突顯出來。換言之，乃通過此比較、對照之方式，揭示出歷代「註莊」與憨山「註莊」之「相同」或「相異」，由此揭示憨山「註莊」之特殊性，本論文稱之爲「外部比較研究」。

　　無論「內部比較研究」，抑或「外部比較研究」，其所建立之基礎，乃在於文獻之解讀及爬梳上，亦即必須對於憨山「註莊」之文獻有充分之掌握後，才能對憨山「註莊」與其他注莊者作一比較、對照之方式。是以，文獻的解讀及理解，乃爲對照、比較研究之方式的基礎，兩者乃密不可分之研究方式。

二、範圍限定

　　本論文之範圍限定，乃以憨山「註莊」爲主題探究。此所謂憨山「註莊」，在文獻上，指的乃是以憨山《莊子內七篇註》爲主，與憨山「註莊」相關之文獻爲輔。此輔助文獻則有《老子道德經解》、〈觀老莊影響論〉、〈年譜〉、《年譜疏》、《夢遊集》等相關資料，亦即凡與憨山「註莊」有關之資料，則爲本論文之輔。

　　至於憨山佛學著作，《楞嚴經通議》、〔註110〕《華嚴綱要》〔註111〕等與其「唯心識觀」中心思想相關之著作，亦爲本論文之輔助資料。吾人考量憨山思想並非單一化，其「註莊」之研究，勢必牽引其他「註莊」相關之資料，故在「範圍限定」上，乃以《莊子內七篇註》爲主軸，而其他與憨山「註莊」相關之資料，則皆爲本論文之輔助材料。

　　其他與憨山「註莊」不相關者，爲求本論文對於憨山「註莊」議題之深入探討，是以憨山其他佛學著作，例如：《肇論略注》、《金剛經決疑》、《般若心經直說》等，則僅作爲參考。

　　本論文所使用之主要文獻：《莊子內七篇註》、《老子道德經解》、〈觀老莊影響論〉，皆收錄於現今通行版本《老子道德經憨山註；莊子內篇憨山註（附

〔註110〕明・憨山大師《楞嚴經通議》全名爲《大佛頂如來密因修證了義諸菩薩萬行首楞嚴經通議》，爲求論述方便，以下皆簡稱爲《楞嚴經通議》。

〔註111〕明・憨山大師《華嚴綱要》全名爲《大方廣佛華嚴經綱要》，爲求論述方便，以下皆簡稱爲《華嚴綱要》。

觀老莊影響論一名三教源流異同論）》〔註112〕中，其中若有文字脫誤，抑或篇
章錯置等問題，將於註解中說明，在此僅將本論文所使用之主要版本列出。

〔註112〕明‧憨山大師，《老子道德經憨山註；莊子內篇憨山註（附觀老莊影響論一名
　　　　三教源流異同論）》，（臺北：新文豐出版股份有限公司，民國85年4月，初
　　　　版四刷）。收錄憨山〈觀老莊影響論〉、《老子道德經解》、《莊子內七篇註》三
　　　　者，爲避免註文繁瑣，以下凡本書之引文，在註中僅以篇名、書名及其頁數
　　　　表示。

第二章　憨山德清註莊之動機及其中心思想

　　憨山大師，金陵全椒縣人，俗姓蔡，名德清，字澄印，別號憨山。〔註1〕
據《憨山老人夢遊集》〔註2〕中〈憨山老人自序年譜實錄〉〔註3〕與《憨山大
師年譜疏註》〔註4〕得知，憨山生於明世宗嘉靖二十五年，圓寂於明熹宗天啓
三年，其生卒年，兩者記載相同，應無爭議；〔註5〕至於憨山之生平事蹟，〈年
譜〉與《年譜疏》皆有詳細記載，事蹟雖大略相同，記載仍稍有差異，兩者

〔註1〕 福善記錄、福徵述疏，《憨山大師年譜疏註》，（臺北：老古文化事業股份有限
　　　　公司，民國87年4月，初版八刷），頁50：「予三十八歲，春正月，水齋畢；
　　　　然以臺山虛聲，謂大名之下，難以久居，遂蹈東海之上，始易號憨山，時則
　　　　不復知有澄印矣。」根據以上文獻與論說之便，以下簡稱憨山。

〔註2〕 福善日錄、通炯編輯，《憨山老人夢遊集》，（臺北：新文豐出版股份有限公司，
　　　　民國89年12月，一版四刷），分裝四冊，總共五十五卷。以下簡稱《夢遊集》，
　　　　本文凡提及之《夢遊集》均採用此版本，並以卷數、總頁數陳述。

〔註3〕 《夢遊集》卷五十三〈憨山老人自序年譜實錄上〉、卷五十四〈憨山老人自序
　　　　年譜實錄下〉，其有年譜而無註疏，以下皆簡稱〈年譜〉，所引之卷數與頁數
　　　　則同於《夢遊集》。

〔註4〕 福善記錄、福徵述疏，《憨山大師年譜疏註》，（臺北：老古文化事業股份有限
　　　　公司，民國87年4月，初版八刷），以下簡稱《年譜疏》，本文凡提到之《年
　　　　譜疏》均採用此版本。

〔註5〕 福徵根據憨山之〈年譜〉，在《年譜疏》中將憨山一生分爲七個時期：
　　　　（一）「在家公案」（明世宗嘉靖二十五年——三十五年）。
　　　　（二）「在寺房門公案」（明世宗嘉靖三十六年——明穆宗隆慶五年）。
　　　　（三）「臺山苦行成道公案」（明穆宗隆慶六年——明神宗萬曆十年）。
　　　　（四）「牢山、慈壽、志興本寺三公案」（明神宗萬曆十一年——二十二年）。
　　　　（五）「曹溪中興公案」（明神宗萬曆二十三年——四十一年）。
　　　　（六）「匡山五乳法雲寺公案」（明神宗萬曆四十二年——明熹宗天啓元年）。
　　　　（七）「憨山寺肉身嗣祖公案」（明熹宗天啓二年——三年）。

可相互參照之。〔註6〕其餘有關憨山生平之資料，亦可參考《夢遊集》卷五十五附錄之塔銘。〔註7〕

　　既然〈年譜〉與《年譜疏》詳細記載著憨山之生平事蹟，那麼與憨山「註莊」有關之資料與時期，吾人亦可由〈年譜〉或《年譜疏》中窺知一二，憨山作〈觀老莊影響論〉，《年譜疏》云：〔註8〕

　　十八年庚寅。予四十五歲，是年春，書《法華經》，爲報聖母。時有欲謀道場者，乃構方外黃冠，假稱占彼道院，聚集多人訟於撫院。時開府李公，先具悉其事，痛恨之，乃送萊州府，窮治其狀。予親聽理，力救之。彼無賴數百人，作鬧於府城，有匡人之圍。……太守悟，乃令地方盡驅之，狂眾不三日盡行解散，由是此事遂以寧。是年作〈觀老莊影響論〉。〔註9〕

憨山作《老子道德經解》，《年譜疏》云：

　　三十五年丁未。予六十二歲，春三月，予告回籍，制府檄韶州府，安置曹溪。予住山中時，得爲諸弟子説法。予幼讀老子，以文古意幽、苦艱澀，切究其旨，有所得，俗弟子請爲之註，始於壬辰（憨山四十七歲）屬意，每參究透徹，方落筆。苟一字有疑而不通者，決不輕放。因此用功十五年，攜於行間，至今方完。〔註10〕

〔註6〕例如：〈年譜〉卷五十四，總頁2977：「天啓二年壬戌，予年七十七。春，正月。粵弟子孝廉劉起相、陳迪祥、陳迪純、梁四相，入山問訊，起相與四相，相伴山中，住半載。……親請歸曹溪不諾，時力提華嚴，名綱要，草就。吳公朝覲回，又遣書，意更切。……」與《年譜疏》頁127：「天啓元年辛酉，予七十六。夏。……冬十月，弟子孝廉劉起相、陳迪祥、陳迪純、梁四相，來訊。……」、頁128：「二年壬戌，予七十七歲，力提華嚴綱要，草就。大眾請說楞嚴、圓覺、金剛、起信、肇論諸經論。吳公朝覲回，又遣書，意更切。……」之記載，方式雖然不同，然事蹟大略一致。在比對〈年譜〉與《年譜疏》兩者之原文後，發現此狀況頗多，可互爲參照之。

〔註7〕《夢遊集》卷五十五附錄之塔銘：
（1）吳應賓〈大明盧山五乳峰法雲禪寺前中興曹溪嗣法憨山大師塔銘〉。
（2）錢謙益〈大明海印憨山大師盧山五乳峰塔銘〉。
（3）陸夢龍〈憨山大師傳〉及〈憨山大師塔院碑記〉。
（4）劉起相〈本師憨山大和尚靈龕還曹溪供奉始末〉。

〔註8〕以下所引三條文獻，〈年譜〉與《年譜疏》之大意相同，在此僅引福徵述疏之《年譜疏》，不贅述〈年譜〉之內容。

〔註9〕福善記錄、福徵述疏，《憨山大師年譜疏註》，（臺北：老古文化事業股份有限公司，民國87年4月，初版八刷），頁59～60。

〔註10〕福善記錄、福徵述疏，《憨山大師年譜疏註》，（臺北：老古文化事業股份有限

憨山作《莊子內七篇註》，《年譜疏》云：

> 四十八年庚申，即泰昌改元。予七十五歲，春，課餘，侍者廣益，
> 請述《圓覺》、《起信》直解、《莊子內七篇註》。夏病足疾。秋八月，
> 麻城儀部無異陳公、安義吏部明衡徐公、星子刑部潯上吳公、江州
> 使君景鄴陸公、南康郡守九濟袁公、司理仲達李公，入山問道。向
> 之分巡湖南吳公，轉粵臬，入曹溪禮祖，託山中弟子，寄乞諸祖傳
> 讚。予病中，爲纂小傳七十餘首，各系以讚，復爲親手書之。〔註11〕

由《年譜疏》可知，憨山作〈觀老莊影響論〉爲萬曆十八年，時四十五
歲；〔註12〕作《老子道德經解》爲萬曆三十五年，時六十二歲；〔註13〕作《莊
子內七篇註》爲萬曆四十八年，時七十五歲。又福徵於《年譜疏》「是年作〈觀
老莊影響論〉」後述疏曰：

> 徵觀此處鬥爭事，步步兵法，步步禪機。若爾，天下無難處之事，
> 無難御之人矣。〈觀老莊影響論〉，八篇中，惟「論心法」一篇，於
> 行墨爲短，於三教爲該，附錄以存大概。「論心法」云：「余幼師孔
> 不知孔，師老不知老，退而入於深山大澤，習靜以觀心焉。……唯
> 聖者能之。」憨祖作此八論，恰與道士解難，豈亦和合三教之寓言
> 乎，宜道士之無怨也。〔註14〕

公司，民國 87 年 4 月，初版八刷），頁 93。

〔註11〕福善記錄、福徵述疏，《憨山大師年譜疏註》，（臺北：老古文化事業股份有限
公司，民國 87 年 4 月，初版八刷），頁 124～125。

〔註12〕由〈觀老莊影響論〉，頁 33：「此論刱意，蓋予居海上時，萬曆戊子冬，乞食
王城，嘗與洞觀居士夜談所及，居士大爲撫掌。庚寅夏日，始命筆焉。藏之
既久，向未拈出。甲午冬，隨緣王成，擬請益於弱侯焦太史，不果。明年乙
未春，以弘法罹難，具草業已遺之海上矣！仍遣侍者往殘簡中搜得之。秋蒙
恩遣雷陽，達觀禪師由匡廬杖策候予於江上。冬十一月，予方渡江，晤師於
旅泊庵，夜坐出此，師一讀三歎曰：『是足以袚長迷也！』即命弟子如奇，刻
之以廣法施，予固止之。戊戌夏，予寓五羊時，與諸弟子結制壘壁間，爲眾
演楞嚴宗旨，門人寶貴，見而歡喜，願竭力成之，以卒業焉。噫！欲識佛性
義，當觀時節因緣。此區區片語，誠不足爲法門重輕。刱意於十年之前，而
克成於十年之後，作之東海之東，而行之於南海之南。」可知，〈觀老莊影響
論〉乃是憨山創意於四十三歲，命筆於四十五歲，輾轉至五十三歲才流傳問
世。是以，憨山云：「刱意於十年之前，而克成於十年之後……」。

〔註13〕根據註10，憨山《老子道德經解》「始於壬辰屬國……因此用功十五年，攜於
行間，至今方完」；福徵於《年譜疏》頁 93 述疏云：「徵按憨祖外紀云：『道
德一經註，歷十三年乃脫稿。』」。

〔註14〕福善記錄、福徵述疏，《憨山大師年譜疏註》，（臺北：老古文化事業股份有限

由福徵述疏所論，憨山作〈觀老莊影響論〉，其「論心法」一篇，行墨雖短，然於「三教」為該，此是否真如福徵述疏所言：「豈亦和合三教之寓言乎，宜道士之無怨也。」果爾如是，憨山作〈觀老莊影響論〉必有其撰述動機，又憨山於〈觀老莊影響論〉文末附錄云：「然此，蓋因觀老莊而作也，故以名論。」〔註15〕由此可知，憨山作〈觀老莊影響論〉乃因觀老莊而作，如此憨山「註莊」之撰述動機亦可由〈觀老莊影響論〉中見出端倪；且由《年譜疏》得知，憨山《老子道德經解》與《莊子內七篇註》之成書時期皆晚於〈觀老莊影響論〉，所以憨山解老與註莊之觀念，亦應承襲其而來。

〈觀老莊影響論〉又名〈三教源流異同論〉，其分為「敘意」、「論教源」、「論心法」、「論去取」、「論學問」、「論教乘」、「論工夫」、「論行本」、「論宗趣」九個部分，主要內容為憨山對儒、釋、道三教之判教觀，關於憨山三教最早之論述，根據王開府〈憨山德清儒佛會通思想述評──兼論其對《大學》、《中庸》之詮釋〉一文云：「憨山最早有關三教會通之論述，見其所著之《緒言》。………此與後來《觀老莊影響論》之筆法有別。可見當時憨山之會通思想，還未進入建構理論體系之成熟階段。」〔註16〕由此可知，憨山之三教會通之思想，主要見著於〈觀老莊影響論〉，而關於論述憨山三教思想之專論亦見於世，〔註17〕在此不加贅述。此章只針對〈觀老莊影響論〉中影響憨山「註莊」之動機作一說明，並且藉由〈觀老莊影響論〉見憨山「註莊」動機之端倪，再由此引出憨山其餘可能與「註莊」動機有關之文獻；之後，再進一步探討憨山「註莊」之中心思想，並且由此論點收攝其「註莊」緣由之深度意涵。

此章分為三節，第一節「憨山德清註莊之動機」：本節主要以「諸祖造論以破外道之執，須善自他宗」開始論述，進而討論因佛經盡出西域且多為翻譯，故不得不援用中國之老莊思想加以詮釋，然於詮釋之際，憨山仍秉持其「唯心

公司，民國87年4月，初版八刷），頁60～61。

〔註15〕〈觀老莊影響論〉，頁33～34。

〔註16〕王開府，〈憨山德清儒佛會通思想述評──兼論其對《大學》、《中庸》之詮釋〉，（華梵大學哲學系：第三次儒佛會通學術研討會論文選輯，民國87年12月26日出版），頁173。

〔註17〕關於憨山三教思想可參考：陳運星《儒道佛三教調合論之研究──以憨山德清的會通思想為例》（中央大學哲學研究所碩士論文，民國80年6月）、崔森《憨山思想研究》（四川聯合大學宗教學研究所碩士論文，民國86年）、夏清瑕《憨山大師佛學思想研究》（南京大學哲學系博士論文，民國89年）等專著。

識觀」之中心思想，來印決各教之異同，且會歸於「一心」。既然以「唯心識觀」
印決，那麼，第二節「憨山德清註莊之中心思想」，則以「唯心識觀」爲基礎，
首先釐清當代學術界對憨山「唯心識觀」之理解，繼而溯源其思想淵源，最後
再給予重新定位。第三節則收攝第一、二節，由「憨山德清融攝儒道會歸於佛」
爲論述主軸，憨山「註莊」之動機，無論是破外道之執，或以「唯心識觀」印
決之，其最後終極目標皆以「會歸於佛」爲主旨，故此節討論重點則放在憨山
如何將儒、道會歸於佛，亦由此明其「註莊」撰述動機之深度意涵。

第一節　憨山德清註莊之動機

　　〈觀老莊影響論〉中「敘意」一文即開宗明義道出憨山「註莊」之撰述
動機，其云：「西域諸祖，造論以破外道之執，須善自他宗。」〔註18〕並且指
出「此方，從古經論諸師，未有不善自他宗者。」〔註19〕憨山認爲無論是西
域諸祖造論以破外道之執，抑或此方〔註20〕從古經論諸師，除了須熟稔自宗
之說法以外，亦必須吸收他宗之所長，由此足見憨山認爲須「善自他宗」之
重要。然而，爲何需要「善自他宗」呢？憨山接著指出：「吾宗末學，安於孤
陋，昧於同體，視爲異物，不能融通教觀，難於利俗。」〔註21〕其「利俗」
二字便拈出爲何須「善自他宗」之故。此節主要以「西域諸祖須善自他宗」
爲始，並於以下分爲三小節：第一小節「破外道之執以融攝儒道」，說明憨山
爲何要破外道之執，其背景又當爲何；第二小節「援老莊之語以利俗眾生」，
說明「利俗」之便；第三小節「明唯心識觀以印決儒道」，說明憨山以「唯心
識觀」印決各宗之動機。

一、破外道之執以融攝儒道

　　憨山於〈觀老莊影響論〉「敘意」中，即明白指出爲何要破外道之執，而

〔註18〕〈觀老莊影響論〉，頁 1。
〔註19〕〈觀老莊影響論〉，頁 1。
〔註20〕由王開府，〈憨山德清儒佛會通思想述評──兼論其對《大學》、《中庸》之詮
　　　　釋〉，（華梵大學哲學系：第三次儒佛會通學術研討會論文選輯，民國 87 年 12
　　　　月 26 日出版），頁 173：「在此論之『敘意』中，憨山談及撰述之動機。他舉
　　　　出西方祖師造論以破外道，及中國歷來經論諸師，都是『善自他宗』。」可知，
　　　　憨山〈觀老莊影響論〉中所言之「此方」，指的乃是中國。
〔註21〕〈觀老莊影響論〉，頁 1。

此外道之執指的又是什麼呢？又爲何會有此外道之執呢？其主要之背景原因爲何？吾人皆可由「敘意」中見出端倪，其「敘意」云：

> 西域諸祖，造論以破外道之執，須善自他宗。此方，從古經論諸師，未有不善自他宗者。吾宗末學，安於孤陋，昧於同體，視爲異物，不能融通教觀，難於利俗。〔註22〕

憨山在「敘意」中提及：「吾宗末學，安於孤陋，昧於同體，視爲異物，不能融通教觀，難於利俗。」其所認爲之「吾宗末學，安於孤陋」，即是對外道萌生執著之因，此背景原因亦可由其《夢遊集》中窺知，《夢遊集》云：

> 末法弟子，去聖時遙，不蒙明眼眞正知識開示，往往自恃聰明，大生邪慢，不但以佛法知見凌人傲物，當作超佛越祖之秘，且復以世諦文言，外道經書，惡見議論，以口舌辯利馳騁機警，當作撥天關的手段。〔註23〕

憨山此處所言「末法弟子」應如同其感慨「吾宗末學」一般，皆安於孤陋、自恃聰明，才會執於外道，是以憨山感嘆：「末法學人，多尙浮習，不詣眞實，故於佛法教道，但執名言，不達究竟之旨。」〔註24〕憨山認爲因爲去聖時遠，而學人弟子又不求眞實，執著名相，才會偏離正道，執著外道，而憨山此處所言之外道指的又是什麼呢？其言「且出無佛世，觀化知無，有似獨覺，原其所宗，虛無自然，即屬外道」，〔註25〕是故「以佛教立場觀之，凡是佛教以外立道者，均視爲『外道』。……德清所謂的外道，意指儒、道兩家而言」，〔註26〕既然憨山所言之外道指的乃是儒、道二家，那麼其所要破之執又爲何呢？其言：

> 其有初信之士，不能深窮教典，苦於名相支離，難於理會，至於酷嗜老莊爲文章淵藪，及其言論指歸，莫不望洋而歎也。迨觀諸家註釋，各徇所見，難以折衷，及見口義副墨，深引佛經，每一言有當，且謂一大藏經皆從此出，而惑者以爲必當，深有慨焉。〔註27〕

憨山對於初學佛之士，苦於名相支離，遂墮入執著之中深有感慨；而對於那

〔註22〕〈觀老莊影響論〉，頁1。
〔註23〕《夢遊集》卷三〈示極禪人〉，總0147。
〔註24〕《夢遊集》卷七〈是非石玉禪人〉，總0350。
〔註25〕〈觀老莊影響論〉，頁20。
〔註26〕張玲芳，《釋德清以佛解老莊思想之研究》，（中興大學中國文學系碩士論文，民國88年6月15日），頁93。
〔註27〕〈觀老莊影響論〉，頁1。

些喜好老莊之徒卻不明其旨，只知望洋而嘆者，則有「閒披老莊翼，乃集諸家之大成，雖註疏多峻，乃人人老莊，非老莊老莊也。」〔註28〕之慨；至於如林希逸《莊子口義》、陸西星《南華眞經副墨》，認爲《大藏經》乃由老莊出之眾，更有「質斯二者學佛而不通百氏，不但不知世法，而亦不知佛法，解莊而謂盡佛經，不但不知佛意，而亦不知莊意，此其所以難明也。」〔註29〕之嘆，故其認爲此執著必當破之。

　　然而，憨山所要破之執著，不應只是「熟稔自、他家宗派之後，再造論以破他家」〔註30〕而已，雖然憨山自云：「執孔者，涉因緣，執老者，墮自然，要皆未離識性，不能究竟一心故也」，〔註31〕但卻也感嘆：「余每見學者披閱經疏，忽撞引及子史之言者，如攔路虎，必驚怖不前，及教之親習，則曰：『彼外家言耳。』掉頭弗顧。」〔註32〕憨山既欲教之以親習，足見其所要破之執著，不僅僅只是「破」的工夫而已，其中還蘊含著「融合」之觀念，其中「教之親習」之「親」字，即明其融攝之旨。憨山雖以「破」外道之執的「破」字入手，然其眞正之旨乃在於「先破後立」，亦即破執而融攝之。

二、援老莊之語以利俗眾生

　　憨山「註莊」之撰述動機，還有其一因，乃是援老莊之語，以求「利俗」之便。之所以要「利俗」，主要乃是因爲「佛經盡出自西域，皆從翻譯」之故。憨山在「論去取」中云：

> 吾佛經盡出自西域，皆從翻譯。然經之來，始於漢，至西晉，方大盛。晉之譯師，獨稱羅什爲最，而什之徒生、肇、融、叡四公，僧之麟鳳也，而什得執役。然什於肇亦曰：「余解不謝子，文當相揖耳。」蓋肇尤善老莊焉。然佛經皆出金口所宣，而至此方，則語多不類，一經而數譯者有之，以致淺識之疑，殊不知理實不差，文，在譯人之巧拙耳。〔註33〕

〔註28〕《夢遊集》卷十六〈與焦從吾太史〉，總0854。
〔註29〕〈觀老莊影響論〉，頁10。
〔註30〕許中頤，《釋憨山《觀老莊影響論》的義理研究》，（華梵大學東方人文思想研究所碩士論文，民國90年6月），頁11。
〔註31〕〈觀老莊影響論〉，頁30。
〔註32〕〈觀老莊影響論〉，頁9～10。
〔註33〕〈觀老莊影響論〉，頁5～6。

憨山此語即道出佛經傳至中國始於漢，多從翻譯而來，翻譯又有優劣之分，即使如晉朝之譯師鳩摩羅什，尚須有四哲左右，文才能雅致。且憨山在此點明僧肇尤善老莊，乃是因為僧肇聽鳩摩羅什譯《大品經》，將其體會寫成《般若無知論》，鳩摩羅什讚其對般若理解正確之故。而關於僧肇理解般若思想，乃援用了老莊思想，崔大華於《莊學研究》中亦如是說：「僧肇般若思想中的莊子思想痕迹，或者說受其影響主要有兩點表現：一是在他具體驗證『非有不無』的『中道義』時，除運用印度佛學傳統的從事物構成角度來觀察的『諸陰因緣』說外，還援用了中國思想，特別是莊子思想中的從認識角度來觀察的『名實』說。」〔註34〕崔大華以莊子之「名實」說影響僧肇之般若思想一說，主要乃由《莊子》「道行之而成，物謂之而然」（《齊物論》）、「名者實之賓也」（《逍遙遊》）等句中，對於「名實」之主張；以及僧肇《不真空論》中對於「名實」之理解而來。

換言之，崔大華以為，僧肇理解「名」與「實」不相符之觀念，乃由莊子觀察「名」、「實」之間，事物之「名」由人所賦予之觀念而來，兩者皆有某種否定「名」之傾向。是以鳩摩羅什以「余解不謝子，文當相揖耳。」〔註35〕讚揚僧肇，憨山又點明「肇尤善老莊」，吾人即可明白，佛經傳至中國，雖多從翻譯，然僧肇之文雅致，乃援老莊之語而來。而且，僧肇思想亦受老莊思想之影響，老莊思想，相對於佛教而言，仍有其利俗眾生之便。

而憨山亦言：「然佛經皆出金口所宣，而至此方，則語多不類」，點出此方（中國）與彼方（西域）語言上之不同，要如何化解語言上之問題，並且達到「利俗」之目的？憨山以下便明「援老莊之語」之緣由，其云：

> 蓋西域之語，質直無文，且多重複，而譯師之學，不善兩方者，則文多鄙野，大為理累。蓋中國聖人之言，除五經束於世教，此外載道之言者，唯老一書而已，然老言古簡，深隱難明，發揮老氏之道者，唯莊一人而已。筆乘有言：「老之有莊，猶孔之有孟。」斯言信之。然孔稱老氏猶龍，假孟而見莊，豈不北面耶？〔註36〕

〔註34〕崔大華，《莊學研究》，（臺北：文史哲出版社，民國88年9月，初版），頁515。

〔註35〕此語根據《肇論新疏》（CBETA, T45, no. 1860, p. 213, a13~15）：「據梁傳。什公初譯大品。論主宗之以作此論。竟以呈什。什歡曰。吾解不謝子。辭當相揖。」可知，憨山此處所言之「余解不謝子，文當相揖耳。」之原文應為「吾解不謝子，辭當相揖」。

〔註36〕〈觀老莊影響論〉，頁7。

由此可見憨山「援老莊之語」，乃是有所挑選且深思熟慮的，又憨山認為能夠發揮老氏之道者，唯莊一人而已，足見憨山將老莊放在同一系統之下討論，其言：「孔稱老氏猶龍，假孟而見莊，豈不北面耶？」更可證在其心中，老莊思想是遠超過孔孟的。且憨山對於莊子思想亦有所褒，其云：「間嘗私謂中國去聖人，即上下千古負超世之見者，去老唯莊一人而已。載道之言，廣大自在，除佛經，即諸子百氏究天人之學者，唯莊一書而已。藉令中國無此人，萬世之下，不知有真人；中國無此書，萬世之下，不知有妙論。」〔註37〕然而，這樣的體會僅止於中國「未見佛法」之前，憨山言：「且老乃中國之人也，未見佛法，而深觀至此，可謂捷疾利根矣！借使一見吾佛而印決之，豈不頓證真無生耶？」〔註38〕又言：「老出無佛世，竊且以類辟支」〔註39〕。是故，以憨山之立場，無論是援老莊之語，抑或將道家思想置於儒家思想之上，其主要目的都是為了「利俗」之便；而「利俗」之終極目標，除了方便說以外，主要乃是站在維護佛教之立場，將儒、道兩家之思想會歸於「佛」。

三、明唯心識觀以印決儒道

　　憨山「註莊」之動機除了破外道之執、援老莊之語以利俗之外，其背後尚有一中心思想，而闡明此中心思想，亦是憨山「註莊」之主要目的。其於「論教源」中嘆曰：「竊觀古今衛道藩籬者，在此，則曰彼外道耳；在彼，則曰此異端也。」〔註40〕因立場不同，又衛道者不悟大道之妙，故分彼此，憨山認為不悟自心之妙，只是徒增戲論而已。那麼，如何悟自心之妙？又自心之妙之中心思想何在呢？憨山所謂的「吾人不悟自心，不知聖人之心」〔註41〕的自心指的又是什麼呢？其於〈觀老莊影響論〉末以：「今以唯心識觀皆不出影響矣」〔註42〕作結，是否已點出「唯心識觀」乃融攝三教之中心思想，且闡明此思想更是悟自心之妙之法門，是故，闡明「唯心識觀」對於憨山而言，亦應有調解「外道」、「異端」之功效。

　　而關於「唯心識觀」，憨山於「敘意」中亦明白指出：

〔註37〕〈觀老莊影響論〉，頁7～8。
〔註38〕〈觀老莊影響論〉，頁27。
〔註39〕《夢遊集》卷十六〈與焦從吾太史〉，總0854。
〔註40〕〈觀老莊影響論〉，頁3。
〔註41〕〈觀老莊影響論〉，頁4。
〔註42〕〈觀老莊影響論〉，頁32。

　　余居海上枯坐之餘，因閱楞嚴、法華次，有請益老莊之旨者，遂蔓
　　衍及此以自決，非敢求知於眞人，以爲必當之論也。且慨從古原教
　　破敵者，發藥居多，而啓膏肓之疾者少，非不妙投，第未診其病源
　　耳。是故，余以唯心識觀而印決之，如摩尼圓照，五色相鮮，空谷
　　傳聲，眾響斯應，苟唯心識而觀諸法，則彼自不出影響間也，故以
　　名論。〔註43〕

此處所云：「以唯心識觀而印決之」之所欲印決者爲何呢？此其中除了道家思
想以外，亦包含儒家等各宗各派，儒、道兩家是憨山於三教同源之基礎上，
亟欲印決之重心，然以「唯心識觀」爲基礎，印決各宗各派，更是其言「苟
唯心識而觀諸法，則彼自不出影響間也」的主旨。是故其以「唯心識觀」爲
主要之中心思想，更以「苟唯心識而觀諸法，則彼自不出影響間也」，深刻說
出闡明「唯心識觀」之立場。憨山之所以援用佛教「唯心識觀」之觀點，來
印決各宗各派，主要乃是欲將儒、道二家融攝於佛教之中，此乃其「註莊」
動機之深度意涵，而「唯心識觀」正是此深度意涵「會通」之主軸，故闡明
此主軸相對於憨山而言，是非常重要的。

　　關於「唯心識觀」之討論，本文於下一節中將會詳加說明，期望以憨山
「註莊」之動機：「明唯心識觀以印決儒道」爲端倪，進一步探討其闡明「唯
心識觀」之中心思想，再由此中心思想貫串憨山「註莊」動機之深度意涵。

第二節　憨山德清註莊之中心思想

　　憨山於「敘意」中即點明其欲以「唯心識觀」印決之決心，故吾人可知，
「唯心識觀」乃憨山印決三教之中心思想。那麼，此中心思想定義爲何？憨
山之「唯心識觀」源自何處？在「註莊」系統下，又該如何對憨山之「唯心
識觀」重新定位？以上乃此節欲解決之重點，亦即討論之重心。

　　此節主要以憨山「註莊」動機之「以唯心識觀而印決之」爲端倪，進而
討論其中心思想，故以下分爲三小節論述：第一小節討論「唯心識觀」之理
論定義；第二小節則透過當代學者對憨山「唯心識觀」之理解，作一憨山「唯
心識觀」之思想溯源；若明其思想源頭，那麼第三小節即可透過思想溯源，
將「唯心識觀」置於憨山「註莊」之系統下重新定位。

〔註43〕〈觀老莊影響論〉，頁 1～2。

一、憨山德清「唯心識觀」之理論定義

　　福徵於《年譜疏》中述疏曰:「〈觀老莊影響論〉,八篇中,惟『論心法』一篇,於行墨為短,於三教為該」,〔註44〕足見「論心法」於〈觀老莊影響論〉中之重要性,而憨山之「論心法」亦正是其「唯心識觀」中心思想之發端,其於「論心法」中云:

> 余幼師孔不知孔,師老不知老,既壯,師佛不知佛,退而入於深
> 山大澤,習靜以觀心焉,由是而知:「三界唯心,萬法唯識」。既
> 「唯心識觀」,則一切形,心之影也;一切聲,心之響也。是則,
> 一切聖人,乃影之端者;一切言教,乃響之順者。由萬法唯心所
> 現,故治世語言、資生業等,皆順正法,以心外無法,故法法皆
> 眞,迷者執之而不妙,若悟自心,則法無不妙。心法俱妙,唯聖
> 者能之。〔註45〕

此段正明白指出所謂「三界唯心,萬法唯識」,即其中心思想「唯心識觀」,而「唯心識觀」,無論一切形、一切聲皆出於「心」。憨山在此強調「心」之重要性,且在於「心」之外更無他法,所以能悟「自心」即可知聖人之心,唯有聖者,才能達到此心法俱妙之境。「論心法」中指出「三界唯心,萬法唯識」,並且闡明「唯心識觀」為理論發端,憨山於《夢遊集》中亦有對「唯心」強調之語,其云:

> 佛出世說法四十九年,所集諸經,有一大藏,始終只說了八箇字,
> 所謂「三界唯心,萬法唯識」,從初至此,已經四十年,才說破「萬
> 法唯識」一句之義,然猶未敢顯示唯心之旨,以唯心乃萬法之極則
> 也。〔註46〕

由此可知,憨山強調「三界唯心」中「唯心」之重要性,其不僅為萬法之極則,且難以顯示、難以說破,憨山認為所謂「三界唯心,萬法唯識」,乃是因為迷其一心而為「識」,「識」之解釋為何?「識則純妄用事,逐境攀緣,不復知本有眞心矣。」〔註47〕因為迷悟之差,所有才有眞妄之別,而不知本有眞心,才會落入妄相之中,憨山在此分別「唯心」、「唯識」,「所謂三界唯心,

---

〔註44〕福善記錄、福徵述疏,《憨山大師年譜疏註》,(臺北:老古文化事業股份有限公司,民國87年4月,初版八刷),頁60。

〔註45〕〈觀老莊影響論〉,頁4~5。

〔註46〕《夢遊集》卷四十六〈化生儀軌〉,總2522~2523。

〔註47〕《夢遊集》卷五〈示李福淨〉,總0246~0247。

萬法唯識，以唯心故，三界寂然，了無一物；以唯識故，萬法樅然。蓋萬法從唯識變現耳，求之自心自性了不可得。」〔註48〕可知於「心」之外，別無他法，萬法皆由唯識變，若求自心自性，當由唯「心」求之，故強調「心」之重要性，其云：「大段聖凡二徒，只是唯自心中迷悟兩路，一切善惡因果，除此心外，無片事可得。」〔註49〕而「迷」只是不了解「自心」本無一物，被身心世界所障礙，若能解脫「迷」而「悟」，則「自心」朗現，此「心」亦明朗。而「自心」又該如何解釋？憨山云：

> 佛身原是自心，因無明障蔽，而光明不現，即心是佛、自心作佛、念佛念心、觀心觀佛。一念妄心起，佛做眾生；一念惡心起，佛即造業；一念覺心起，眾生即化佛；一念善心起，地域即變天堂。所以道「三界唯心，萬法唯識」，心造天堂，心造地獄，心淨則佛土淨，心穢則佛土穢。除此心外，無片事可得。〔註50〕

所謂「自心」即是「佛身」，無論做眾生、造業、化佛、地獄、天堂，皆與此心造化有關，只要「心淨則佛土淨」，此心之「心」正與唯心之「心」屬同一心，關於此「一心」，憨山亦云：

> 所云一乘者，乃一切眾生之本心，吾人日用現前知覺之自性也。以此心性，是一切聖凡之大本，故說為乘，乘者是運載義。故曰，三界上下法，唯是一心作，除此心外，無片事可得。即吾人日用六根門頭，見聞不昧，了了常知，不被塵勞妄想之所遮障，光明普照，靈覺昭然，即此一心是佛境界，則運至於佛……是故佛說三界唯心，除此一心，無片事可得，唯此一事，更無餘事，故說一乘，非此心外，別有一法可說也。〔註51〕

又云：

> 三界上下法，唯是一心作，以此觀之，豈獨佛法說一心，從上聖賢乃至一切九流異術，極而言之，至於有情無情，無不從此一心之所建立，但有大小多寡，善惡邪正明昧之不同，所用之各異耳。〔註52〕

以上正同於「吾佛說法，以一心為宗，無論百千法門，無非了悟一心之行」，

〔註48〕《夢遊集》卷四〈示周晹孺〉，總0194。

〔註49〕《夢遊集》卷二〈答鄭崑巖中丞〉，總0071。

〔註50〕《夢遊集》卷十四〈上山東德王〉，總0710。

〔註51〕《夢遊集》卷六〈示蘄陽宗遠庵歸宗常公〉，總0279～0281。

〔註52〕《夢遊集》卷四〈示鄧司直〉，總0184～0185。

〔註53〕亦即憨山強調一心（自心）之重要，至於善惡明昧有所不同，乃用「心」之異，亦即一切形，心之影；一切聲，心之響也，皆「唯心」所現。憨山以佛教「三界唯心，萬法唯識」之「唯心識觀」為基礎，統攝儒、道二家，並且希望以此達到「以唯心識觀而印決儒道」之目的，此「唯心識觀」更是憨山融攝儒、道會歸於「佛」之中心思想。

二、憨山德清「唯心識觀」之思想溯源

　　吾人既明白憨山「唯心識觀」之中心思想，那麼，對其「三界唯心，萬法唯識」之思想溯源，即是明其思想主旨之展現。此小節主要透過當代學者對於憨山「唯心識觀」之理解，進一步追溯其思想淵源。吾人將當代學者對於憨山「唯心識觀」之理解，細分為五大系統，希望藉由當代學者之理解，統攝出憨山「註莊」系統下「唯心識觀」之適切意涵，以下就此五大系統分別論述之。

（一）法界真心流演而來

　　陳運星於《儒道佛三教調和論之研究——以憨山德清的會通思想為例》中認為，憨山「唯心識觀」之理念，是由法界真心流演而來，從法界心流出並且還歸一切諸法。其引憨山「論教源」中：「不獨參禪，貴在妙悟。……蓋古之聖人無他，特悟心之妙者，一切言教，皆從妙悟心中流出，應機而示淺深者也，故曰：『無不從此法界流，無不還歸此法界。』」〔註54〕這段話，認為憨山強調妙悟由心中流出，且以為這種說法與《華嚴經》所述：「釋佛進入華嚴藏海，海印三昧中，現毗盧遮那如來真如法身，從自性中流出萬法，以演音說法，應機接引眾生。」〔註55〕類似。然而，此說法卻有所誤解，《華嚴經》中並無「從自性中流出萬法」之說法，是以陳運星以為憨山之「唯心識觀」，由《華嚴經》而來，應為誤解。憨山華嚴相關之作，乃為《大方廣佛華嚴經綱要》，〔註56〕其《大方廣佛華嚴經綱要》主要承襲清涼澄觀之疏義而來〔註57〕。故憨山「唯心識觀」之思想溯源，乃為憨山提挈筆削之《華嚴綱要》，而非《華嚴經》本身所述。螯

〔註53〕《夢遊集》卷九〈示慧鏡心禪人〉，總0454。
〔註54〕〈觀老莊影響論〉，頁2～4。
〔註55〕陳運星，《儒道佛三教調合論之研究——以憨山德清的會通思想為例》，（中央大學哲學研究所碩士論文，民國80年6月），頁179～180。
〔註56〕憨山大師《大方廣佛華嚴經綱要》，簡稱為《華嚴綱要》。
〔註57〕請參見第四章第一節〈憨山德清註莊之系統架構〉之第二小節〈以華嚴為次的「平等法界觀」〉。

清此處誤解，吾人即可說明，在憨山提挈筆削之華嚴思想下，陳運星認為：

> 德清是以「唯心識觀」的理念，來理解諸法的現象，認為一切諸法，只是影像與音響的幻象而已。而諸法實相的本體，就是吾人的心識，稱之為「法界心」（法界的眞心）。亦即是唐・涼澄觀在《華嚴經疏鈔玄談》（《卍續藏》冊八）卷二所說「無不從此法界流、無不還歸此法界」的法界。〔註58〕

是故，以上認為憨山的老莊思想，也是由此法界眞心所流演而來；換言之，陳運星乃以此觀點，來釐清三教同源之義理。並引憨山「論心法」為證，認為憨山之「三界唯心，萬法唯識」——「唯心識觀」乃是在經過五臺山、牢山兩個時期的苦修實練，開悟見性而來。此處對於「唯心識觀」之理解，乃是將中心思想置於老莊思想下討論，其認為憨山以「唯心識觀」之理念，來理解諸法現象，故老莊思想亦順此基礎而下，亦由此「法界眞心流演而來」。

然而，陳運星對於憨山「三界唯心，萬法唯識」之理解，則重新回歸憨山佛學基礎下，點出此乃「如來藏緣起說與阿賴耶緣起說之會通」。〔註59〕其在此通過吾人上述對於「唯心識觀」之理解，重新回溯「三界唯心，萬法唯識」，由「三界唯心」之「三界」——「欲界、色界、無色界」開始討論；並且通過法性、法相二宗，對於「心」理解之不同，以及對於阿賴耶等心識與如來藏之自性清靜心作一釐清。陳運星認為「『三界唯心，萬法唯識』乃是以『宇宙論』或『本體論』的立場，將客觀的一切諸法，皆收攝於主體中。」〔註60〕藉此闡明憨山之「性相融通」。而憨山「性相融通」之詮釋體系，乃來自於憨山《大乘起信論直解》中的「一心開二門」。

陳運星以為，「憨山德清是以『三界唯心——心眞如』、『萬法唯識——心生滅』，相互對比的觀點，來分別理解二門，並且以《楞伽經》『波濤依海水』之譬喻來加強說明，蓋因前者不可言說；後者可以言說也。」〔註61〕是故，其以《楞伽經》與《大乘起信論》之格局貫串憨山註疏之佛教經論。至於「唯

〔註58〕陳運星，《儒道佛三教調合論之研究——以憨山德清的會通思想為例》，（中央大學哲學研究所碩士論文，民國80年6月），頁180。

〔註59〕陳運星，《儒道佛三教調合論之研究——以憨山德清的會通思想為例》，（中央大學哲學研究所碩士論文，民國80年6月），頁293。

〔註60〕陳運星，《儒道佛三教調合論之研究——以憨山德清的會通思想為例》，（中央大學哲學研究所碩士論文，民國80年6月），頁294。

〔註61〕陳運星，《儒道佛三教調合論之研究——以憨山德清的會通思想為例》，（中央大學哲學研究所碩士論文，民國80年6月），頁270。

心識觀」之中心思想，與憨山理解之老莊思想，則誤解由《華嚴經》「從自性中流出萬法」而來。此誤解僅在於《華嚴經》中，並無「從自性中流出萬法」之說，此說乃是憨山提挈筆削之華嚴思想。是以，吾人以爲，陳運星雖對於《華嚴經》「從自性中流出萬法」有一誤解，並以此作爲憨山「唯心識觀」乃「無不從此法界流，無不還歸此法界」之說。然而，其將憨山之「唯心識觀」之中心思想，歸於法界眞心流演而來，亦有見地，故本論文將其主張稱之爲「法界眞心流演而來」之系統。

陳運星對於「三界唯心，萬法唯識」——「唯心識觀」之理解，乃分別置於不同脈絡下討論：其認爲憨山「註莊」系統下之「唯心識觀」，乃是釐定萬法同源以及三教同源之義理，故此理念強調妙悟由心中流出，此與憨山華嚴思想類似。而「三界唯心，萬法唯識」乃是通過「心眞如」、「心生滅」之對比關係來理解《大乘起信論》，主要目的乃在於融會性、相二宗，故云：「如來藏緣起說與阿賴耶緣起說之會通」。此種表現方式，乃以不同之脈絡，展現憨山思想，並且通過憨山「三界唯心，萬法唯識」——「唯心識觀」之中心思想，呈顯出憨山思想之架構，並由此對憨山中心思想作一溯源。然而，在溯源之時，卻遠離憨山之《華嚴綱要》，直指《華嚴經》，其中錯誤則在於「從自性中流出萬法」之說。吾人將「唯心識觀」置於憨山「註莊」之思想脈絡下討論，是否僅止於「法界眞心流演而來」？在「註莊」系統下，此中心思想是否還有其他的可能性？對於此系統之理解，除了「法界眞心流演而來」之外，是否仍有其他之溯源？以「法界眞心流演而來」爲憨山「唯心識觀」之中心思想，仍尚顯不足。是以，吾人就以下第二系統作一論述，並對此中心思想作一釐清。

（二）教取華嚴證用楞嚴

張玲芳於《釋德清以佛解老莊思想之研究》中，對於憨山「三界唯心，萬法唯識」之「唯心識觀」並沒有著墨太多，只是通過文獻，作一敘述與資料上之整理，唯一能看出追溯其思想淵源之處，亦唯有在結論中見一端倪。其首先以憨山之「論心法」，闡明其重視「三界唯心，萬法唯識」之「唯心識觀」，並且摘錄《夢遊集》中記載有關「唯心識觀」之文獻，再次強調「唯心識觀」之重要，最後，以「德清主張『無不從此法界流，無不還歸此法界。』遂以『唯心識觀』來會通三教思想，說明三教彼此之間同源的關係。」〔註62〕

〔註62〕張玲芳，《釋德清以佛解老莊思想之研究》，（中興大學中國文學系碩士論文，民國88年6月15日），頁87。

作結。而於結論中所能見思想淵源之端倪，亦只有其言：「從德清的生平來看，他『唯心識觀』的建立，與仰慕華嚴四祖澄觀，以及個人的體驗頗有關係。」〔註63〕又言：「德清的『唯心識觀』，也是在這種三教調合論風氣之下，應運而生的產物。」〔註64〕於此，吾人只見作者為「唯心識觀」發一開端，卻未見論述，此乃可惜之處。

然而，張玲芳之師林文彬，於張玲芳著述之後，亦於〈釋德清《觀老莊影響論》初探〉一文，明白指出憨山判攝三教之依據，乃在於「教取《華嚴》、證用《楞嚴》」之架構中，故吾人可由林文彬之論述，統攝張玲芳之說法，並將兩者歸於「教取華嚴證用楞嚴」之系統中。

林文彬於〈釋德清《觀老莊影響論》初探〉一文中，對於憨山「唯心識觀」之探討，主要文獻乃取自於〈觀老莊影響論〉，文中共分為「三教同源」、「三教異流」及「三教之會通與異同」三大部分討論。「三教同源」部分主要追溯憨山「唯心識觀」之中心思想；「三教異流」部分主要以「教乘」、「工夫」、「宗趣」三點展開論述；至於「三教之會通與異同」部分，則總結「三教同源」、「三教異流」兩部分，以此闡明憨山會孔、老歸於佛之說。林文彬於「三教同源」部分，即闡明清涼澄觀《大方廣佛華嚴經疏》〔註65〕：「然有二釋，一云，若欲了佛者應觀法界性，上一切差別皆唯心作，以見法即見佛故；二觀法界性是真如門，觀唯心造即生滅門，是雙結也。又一是真如實觀，一是唯心識觀，大乘觀要不出此二，觀此二門唯是一心，皆各總攝一切法盡。」〔註66〕此部分，認為憨山很推崇「華嚴」這種依《起信論》「一心開二門」的模式來推衍其說之說法，將「唯心識觀」溯源回華嚴思想，並且在「三教異流」之「宗趣」部分，闡明「唯心識觀」證在《楞嚴經》之說，將憨山之老莊以《楞嚴經》比附之說法作一說明。

林文彬對於憨山「唯心識觀」之中心思想，在結論中更明白指出「教取

〔註63〕張玲芳，《釋德清以佛解老莊思想之研究》，（中興大學中國文學系碩士論文，民國88年6月15日），頁183。

〔註64〕張玲芳，《釋德清以佛解老莊思想之研究》，（中興大學中國文學系碩士論文，民國88年6月15日），頁185。

〔註65〕清涼澄觀《大方廣佛華嚴經疏》，簡稱為《華嚴經疏》。

〔註66〕《大方廣佛華嚴經疏》（CBETA, T35, no. 1735, p. 659, a12~17）：「然有二釋。一云。若欲了佛者應觀法界性。上一切差別皆唯心作。以見法即見佛故。二觀法界性是真如門。觀唯心造即生滅門。是雙結也。又一是真如實觀。一是唯心識觀。大乘觀要不出此二。觀此二門唯是一心。皆各總攝一切法盡。」

《華嚴》，證用《楞嚴》」之說，其認爲憨山〈觀老莊影響論〉在佛教思想史上的地位與價值至少有兩點：「（一）是提出以《華嚴》、《楞嚴》爲教證基礎的『唯心識觀』判教模式。（二）是對華嚴學作了某種新的發展（尤其是與華嚴五祖宗密的關係）。」〔註67〕並且爲此兩點作了解釋，其云：

> 《觀老莊影響論》引用了許多《華嚴經》（或華嚴宗相關的）、《楞嚴經》的文字及思想……雖然，德清並沒有特別標榜什麼傳承，甚且他本身還具有雜揉各宗、自由解說經典的特色……但德清在引用這些文字時，其思想內涵卻仍與原典保持著相當的一致性，由此可見，這並非是無意義的文字套用。〔註68〕

又云：

> 德清的「唯心識觀」無疑地是對印度佛教與傳統本土思想文化，在相互衝擊融攝的過程中，有關三教會通、三教合一問題的一種深刻的思索與回應。這是自從唐華嚴五祖宗密《原人論》之後的一個重要發展。〔註69〕

其以爲憨山援引《華嚴經》（包括華嚴宗相關者）、《楞嚴經》之文字思想，乃是因爲有所傳承及影響，在援引華嚴思想方面，大多用在教理宗旨，援引《楞嚴經》則大部分在修證歸趣上。故其以〈觀老莊影響論〉爲出發點，討論憨山以華嚴思想與《楞嚴經》爲教證基礎的「唯心識觀」之判教模式，並且認爲憨山的「唯心識觀」是華嚴五祖宗密之後的重要發展，不僅吸收《華嚴經》及其思想之基本教義，並且進一步依據《楞嚴經》結合修證，和合而成「唯心識觀」之判攝基礎。

　　林文彬以爲，此乃華嚴學逐漸內在深化與往「心」方面發展之表現。其以華嚴學爲基礎，爲憨山「唯心識觀」作一思想溯源，「教取《華嚴》，證用《楞嚴》」之說，又將憨山「唯心識觀」之思想溯源提出另一種可能性，並且將《楞嚴經》置於修證歸趣上，乃是另一種新的斬獲。然而，此文畢竟僅由憨山〈觀老莊影響論〉出發，故論點不得不侷限於此文；吾人若將「唯心識

〔註67〕 林文彬，〈釋德清《觀老莊影響論》初探〉，（國立中興大學《文史學報》第三十一期，民國90年6月），頁27。

〔註68〕 林文彬，〈釋德清《觀老莊影響論》初探〉，（國立中興大學《文史學報》第三十一期，民國90年6月），頁27。

〔註69〕 林文彬，〈釋德清《觀老莊影響論》初探〉，（國立中興大學《文史學報》第三十一期，民國90年6月），頁28。

觀」置於憨山「註莊」系統下，再加以溯源，則《老子道德經解》與《莊子內七篇註》應爲溯源之重要文獻，而不單只有〈觀老莊影響論〉而已。

憨山「註莊」系統下之「唯心識觀」，是否眞如林文彬所言「教取《華嚴》，證用《楞嚴》」，兩者是否有一主從關係？華嚴思想與《楞嚴經》，於「教理」、「修證」之外，是否還有其他的可能性？正如林文彬認爲，憨山本身還具有雜揉各宗、自由解說經典之特色，是以在「教取《華嚴》，證用《楞嚴》」之外，是否有更適切憨山「唯心識觀」中心思想之溯源？故，本論文以下再提出當代學者對「唯心識觀」之另一思想溯源，乃由憨山佛學觀點出發之「起性論眞常心理論」系統。

（三）起信論真常心理論

姜志翰於〈憨山《觀老莊影響論》的三教判攝觀〉一文中，清楚的爲憨山「唯心識觀」做一考察，其由憨山「道教之牴」與「曹溪之願」開始論述，並由此兩點重要背景切入憨山「唯心識觀」之考察，並認爲「就憨山而言，《楞嚴經》與《大乘起信論》是屬於同一系統，進言之，『唯心識觀』亦屬『一心開二門』的『眞常唯心論』系統」〔註70〕。其由〈觀老莊影響論〉溯源「唯心識觀」，顯出「唯心識觀」乃證於《楞嚴經》，再進一步回溯於《大乘起信論》的眞常系統下。此溯源對於憨山「唯心識觀」雖已掌握重點，然卻不夠全面；亦即由〈觀老莊影響論〉中所見源於華嚴或其他部分，於文中皆不見論述，全然將「唯心識觀」之溯源，歸攝於《楞嚴經》之下，則不夠充分。

此小節所謂「起信論眞常心理論」系統，所指乃是將憨山「唯心識觀」之溯源，全然歸攝於《起信論》「眞常心」系統下而稱之。姜志翰以憨山之「唯心識觀」由《楞嚴經》出，且《楞嚴經》與《起信論》屬同一系統；其中溯源憨山思想於《楞嚴經》之說雖不充分，然仍指歸於「眞常唯心論」底下，是以，吾人將其歸類於「起信論眞常心理論」之系統。

然而，此系統之代表人物則爲陳松柏，其於《憨山禪學之研究——以自性爲中心》一書中，清楚的將憨山「唯心識觀」等所有思想，溯源回《起信論》「眞常心」之系統下。並且由憨山禪學出發，以憨山《大乘起信論疏略》爲主軸，呈顯憨山眞常心理論之架構。由此架構統攝憨山之「華嚴」、「法華」、「淨土」、「儒」、「道」等思想，其云：「現象界一切法，都是『隨熏而起』的

〔註70〕姜志翰，〈憨山《觀老莊影響論》的三教判攝觀〉，（《淡江中研所87年度冬季論文集》，民國87年12月19日），頁10。

心所推動形成的，因此，可以說是『三界唯心轉』。憨山『唯心識觀』的建立，便是在《起信論》這樣的脈絡中形成。」〔註71〕其於「憨山本體論中之『唯心識觀』」一節中，更清楚的闡明憨山「唯心識觀」之基礎，並且由〈觀老莊影響論〉下手探討憨山之「唯心識觀」，其云：

> 以「唯心識觀」言，「三教本來一理」，且不論任何一事、任何一法，
> 皆「統屬一心」；而順著法身佛立場言「平等法界」，則不僅儒釋道
> 三教聖人「本來一體」，即連事、理法界也都會轉化為「無障無礙，
> 是名為佛」的海印三昧境界。可見憨山在詮釋「唯心識觀」時，不
> 是單單只從「三界唯心、萬法唯識」的意義出發，他也設法從華嚴
> 的經教上著眼，取得與華嚴平等圓融境界相伴的論點；又由於唯心
> 識觀係得益於楞嚴、法華之啟蒙，是故憨山之以「唯心識觀」看待
> 三教聖人、禪解儒道，都並不是屬於肆意之牽強附合。〔註72〕

由以上可知，陳松柏將憨山「唯心識觀」之中心思想，置於「禪解儒道」之立場下討論，並且進一步強調憨山「唯心識觀」不只由「三界唯心、萬法唯識」之意義出發，仍有「華嚴」、「楞嚴」、「法華」等思想上之傳承。其以為憨山不僅以「唯心識觀」結合「楞嚴」與「禪」，且「不惟楞嚴，即強調『三乘歸一』之法華思想，憨山也透過這一「唯心識觀」之詮釋，將原指佛乘實諦的『一乘』，轉化成禪家的『自性』」〔註73〕。全然由憨山「禪學」出發，以「唯心識觀」為本體論，統攝憨山「華嚴」、「楞嚴」、「法華」等思想，並且進一步溯源回「起信論真常心理論」架構下討論。其將「法華」納入「唯心識觀」之系統下，有別於他家之說法；並且由憨山「禪學」為出發點，以「自性」為中心討論，試圖以《起信論》之真常心統攝憨山之中心思想，脈絡可謂非常清楚。

　　吾人可進一步由作者之〈憨山老學之思考方式與世間特質〉一文中，見其將憨山「唯心識觀」置於老學系統下，並且闡明《起信論》「真常心」理論之用心，其認為：

〔註71〕陳松柏，《憨山禪學之研究──以自性為中心》，（東海大學哲學研究所博士論文，民國85年12月），頁109。
〔註72〕陳松柏，《憨山禪學之研究──以自性為中心》，（東海大學哲學研究所博士論文，民國85年12月），頁149。
〔註73〕陳松柏，《憨山禪學之研究──以自性為中心》，（東海大學哲學研究所博士論文，民國85年12月），頁154。

憨山的心識見解，已非傳統慈恩宗的唯識路數，所以我們幾乎不太可能使用傳統唯識理論，套襲在憨山的老學見解上。用比驗的立場來看，憨山「唯心識觀」的思考方式，其實是馬鳴《大乘起信論》式的唯識風格。〔註74〕

故「在理論層面上而言，則《起信論》模式之真常心理論，才是憨山『唯心識觀』的根源」，〔註75〕即使在老學系統之下，陳松柏仍以憨山真常心理論之架構，統攝憨山「華嚴」、「楞嚴」、「法華」、「儒」、「道」等思想。其以為，憨山用以詮釋老學或莊學之「唯心識觀」，仍然是在《起信論》之脈絡中形成，亦即以「起信論真常心理論」統攝憨山之「唯心識觀」，並將憨山「唯心識觀」與禪學做一結合。如其所言：「憨山的『唯心識觀』，是一種走向內面生命自我證成的『以心轉境』之途徑」，〔註76〕此種涵蓋憨山大部分思想，將其全然統攝之作法，可謂非常全面；然若只將憨山「唯心識觀」置於老莊系統下討論，而非禪學自性之系統，是否有更密切之思想溯源？亦即在憨山老莊學中，其所比附之主要的佛學思想為何？是否能全然指向於「起信論真常心理論」之系統。

　　透過以上論述，吾人以為憨山「註莊」「唯心識觀」之思想溯源，不應全然統攝於「起信論真常心」之系統；其中《楞嚴》與《華嚴》乃為憨山「註莊」關係密切者，是以本文欲重新定位。故「起信論真常心理論」之系統，雖全面卻不足以說明憨山「註莊」之「唯心識觀」，並且與憨山「註莊」之中心思想相去較遠。以下所提出「真心一元論之說法」，乃接近於「起信論真常心理論」系統之見解。

（四）真心一元論之說法

　　關於憨山「真心一元論」之說法，主要以兩位大陸當代學者論述與憨山有關之論文為代表：一為崔森《憨山思想研究》，〔註77〕二為夏清瑕《憨山大

〔註74〕陳松柏，〈憨山老學之思考方式與世間特質〉，（華梵大學哲學系《第六次儒佛會通論文集》下冊，民國91年7月），頁321。

〔註75〕陳松柏，〈憨山老學之思考方式與世間特質〉，（華梵大學哲學系《第六次儒佛會通論文集》下冊，民國91年7月），頁322。

〔註76〕陳松柏，〈憨山老學之思考方式與世間特質〉，（華梵大學哲學系《第六次儒佛會通論文集》下冊，民國91年7月），頁341。

〔註77〕崔森，《憨山思想研究》，（四川聯合大學宗教學研究所碩士學位論文，民國86年），此論文收於《法藏文庫》碩博士學位論文——《中國佛教學術論典》第二十九冊，（高雄：佛光山文教基金會，民國91年4月，初版一刷），以下引文皆引自此版本。

師佛學思想研究》。〔註78〕兩者皆以憨山佛學思想爲中心論述，對於憨山「唯心識觀」之溯源雖著墨不多，然而對於憨山「一心」之強調與「眞心一元論」之說法，卻可由論文中見出端倪。崔森於《憨山思想研究》中云：

> 憨山在處理「捨妄歸眞」的問題時，也依照《大乘起信論》的觀點來分析。他說……由此可以看出，在本質上，憨山認爲「三界唯心」，這個「心」是一種超越了物質、精神現象的存在。而在現象上，他卻把物質的存在歸結於人的主觀意識。〔註79〕

崔森在「三界唯心的世界觀」這一節中，對於憨山「三界唯心」之探討，依然置於《大乘起信論》之系統下討論，除此之外，其認爲「憨山在世界觀問題上博採法相、天台、華嚴等眾家之長，形成了一套嚴密的從本質到現象，從性質到作用的理論體系，爲其宗教實踐提供了理論指導」，〔註80〕其由憨山之佛學出發，並且以宗教觀爲主軸論述，而繼承此說法的夏清瑕亦認爲：

> 憨山的知識背景是華嚴學和禪學。……在世界觀上，憨山繼承了華嚴、禪、等佛教宗派以「如來藏眞心緣起」理論詮釋世界存在和終極價值方式，肯定本體的眞實永恆性，並將「心」作爲這一永恆存在者的載體，視「心」爲萬物之源。〔註81〕

夏清瑕在此亦強調憨山「心」之重要性，並且將憨山「唯心識觀」置於《起信論》之系統下討論，其認爲「憨山汲取了唯識宗的『萬法唯識』的理論，依據《起信論》『一心二門』的思維模式，會通相宗『百法』，以『三界唯心，萬法唯識』來闡釋世界的構成。」〔註82〕崔森與夏清瑕皆強調憨山「一心」

〔註78〕夏清瑕，《憨山大師佛學思想研究》，（南京大學哲學系博士學位論文，民過89年），此論文收於《法藏文庫》碩博士學位論文——《中國佛教學術論典》第二十九冊，（高雄：佛光山文教基金會，民國91年4月，初版一刷），以下引文皆引自此版本。

〔註79〕《法藏文庫》碩博士學位論文——《中國佛教學術論典》第二十九冊：崔森〈憨山思想研究〉，（高雄：佛光山文教基金會，民國91年4月，初版一刷），頁208。

〔註80〕《法藏文庫》碩博士學位論文——《中國佛教學術論典》第二十九冊：崔森〈憨山思想研究〉，（高雄：佛光山文教基金會，民國91年4月，初版一刷），頁210。

〔註81〕《法藏文庫》碩博士學位論文——《中國佛教學術論典》第二十九冊：夏清瑕〈憨山大師佛學思想研究〉，（高雄：佛光山文教基金會，民國91年4月，初版一刷），頁41。

〔註82〕《法藏文庫》碩博士學位論文——《中國佛教學術論典》第二十九冊：夏清

之重要，將憨山之世界觀以「心」來收攝，而憨山所謂「三界唯心，萬法唯識」，亦歸於《起信論》之系統下。此種說法與陳松柏以「起信論真常心理論」系統非常相似，唯一不同的乃在於強調點與用詞不同：崔森與夏清瑕以「真心一元論」統攝憨山之「唯心識觀」，並且強調「一心」之重要性；而陳松柏則以「起信論真常心理論」統攝憨山之「唯心識觀」，並將憨山佛學思想置於禪學自性下討論。兩者論述重點不同，卻有異曲同工之妙，崔森於「三教合一」一節中亦明白表示：

> 憨山首先從佛教「真心一元論」的角度論證三教本源自一心。他認
> 為……按照佛教的「真心一元論」，整個宇宙萬相，包括一切物質，
> 精神現象都是「真心」的顯現。所以，儒、釋、道三教從現象上雖
> 然是由孔子、釋迦牟尼佛、老子三人設教，但若從本質上分析，都
> 是由「毗盧遮那海印三昧威神所現」，只是因為法界眾生根機不一，
> 機緣多變，所以設了不同的教化之門。〔註83〕

於此即可朗現所謂「真心一元論」之說法，崔森與夏清瑕皆由此「真心一元論」涵蓋憨山之佛學思想，並且進而強調憨山「真心」之重要性。此雖以「真心一元論」之詞顯現憨山之「唯心識觀」，然而，此系統與「起信論真常心理論」之系統之些微差距，只在於論述著重點與出發點不同而已。故可將「真心一元說」之說法，以「起信論真常心理論」系統統攝之。除了以上四大系統，由「法界真心流演而來」、「教取華嚴證在楞嚴」、「起信論真常心理論」與「真心一元論之說法」有所承襲與相關外，對於憨山「唯心識觀」之溯源，尚有一歧出系統，以下接續論述。

（四）占察善惡業報經說

許中頤於《釋憨山《觀老莊影響論》的義理研究》中，明白指出憨山「唯心識觀」乃出自於《占察善惡業報經》，其云：

> 憨山所倡之「唯心識觀」是出自於《占察善惡業報經》中地藏菩薩
> 應佛命，為末世之求善法者所宣說之二種觀法之一。所謂「唯心識

瑕〈憨山大師佛學思想研究〉，（高雄：佛光山文教基金會，民國91年4月，初版一刷），頁43。

〔註83〕《法藏文庫》碩博士學位論文──《中國佛教學術論典》第二十九冊：崔森〈憨山思想研究〉，（高雄：佛光山文教基金會，民國91年4月，初版一刷），頁233～234。

觀」乃是指觀身、口、意三業之所作，及一切差別之長短、善惡等
外境，悉是唯心所作，不在心外。而這修習法門後並成為佛教各宗
派奉為圭臬的一個普遍性的指導原則，不論是法相宗「萬法唯識」
之說，抑或華嚴宗「如來藏自性清靜心」之說⋯等等所言之心性本
體，皆為「唯心識觀」的同義異名之詮釋。〔註84〕

許中頤強調憨山「唯心識觀」乃是《占察善惡業報經》中的一個修習法門，
卻未見作註或溯源此種說法，只將憨山調和三教之論點與建構宇宙萬物之最
高指導原則──「唯心識觀」，指向於《占察善惡業報經》。並未明確溯源與
說明，是以無法於此文中，清楚追溯此「唯心識觀」是否來自《占察善惡業
報經》。

　　然而，此說法顯然有誤，其因有二：其一，雖然對於《起信論》之考證，
有「《起信論》是依據偽妄的《占察善惡業報經》而成立的」〔註85〕這種說法，
但是在此文中，卻未見其對於《起信論》之論述與考察，故此種說法很顯然
不由此而來。其二，既然「唯心識觀」是憨山重要之中心思想，若如同許中
頤所言，憨山之「唯心識觀」出自於《占察善惡業報經》，那麼，為何於憨山
之著作中，卻不見《占察善惡業報經》之相關註解。許中頤於「『唯心識觀』
為統攝三教功夫理論的功夫操作法則」一節中，仍然將「唯心識觀」之功夫
操作指向於《占察善惡業報經》，其云：

〔註84〕　許中頤，《釋憨山《觀老莊影響論》的義理研究》，（華梵大學東方人文思想研
　　　　　究所碩士論文，民國90年6月），頁26。
〔註85〕　傅偉勳，《從創造的詮釋學到大乘佛學》，（臺北：東大圖書股份有限公司，民
　　　　　國79年7月，初版），頁272。傅偉勳於《從創造的詮釋學到大乘佛學》中〈大
　　　　　乘起信論義理新探〉，頁272云：「望月曾費二十五年以上的光陰考察《起
　　　　　信論》的撰述時地課題，而在1922年出版《大乘起信論之研究》，把多年來
　　　　　發表的論稿重予綜合修正；又在1938年出版《講述大乘起信論》，稍加補訂。
　　　　　望月中國撰述說的要點大致如下：（1）《歷代三寶記》的記述純屬杜撰，《法
　　　　　經錄》所載則表示卓越的見識。（2）舊譯論序乃係偽作，序中有關漢譯的記
　　　　　事毫無根據。（3）《起信論》的用語時有違反真諦所譯經論的一般譯法之處。
　　　　　（4）《起信論》是依據偽妄的《占察善惡業報經》而成立的。（5）《起信論》
　　　　　引用了中國撰述的偽經《仁王般若經》與《菩薩瓔珞本業經》，又其中〈對治
　　　　　邪執〉一章所舉出的五種人我見，乃是為了破除當時在中國流行的有關大乘
　　　　　佛學中法身、如來藏等的異說，尤其是為了破除羅什、道生、僧肇等人之說。
　　　　　（6）在《起信論》的章句之中，有自梁代以前已譯成的多種經論抄襲的痕跡。
　　　　　（7）《起信論》中的「法身、報身、應身」三身說，乃是從北地諸經論採取
　　　　　三身名稱，又從南方攝論系採取三身涵義而形成的折衷說。⋯⋯」

憨山在《觀老莊影響論》中所提列的「唯心識觀」的功夫操作，乃
是憨山將「唯心識觀」此一原理原則落實為功夫操作的實踐層面，
也就是《占察善惡業報經》中，地藏菩薩所宣示的「唯心識觀」的
功夫操作。〔註86〕

以上引文，依然沒有將「唯心識觀」為何源於《占察善惡業報經》之說法作
一溯源，只見其將憨山「唯心識觀」之功夫比附於《占察善惡業報經》之中，
卻不見理論溯源；且於憨山著作中，亦未見《占察善惡業報經》之任何註解。
故此種說法，顯然與憨山之「唯心識觀」相距甚遠，亦即站在憨山「唯心識
觀」溯源之角度來看，許中頤所認為憨山「唯心識觀」出自於《占察善惡業
報經》之說，乃缺乏理論根據與實際溯源。是故，本文將「占察善惡業報經
說」，視為一歧出系統。

三、憨山德清「唯心識觀」之重新定位

既明白當代學者對於憨山「唯心識觀」之理解，那麼如何將憨山「唯心
識觀」置於老莊系統下重新定位呢？本文在此以〈觀老莊影響論〉為主、〈道
德經解卷首〉為輔，並且融合當代學者之說法，嘗試為憨山「唯心識觀」重
新定位。

首先，由憨山〈觀老莊影響論〉之「敘意」中：「余居海上枯坐之餘，因
閱楞嚴、法華次，有請益老莊之旨者，遂蔓衍及此以自決」〔註87〕可知，憨
山之「楞嚴」、「法華」與老莊思想尚有關係；且「敘意」末乃言「以唯心識
觀而印決之」，故可知憨山「唯心識觀」之思想，應有源自「楞嚴」、「法華」
之處。其次，「論教源」中又云：

> 嘗觀世之百工技藝之精，而造乎妙者，不可以言傳；效之者，亦不
> 可以言得，況大道之妙，可以口耳授受、語言文字而致哉？蓋在心
> 悟之妙耳。是則，不獨參禪，貴在妙悟，即世智辯聰、治世語言、
> 資生之業，無有一法不悟而得其妙者。妙則非言可及也，故吾佛聖
> 人說法華，則純譚實相，乃至妙法，則未措一詞，但云如是而已。
> 至若悟妙法者，但云善說法者，治世語言、資生業等皆順正法。而

〔註86〕許中頤，《釋憨山《觀老莊影響論》的義理研究》，（華梵大學東方人文思想研
　　　究所碩士論文，民國90年6月），頁30。
〔註87〕〈觀老莊影響論〉，頁1。

> 華嚴五地聖人，善能通達世間之學，至於陰陽術數、圖書印璽、醫
> 方辭賦，靡不該練，然後可以涉俗利生。〔註88〕

憨山站在一個禪者之立場，強調「不獨參禪，貴在妙悟」，並且以「心悟之妙」來看待「法華」、「華嚴」之學，而此心乃憨山所言之「自心」，而此「自心」亦即憨山「唯心識觀」之「一心」，故憨山「唯心識觀」與「法華」、「華嚴」之學亦應有相應之處，其云：「無不從此法界流，無不還歸此法界」。〔註89〕

　　由以上可知，憨山「唯心識觀」之中心思想，應與「楞嚴」、「華嚴」思想有所對應，而此亦即「法界真心流演而來」系統與「教取華嚴證用楞嚴」系統之結合。至於憨山「唯心識觀」中的結合「華嚴」、「法華」、「楞嚴」、「禪學」等思想，則統攝於「起信論真常心理論」之系統下，此乃就憨山佛學而言，的確是雜揉各家以「唯心識觀」而印決。然而，憨山在老莊學底下，是否也善用雜揉各家之「唯心識觀」之理論來詮釋？抑或選取比較相應之佛學理論來比附呢？其於「論教乘」中云：

> 或問：「三教聖人本來一理，是果然乎？」曰：「若以三界唯心，萬
> 法唯識而觀，不獨三教本來一理，無有一事一法，不從此心之所建
> 立；若以平等法界而觀，不獨三聖本來一體，無有一人一物，不是
> 毗盧遮那海印三昧威神所現。」〔註90〕

憨山之「論教乘」，乃其對於三教之判教觀，而此三教若以「三界唯心，萬法唯識」觀之，三教本來一理，若由平等法界而觀，則沒有不是「毗盧遮那海印三昧威神所現」。由此可知，憨山以「唯心識觀」詮解老莊之時，亦有以「華嚴學」詮釋之；而於「論工夫」中，乃以《楞嚴經》之工夫比附「天乘止觀」。其於「論宗趣」中明言：「老氏所宗虛無大道，即《楞嚴》所謂晦昧為空、八識精明之體也」，〔註91〕憨山進一步解釋所謂「八識精明之體」乃《楞嚴經》所謂「罔象虛無微細精想者，以為妙道之源」。〔註92〕是以吾人可知，《楞嚴經》與老莊關係之密切，尤其在老莊之工夫、境界上之運用，憨山皆以《楞嚴經》來詮釋。其於〈道德經卷首〉之「發明宗旨」更言：

> 老氏所宗，以虛無自然為妙道，此及楞嚴所謂「分別都無，非色非

〔註88〕〈觀老莊影響論〉，頁2～3。

〔註89〕〈觀老莊影響論〉，頁4。

〔註90〕〈觀老莊影響論〉，頁10～11。

〔註91〕〈觀老莊影響論〉，頁25。

〔註92〕〈觀老莊影響論〉，頁26。

空，拘舍離等昧爲冥諦」者是已，此正所云八識空昧之體也。以其
此識，最極幽深，微妙難測，非佛不足以盡之，轉此則爲大圓鏡智
矣。〔註93〕

故可知，憨山在註解老莊之系統下，其以「唯心識觀」印決老莊之主要思想，
乃以「楞嚴爲首、華嚴爲次」。此中有一主從之關係，亦即對於憨山「註莊」
有「直接」詮解與「間接」影響之脈絡；《楞嚴經》乃憨山「直接」比附於《老
子道德經解》之佛學思想，而「華嚴學」則「間接」影響憨山之三教觀。其
以《楞嚴經》詮釋老莊之思想云：

此言「識精元明」，即老子之妙道也。故曰，杳杳冥冥，其中有精，
其精甚眞，由其此體，至虛至大，故非色。以能生諸緣，故非空。
不知天地萬物皆從此識變現，乃謂之自然。……萬物變化，皆出於
此，故謂之天地之根，眾妙之門。凡遇書中所稱眞常玄妙、虛無大
道等語，皆以此印證之，則自有歸趣。〔註94〕

故憨山於〈道德經卷首〉之「發明趣向」云：「愚謂看老莊者，先要熟覽教乘，
精透《楞嚴》」，〔註95〕可知《楞嚴經》在憨山註老註莊系統下之重要性；而
關於「華嚴爲次」之三教觀，則展現於憨山「心同跡異」、「聖凡平等」、「佛
性不二」之思想脈絡中。〔註96〕

　　吾人此種說法乃是將憨山「唯心識觀」置於老莊系統下討論，然而若將
憨山「唯心識觀」置於憨山佛學思想上而言，則應溯源回「起信論眞常心理
論」之系統下。在此僅將憨山之中心思想——「唯心識觀」，置於老莊思想下
重新定位，則以「楞嚴爲首、華嚴爲次」重新定位，此亦即憨山主要詮解老
莊之中心思想。此小節僅提出「楞嚴爲首、華嚴爲次」之理論定位，此理論
定位將於第四章第一節展開論述，故此不贅述。

第三節　憨山德清融攝儒道以會歸於佛

　　既明白憨山「唯心識觀」之中心思想，那麼憨山如何以「唯心識觀」印

〔註93〕《老子道德經解》〈卷首〉，頁40。
〔註94〕《老子道德經解》〈卷首〉，頁41。
〔註95〕《老子道德經解》〈卷首〉，頁42。
〔註96〕請參見第四章第一節〈憨山德清註莊之系統架構〉之第一小節〈以楞嚴爲首
　　　　的《老子道德經解》〉與第二小節〈以華嚴爲次的「平等法界觀」〉。

決儒、道二家？又如何融攝儒、道會歸於佛？此節即以憨山「註莊」之另一動機：「會歸於佛」爲重心，展開論述。

　　憨山雖以「道不在冠，儒不在履，釋不袈裟，無有彼此，但能不生分別心，三教宗師即是你」〔註97〕來提倡三教合一，然而，憨山以爲，三教是有一明顯次第之分，且儒、道最後仍須會歸於「佛」。傅偉勳批評憨山「未進而以此『心性體認本位的生死學與生死智慧』作爲必要線索，探討三教合一的哲理，卻以佛釋儒的方式做表面文章」，〔註98〕又評：

> 《夢遊集》中極力主張「三教同源」，謂「三教聖人，本來一理」，
> 「三者之要在一心」，似乎抓到了三教同歸（卻非同一源頭）的契
> 接點，亦即我所說的「心性體認本位」。但他卻急於折衷（卻非辯
> 證地綜合）三教之異，主張「儒以仁爲本，釋以戒爲本，若曰……」
> 憨山如此以「所同者心，所異者跡」等語，混同了儒家的「涉世」、
> 老莊的「忘世」與佛教的「出世」，尤其混淆了儒家的世俗倫理與
> 佛教的戒律，不但彰顯不了三教同源，反而顯出自己三教折衷論
> 的思維限制。〔註99〕

由此可知，憨山依然是站在不公平之立場，去詮解儒、道二家，並且企圖將此二家融攝於佛教之中。然而，三教原本殊相，憨山對於三教之融攝，無論其基本立場預設爲何，皆有其「圓融」之說；況且以憨山之立場而言，其融攝儒、道二家，會歸於佛，乃三教會通，自有其體用次第之說。如同憨山在〈觀老莊影響論〉「論行本」中云：

> 是以吾佛愍之曰：「諸苦所因貪欲爲本，若滅貪欲，無所依止。故現
> 身三界，與民同患。」乃說離欲出苦之要道耳！且不居天上而乃生
> 於人間者，正示十界因果之相，皆從人道建立也。然既處人道，不
> 可不知人道也！……先習外道四禪處定，示離人而入天也！捨此而
> 證正偏正覺之道者，示人天之行不足貴也！〔註100〕

〔註97〕　《夢遊集》卷三十五〈傅大士贊〉，總1864。

〔註98〕　傅偉勳，《佛教思想的現代探索》〈儒道佛三教合一的哲理探討——心性體認本位的中國生死學與生死智慧〉，（臺北：東大圖書股份有限公司，民國84年3月，初版），頁177。

〔註99〕　傅偉勳，《佛教思想的現代探索》〈儒道佛三教合一的哲理探討——心性體認本位的中國生死學與生死智慧〉，（臺北：東大圖書股份有限公司，民國84年3月，初版），頁177～178。

〔註100〕　〈觀老莊影響論〉，頁22～23。

佛現身三界，乃是因為人「愛欲而生，愛欲而死」，困於生死之臼無可自拔，故現身三界與民同患，由「儒」乃至於「道」，最後會歸於「佛」，此乃有一次第之進層。憨山此處所言之「先習外道四徧處定」之「外道」，所指乃是道家，亦即欲「離人而入天」，然而儒、道二家畢竟不能究竟——「人天之行不足貴也」，故佛最終皆捨之而入正道。

　　憨山於此強調佛之境界高於儒、道，且試圖融攝儒道會歸於佛，故曰幼師孔子、少師老莊，最後仍以——「觀三界唯心，萬法唯識，知十界唯心之影響也，故皈命佛」〔註101〕為命題。而此「皈命佛」三字亦拈出憨山融攝儒、道二家之用心。以下先分為「融攝儒家會歸於佛」與「融攝道家會歸於佛」二小節分別論述，最後再以第三小節「融攝儒道會歸於佛」統攝之。

一、憨山德清融攝儒家會歸於佛

　　憨山在其判教系統下，將儒家判為五乘中的「人乘」，且言「孔子，人乘之聖也，故奉天以治人」〔註102〕而「所言人者，即蓋載兩間，四海之內，君長所統者是已，原其所修，以五戒為本」。〔註103〕憨山在此指出所言人者乃是以「五戒」為本，而此「五戒」正是佛教所言在家男女所受持之的五種制戒，亦即憨山將佛教所言之「五戒」等同於儒家之「五常」，其云：

> 佛所制，在家善男子名優婆塞，善女人名優婆夷，當持五戒，以修人天善果。在家五戒者：一、不殺生，二、不偷盜，三、不邪淫，四、不妄語，五、不飲酒；右上五戒，乃我佛出世，初為世間在家之人，特設此教，令人依戒修因，則不負此生，免墮惡道，能感來世，不失人身，得長壽，大富子孫，家道豐盛，文明特達之報。凡今高官尊爵，富厚豐盈，聰明利達之人，皆從修持五戒中來，然此五戒，及儒門五常，不殺，仁也、不盜，義也、不邪淫，禮也、不飲酒，智也、不妄語，信也。故佛法有裨王道者，以五戒化人，則無詞訟……。〔註104〕

故可知，憨山將佛家之五戒：不殺生、不偷盜、不邪淫、不妄語、不飲酒等同於儒家之五常：仁、義、禮、智、信，並試圖融通儒、佛二家。五戒、五

〔註101〕〈觀老莊影響論〉，頁24。
〔註102〕〈觀老莊影響論〉，頁12～13。
〔註103〕〈觀老莊影響論〉，頁11～12。
〔註104〕《夢遊集》卷四十六〈化生儀軌〉，總2493～2495。

常「從佛口所說，言別而義同，今人每發心願，持佛戒，乃自脫略其五常，是知二五而不知十也，又推禪定爲上乘，以其能明心見性，而不知儒亦有之」，〔註105〕憨山如此強調儒之五常與佛之五戒乃言別義同，且明心見性儒亦有之，於此似乎提升了儒家之地位，然而，實際上並非如此。其依然透過融攝儒、佛二家之法，將儒家歸於佛之下，並且以「皈命佛」爲終旨，其云：

> 在家有能持此五戒者，即五常備矣。謂不殺，仁也、不盜，義也、
> 不邪婬，禮也、不妄語，信也、不飲酒，智也，儒門能此者，即成
> 德之君子矣，持齋豈分外事耶？其中有上智高明之士，既持此戒，
> 復念人事無常，如風中燭，怕生死苦，一失人身，萬劫難復，如此
> 思惟，念生死苦，求出離心切，更宜發心，持念阿彌陀佛，將此一
> 句佛，橫在胸中，心心不斷、念念不忘，朝暮禮佛誦經，回向西方，
> 求生淨土。〔註106〕

此乃憨山之念佛思想，亦即既持此戒，然若念生死苦，仍須持念阿彌陀佛才能求生淨土，此不僅顯出憨山之念佛思想，亦可見憨山以佛爲要之端倪。況且「幼師孔子」、「經稱儒童」數語，皆有貶儒之意，即使憨山認爲儒與佛乃相須而爲用，然在憨山心中，儒家只是佛法之前導而已，最後終仍須歸命於佛。其「融攝儒家會歸於佛」之說，更可由其註解儒家之作顯現出來。

　　憨山註解儒家之著作，目前僅知的有：《論語通解》、《春秋左氏心法》、《中庸直指》與《大學綱目決疑》。然《論語通解》目前亡佚，是以無從討論；而《春秋左氏心法》只見其序，故只能從序中見出端倪。以下依憨山著作時間〔註107〕順序分爲三小節，並由此三小節：〈中庸直指〉、〔註108〕〈春秋左氏心法序〉、〔註109〕〈大學決疑〉〔註110〕來凸顯憨山「融攝儒家會歸於佛」之意，以下就

〔註105〕《夢遊集》卷五〈示袁大塗〉，總0234～0235。

〔註106〕《夢遊集》卷十〈示陳善人〉，總0480～0481。

〔註107〕據〈年譜〉記載：「予年五十二，春正月。……因諸士子有歸依者，未入佛裡，故著《中庸直指》以發之」、「予年五十九，春正月。……春秋乃明明因果之書也，遂著《春秋左氏心法》」、「予年六十六，春三月。……時諸士子，相依請益，述《大學決疑》」可知，憨山乃五十二歲著《中庸直指》、五十九歲著《春秋左氏心法》、六十六歲著《大學決疑》。吾人根據〈年譜〉記載，以憨山著作時間順序論述之。

〔註108〕〈中庸直指〉收錄在蕭天石主編《中國子學名著集成》珍本初編儒家子部第十六冊《中庸彙函》中，故此處以篇名號表示之。以下引文，皆引用此版本。

〔註109〕〈春秋左氏心法序〉收錄在《夢遊集》卷十九，以下之引文，皆引用此版本。

〔註110〕〈大學決疑〉收錄在《夢遊集》卷四十四，故此處以篇名號表示。以下引文，

此順序展開論述。

（一）中庸直指

福徵於《年譜疏》云：「徵讀譜，丁酉，著《中庸直指》，越十五載，辛亥，始述《大學決疑》。先中庸、後大學者，本《禮記》〈中庸〉第三十一、〈大學〉第四十二也」，〔註111〕由此可知，憨山著述中庸、大學乃有一次第關係，故吾人依憨山著作年代逐一論述之。

憨山之〈中庸直指〉，不僅僅只有融會儒佛思想，其中亦包含以道解儒之說。此小節僅討論「儒佛融攝」之部分，亦即本節之重點──「融攝儒家會歸於佛」；至於以道家詮解儒家之處，並非本論文之重心，此部分僅作為未來研究展望之一。〔註112〕憨山之〈中庸直指〉，開卷即解釋「中庸」之義，其云：

> 中者，人人本性之全體也，此性天地以之建立，萬物以之化理，聖凡同稟，廣大精微，獨一無二，所謂惟精惟一，大中至正，無一物出此性外者，故云：中也，庸也，平常也。乃性德之用也，謂此廣大之性，全體化作萬物之靈，即在人道日用平常之間，無一事一法不從性中流出者，故吾人日用行事之間，皆是性之全體大用顯明昭著處，以全中在庸，即庸全中，非離庸外別有中也。〔註113〕

憨山將「中」、「庸」二字解釋為「性德之用也」，且強調「無一物出此性外」、「無一事一法不從性中流出」，其在此以「性」字為線索，彰顯其「自性」之中心思想。而憨山此「自性」思想，其實就是「唯心識觀」之中心思想，亦即憨山〈中庸直指〉之中心思想，乃是建構在「三界唯心，萬法唯識」之「唯心識觀」的佛學基礎之上。

憨山此處以「自性」貫串，乃因其以一禪者之身分，詮解〈中庸直指〉之故，此可由憨山解釋「率性之謂道」與「莫見乎隱，莫顯乎微，故君子慎其獨也」兩段窺知。憨山解「率性之謂道」，其言：「凡有食息起居，折旋俯仰，動作云為，乃至拈匙舉筯，欬唾掉臂，無一事不是性之作用」〔註114〕王

皆引用此版本。
〔註111〕福善記錄、福徵述疏，《憨山大師年譜疏註》，（臺北：老古文化事業股份有限公司，民國87年4月，初版八刷），頁99。
〔註112〕請參見第六章第二節〈本文未來研究之展望〉之第一小節〈內部研究展望〉。
〔註113〕蕭天石主編，《中國子學名著集成》珍本初編儒家子部第十六冊《中庸彙函》〈中庸直指〉，（臺北：中國子學名著集成編印基金會），頁461。
〔註114〕蕭天石主編，《中國子學名著集成》珍本初編儒家子部第十六冊《中庸彙函》

開府認爲此乃禪宗「性在作用」之說；至於憨山解「莫見乎隱，莫顯乎微，故君子愼其獨也」，其中「見色即見心，聞聲即聞性」，則摻有禪宗「聞聲悟道，見色明心」之說，王開府認爲此有禪宗「作用見性」之色彩。

　　由此可知，憨山之〈中庸直指〉仍摻有很多禪學色彩，並且以「自性」爲中心思想貫串其中。其以禪學思想註解《中庸》，除〈中庸直指〉外，亦可由《夢遊集》中窺見一二。所謂「喜怒哀樂之未發謂之中，正好於六祖『不思善，不思惡，如何是上座本來面目』同參」，〔註115〕而此說法與憨山註解《大學》「知止而後有定」之「自性定」的「定」字解釋相同。〔註116〕故吾人可知，憨山不只將禪學思想引用註解於《中庸》上，在〈大學決疑〉中亦可見其禪學思想，並且同樣以「自性」爲其中心思想。在憨山註解「致中和，天地位焉，萬物育焉」時，即云：

> 天地位萬物育，而況天下國家乎？且天地萬物，皆吾性之化育，以吾性有喜怒哀樂，故天地有四時風雨之序，由情之不節，故陰陽錯而四時謬，由性之流行，故天地爲而萬物育，此則宇宙在乎手，萬物生乎身，盡性之全功也。〔註117〕

憨山以一「性」化育天地萬物，如同其強調之一「心」，而天地之能位，萬物之能育，皆取自於此。此乃憨山「唯心識觀」之中心思想，亦即憨山以「三界唯心，萬法唯識」詮解〈中庸直指〉之展現。此乃「以『唯心識觀』的理念，來理解諸法的現象，而諸法實相的本體，就是吾人的心識」〔註118〕之意。憨山透過〈中庸直指〉之理解，企圖將儒家會歸於佛，並且一再地以佛理闡釋《中庸》，此乃〈中庸直指〉之發端，亦即〈年譜〉云：「因諸子有歸依者，未入佛理，故著《中庸直指》以發之」。〔註119〕〈中庸直指〉乃憨山爲諸士子入佛理所設的方便之道，故此更顯其「融攝儒家會歸於佛」之中心思想。

〈中庸直指〉，（臺北：中國子學名著集成編印基金會），頁463。

〔註115〕《夢遊集》卷三〈示陳生資甫〉，總0159～0160。

〔註116〕《夢遊集》卷四十四〈大學綱目決疑題辭〉，總2382：「此是自性定，不是強求得的定，只如六祖大師開示學人用心云：『不思善，不思惡，如何是上座本來面目』。學人當下一刀兩段，立地便見自性。」

〔註117〕蕭天石主編，《中國子學名著集成》珍本初編儒家子部第十六冊《中庸彙函》〈中庸直指〉，（臺北：中國子學名著集成編印基金會），頁478。

〔註118〕陳運星，《儒道佛三教調合論之研究——以憨山德清的會通思想爲例》，（中央大學哲學研究所碩士論文，民國80年6月），頁223。

〔註119〕《夢遊集》卷五十四〈憨山老人自序年譜實錄下〉，總2944。

（二）春秋左氏心法序

據〈年譜〉記載得知，憨山於五十九歲時著《春秋左氏心法》，其著作因緣，〈年譜〉有云：「予年五十九，春正月。以達師之故，通行至按院，檄予還戍所，遂去曹溪，往雷洲，因憶達師云：『楞嚴說七趣因果，世書無對解者？』予曰：『春秋乃明明因果之書也，遂著《春秋左氏心法》。』」〔註120〕故可知，憨山所著之《春秋左氏心法》並非單純以儒家角度出發，其乃與楞嚴說七趣因果相對解而成，且如福徵《年譜疏》所言：「左氏心法，得之孔子；祖師心得，得之佛菩薩，入世出世，義莫大乎春秋也。」〔註121〕然憨山之《春秋左氏心法》目前未見，只能從其序中窺知憨山思想，故以下即論述〈春秋左氏心法序〉中有關憨山「融攝儒家會歸於佛」之要點。

憨山〈春秋左氏心法序〉中，主要貫串思想的中心思想依然是「唯心識觀」，且以「心」統攝儒家之春秋心法，其云：

> 左氏心法，非左氏之心法也，仲尼之心法也，非仲尼之心法也。千古出世經世諸聖人之心法也，何以明之？心者，萬法之宗也，萬法者，心之相也，死生者，心之變，善惡者，心之迹，報應輪迴者，心之影響，其始為因，其卒為果，如華實耳。不出君臣、父子、兄弟、夫婦、朋友，人論日用之際，而因果森然，故不待三世而後見也。〔註122〕

憨山此處依然以一心為首，明言「心者，萬法之宗也，萬法者，心之相也」，此亦即其中心思想——「三界唯心，萬法唯識」之展現。憨山即使在詮釋儒家著作之際，依然以佛家之中心思想貫串通篇，並且以《楞嚴經》之「澄心」比附《春秋》之「傳心」，〔註123〕再將禪學思想融入其中，所謂「禪者，心之異名也。佛言萬法惟心，即經以明心，即法以明心，心正而修齊治平舉是矣，於禪奚尤焉」〔註124〕憨山乃是以一個禪者的身份去詮解儒家經典，並且以「唯心識觀」之中心思想貫串其中，而主要目的，仍然是在彰顯其「融攝儒家會

〔註120〕《夢遊集》卷五十四〈憨山老人自序年譜實錄下〉，總2955～2956。
〔註121〕福善記錄、福徵述疏，《憨山大師年譜疏註》，（臺北：老古文化事業股份有限公司，民國87年4月，初版八刷），頁89。
〔註122〕《夢遊集》卷十九〈春秋左氏心法序〉，總1019。
〔註123〕《夢遊集》卷十九〈春秋左氏心法序〉，總1019：「楞嚴彈研七趣，披剝群有，而總之所以『澄心』；春秋，扶植三綱，申明九法，而總之所以『傳心』」。
〔註124〕《夢遊集》卷十九〈春秋左氏心法序〉，總1022。

歸於佛」之主張。

（三）大學決疑

　　憨山之〈大學決疑〉，除了融攝儒佛之外，其中還多有以道家思想詮釋儒家之處，此乃憨山融攝三教之表現。此小節僅討論「儒佛融攝」之部分，亦即本節之重點——「融攝儒家會歸於佛」，至於道家詮解儒家之處，並非本論文之重心，此部分將作爲未來研究展望之一。〔註125〕

　　憨山於〈大學決疑〉中，首先闡明「大學之道，在明明德、在親民、在止於至善」這段話，並認爲「明明德」、「親民」、「止於至善」三件事乃是大學方法之重點，其云：

> 第一要悟得自己心體，故日在明明德；其次要使天下人，個個都悟
> 得與我一般，大家都不是舊時知見，嶄新作一番事業，無人無我，
> 共享太平，故日在親民；其次爲己爲民，不可草草半途而止，大家
> 都要做到徹底處，方纔罷手，故日在止於至善。果能學得者三件事，
> 便是大人。〔註126〕

憨山此處所言之重點乃在於「悟得心體」，而此「悟得心體」之「心體」，亦即其主要思想自性本體中所言之「一心」。憨山之〈大學決疑〉強調人的「自性」本來光明，即使在揭示大學三綱領時，依然以「自性本體」爲中心思想，而憨山之「自性本體」，亦即「唯心識觀」之中心思想。憨山本著同樣的中心思想，來詮解儒家之作，並由此對儒家《大學》中的「定、靜、安、慮、得」做出定義。

　　憨山所解釋的「定」字，乃是指「自性本體，寂然不動，湛然常定，不待習而后定者」，〔註127〕其引出六祖大師「不思善、不思惡，如何是上座本來面目」〔註128〕這段話來說明「定」之義理，然而禪宗所言之「定」與《大學》所言之「定」畢竟不同，王開府認爲：

> 這是禪宗「定慧等持」的「定」。儒家《大學》「至善」的本義，未
> 必是「善惡兩忘」；儒家以人生的最高目標在於至善（止於至善），
> 能充分理解這點，人生便有了定向，所以說「知止而后有定」。「定」

〔註125〕請參見第六章第二節〈本文未來研究之展望〉之第一小節〈內部研究展望〉。
〔註126〕《夢遊集》卷四十四〈大學綱目決疑題辭〉，總2377～2378。
〔註127〕《夢遊集》卷四十四〈大學綱目決疑題辭〉，總2381。
〔註128〕《夢遊集》卷四十四〈大學綱目決疑題辭〉，總2382。

是來自「知止」，這樣生命有定向的「定」，不宜等同於自性本體的
寂然不動、善惡不思。這樣地會通儒佛，不免牽強。〔註129〕

所以憨山會通儒佛，依然本著佛教之立場，比附儒家之經典，希望達到會歸於
佛之目的。其解釋「靜」字，則言「不真見本體，到底決不能靜」，〔註130〕依
然以「真見本體」之「本體」詮釋之；而「安」字，則以「既悟本體，馳求心
歇，自性具足」〔註131〕為主，所強調者乃「自性具足」，此又為憨山之佛學思
想；至於「慮」字，則解釋為「不慮之慮」，「得」字則解釋為「不滲漏之義」，
皆明顯可見憨山援以佛教義理詮解之痕跡。至於憨山〈大學決疑〉「古之欲明明
德於天下者」此節中，佛教義理明顯援用之處，乃在於對於「欲」字之解釋，
其解釋「欲」字為佛教之「願力」，亦明顯看出憨山以佛釋儒之主張。

而王開府亦將憨山會通儒佛之目的，分為兩面說，其認為：「憨山一方面
希望透過會通儒佛，指出儒佛之共通處，以接引儒者學習佛法；一方面又透
過儒佛會通所必須面對的判教，指出儒佛之相異處，以示學者層層昇進之道，
而歸宗於佛乘」，〔註132〕故可知，憨山其會通儒佛之最終目的，仍是會歸於佛
乘，而此亦即憨山「融攝儒家會歸於佛」之主張。

二、憨山德清融攝道家會歸於佛

憨山在其判教系統下，將道家判為五乘中的「天乘」，且言「老子，天乘
之聖也，故清淨無欲，離人而入天」，〔註133〕而「所言天者，即欲界諸天，帝
釋所統，原其所修，以上品十善為本」。〔註134〕憨山將道家判為「天乘」，並
且言天者以上品十善為本，其以佛教五戒為修人道之因果，而佛所設之「十
善」，乃為人天之因果，亦即「離人而入天」之法，其云：

　　所言十善者，一身三惡業，謂殺、盜、淫，若斷此三惡，則名三善

〔註129〕王開府，〈憨山德清儒佛會通思想述評——兼論其對《大學》、《中庸》之詮釋〉，
　　　　（華梵大學哲學系：第三次儒佛會通學術研討會論文選輯，民國87年12月
　　　　26日出版），頁187。
〔註130〕《夢遊集》卷四十四〈大學綱目決疑題辭〉，總2383。
〔註131〕《夢遊集》卷四十四〈大學綱目決疑題辭〉，總2383。
〔註132〕王開府，〈憨山德清儒佛會通思想述評——兼論其對《大學》、《中庸》之詮釋〉，
　　　　（華梵大學哲學系：第三次儒佛會通學術研討會論文選輯，民國87年12月
　　　　26日出版），頁189。
〔註133〕〈觀老莊影響論〉，頁13。
〔註134〕〈觀老莊影響論〉，頁12。

道；二口四惡業，謂妄言、綺語、兩舌、惡口，若斷此四，名四善
道；三意三惡業，謂貪、瞋、癡，若斷此三，名三善道。如上十惡，
乃常人日用而不知者，今若能斷此十惡，則名十善，爲生天之因，
是爲純善之人，此十善法，即儒門正心、誠意、修身之道也，若果
能修此，則現世爲聖爲賢，則定感來世生在天宮，受勝妙樂，此萬
萬眞實之行。〔註135〕

此乃離人入天之法，憨山以此五戒十善爲法，比附儒、道二家之行，由佛所
設五戒十善出發，最後再將儒道二家會歸於佛。其言：「佛則圓悟一心、妙
契三德，攝而爲一，故曰圓融，散而爲五，故曰行布，然此理趣，諸經備載」，
〔註136〕故五乘之法皆爲佛法，人、天二乘乃佛法之展現。佛爲一、爲圓融，
乃統攝五乘於一心，而五乘之行有所不同，乃在於眾生根器之殊相，佛爲設
教，故有深淺不一，儒家如是，道家亦如是。此「一心」正是「唯心識觀」
之中心思想，亦即憨山欲以「三界唯心，萬法唯識」之「唯心識觀」而印決
之主張。

　　憨山「融攝道家會歸於佛」之主張，主要展現於其註解老莊思想上，其
認爲：「原彼二聖，豈非吾佛密遣二人而爲佛法前導者耶？」〔註137〕在憨山
心中，孔子、老子二聖乃爲佛法之前導，而老子之境界又高於孔子，其云：

故老氏愍之曰：斯尊聖用智之過也，若絕聖棄智，則民利百倍，剖
斗折衡，則民不爭矣！甚矣！貪欲之害也，故曰：不見可欲，使心
不亂，故其爲教也，離欲清淨。以靜定持心，不事於物，澹泊無爲，
此天之行也。使人學此，離人而入於天，由其言深沈，學者難明，
故得莊子起而大發揚之。〔註138〕

要離人入天，必須離欲清靜，亦即憨山所言之「破執」，然而，憨山以爲，老
莊仍有不究竟之處，亦即「老氏生人間世，出無佛世，而能窮造化之原，深
觀至此，即其精進工夫，誠不易易，但未打破生死窠窟耳！」〔註139〕故萬世
之後，所遇大聖乃爲佛也。此乃憨山將前導之老莊收攝於佛之下，故少師老
莊，最後仍須皈命於佛，此「皈命佛」正是憨山主要之動機；即使其言「二

〔註135〕《夢遊集》卷四十六〈化生儀軌〉，總 2496～2497。
〔註136〕〈觀老莊影響論〉，頁 12。
〔註137〕〈觀老莊影響論〉，頁 14。
〔註138〕〈觀老莊影響論〉，頁 15。
〔註139〕〈觀老莊影響論〉，頁 30。

聖之學,與佛相須而爲用」,〔註140〕然以佛教徒爲立場的憨山,次第卻顯而易見。佛與二乘之關係,憨山亦以莊子誹堯舜薄湯武類比曰:

> 世人但見莊子誹堯舜薄湯武,詆訾孔子之徒,以爲驚異。若聞世尊訶斥二乘以爲焦芽敗種悲重菩薩以爲佛法闡提,又將何如耶?然而佛訶二乘,非訶二乘,訶執二乘之跡者,欲其捨小趣大也。所謂莊詆孔子,非詆孔子,詆學孔子之跡者,欲其絕聖棄智也,要皆遣情破執之謂也!〔註141〕

故老莊之大言,若非佛法不足以證之,老莊最後仍須會歸於佛,畢竟在憨山心中「孔老,即佛之化身」,〔註142〕此心無異,差別只在於行跡不同而已。

關於憨山攝道入佛之主張,主要可由其道家之作:《老子道德經解》與《莊子內七篇註》窺知,然以上僅以〈觀老莊影響論〉發端,闡明憨山「融攝道家會歸於佛」之主張,以此回應此章之重心——「憨山註莊之動機及其中心思想」。至於《老子道德經解》與《莊子內七篇註》,將於後兩章詳論,故此不贅述。

三、憨山德清融攝儒道會歸於佛

以上兩小節已分別闡述憨山「融攝儒家會歸於佛」與「融攝道家會歸於佛」之主張,此小節則以「融攝儒道會歸於佛」統攝之。

憨山將儒道二家歸於佛之主要思想,主要來自於〈觀老莊影響論〉中的「論心法」,其言:「余幼師孔不知孔,師老不知老,既壯,師佛不知佛,退而入於深山大靜以觀心焉,由是而知:三界唯心,萬法唯識」。〔註143〕憨山由「觀心」二字入手,才得知其中心思想「三界唯心,萬法唯識」;吾人已於第二節對憨山之「唯心識觀」作一探討,此處即可明白,憨山「三界唯心,萬法唯識」之「唯心識觀」乃是其融攝儒、道二家之中心思想。既明白其中心思想,那麼萬法皆由「唯心」作,心外更無他法,憨山特別強調「心」之重要,而此心是否即是佛心?張學智認爲:

> 德清還有一根本思想,即儒道兩家,一側重於人,一側重於天,皆

〔註140〕〈觀老莊影響論〉,頁 30。
〔註141〕〈觀老莊影響論〉,頁 31。
〔註142〕《老子道德經解》〈卷首〉,頁 49。
〔註143〕〈觀老莊影響論〉,頁 4。

忽略了心，欲究一心之精蘊，捨佛法無所求。德清在他論儒釋道的
著作中，多次說到這一點。如他說：「原夫即一心而現十界之象，是
則四聖六凡，皆一心之影響也。由是觀之，捨人道無以立佛法，非
佛法無以盡一心。是則佛法以人道爲鎡基，人道以佛法爲究竟。」
就是說，人道雖可經世，但必須了悟自心。若不了悟自心，一切皆
在世諦中。人之最後歸趣，在於佛法，在於得佛教「心法」。〔註144〕
此段話凸顯憨山以佛法爲究竟之基本思想，且呼應憨山「既唯心識觀，則一
切形，心之影也；一切聲，心之響也」。此「一心」即佛，儒、道最終仍須會
歸，故以佛爲最上一乘，乃是超聖凡之聖；五乘之法皆爲佛法，而由佛統攝
而爲一，亦即「圓融」。憨山以此「一心」統攝儒、道，雖言儒、道之孔、老
乃佛法之前導，且心同跡異，然憨山「心同」之心，卻已事先賦予佛教教義
加以詮釋，即使談到「跡異」，仍是以佛法統攝之。

　　是故，憨山以孔、老爲佛之化身，此「化身」二字正拈出最後「儒道仍
須會歸於佛」之主張，此乃「觀三界唯心，萬法唯識，知十界唯心之影響也，
故皈命佛」之立場。

　　憨山「註莊」之動機及其中心思想，本章由其外在動機──援老莊之語
以破外道之執；重溯回其內在中心思想──「唯心識觀」；再由此「唯心識觀」
出發，揭示憨山「註莊」動機之深度意涵──「融攝儒道會歸於佛」。並由此
深度意涵展現憨山身爲一佛教徒，企圖融攝三教之用心，即使以佛統攝儒、
道，然就三教而言，憨山詮釋儒、道仍有其思想精彩處。

〔註144〕陳鼓應主編，《道家文化研究》第八輯〈憨山德清的以佛解老莊〉，（上海：上
　　　　海古籍出版社，民國 84 年 11 月，初版），頁 346。

第三章　憨山德清註莊之基本立場

　　第二章已說明憨山「註莊」之動機及其中心思想，那麼，憨山「註莊」必有其所本之基本立場，此基本立場為何？其在解老與註莊之過程中，是否依循〈觀老莊影響論〉中所言：「發揮老氏之道者，唯莊一人而已」〔註1〕，以莊為老之註疏？在憨山「註莊」之過程中，是否多引老子語證之？而憨山對於老、莊二者，是否有其混淆之處？憨山對於老莊是否能本其基本立場而註之？此乃談論憨山「註莊」之系統架構及其內容特色之前，所應釐清之處。是以此章先通過文獻，凸顯憨山「註莊」之基本立場，再由其明言之基本立場，試圖解決以上所提之問題。

　　此章分為三節，第一節闡明憨山對於老莊關係之理解，由「莊子為老子之註疏」開始論述，進而討論憨山對「莊子自云『言有宗事有君』」之理解。之後，再凸顯憨山「註莊」之「立言宗本」，由此明白憨山於「註莊」立場下是否有其矛盾之說。第二節「憨山德清解老與註莊之方式」，透過憨山「莊為老之註疏」之立場，以分類列點之方式，釐清憨山於解老註莊之際，是否有一規則可尋。首先，以《老子道德經解》中引莊子註疏之部分作分類說明；其次，再以《莊子內七篇註》中引老子原文之部分作分類說明，以此闡明憨山解老與註莊之方式。第三節則結合第二節憨山解老與註莊之方式，透過「憨山德清解老與註莊對照表」〔註2〕凸顯憨山解老與註莊之關係，再由此「對照表」分析論述，解決憨山於解老註莊之際，是否有如實呈現「莊子為老子之註疏」之立場；及其以莊子內七篇已盡其意，外篇蔓衍之說的說法，是否有其矛盾之處等問題。藉此闡明憨山於「註莊」系統下以「莊子為老子之註疏」的基本立場。

〔註1〕〈觀老莊影響論〉，頁7。
〔註2〕以下簡稱「對照表」。

第一節　莊子爲老子之註疏

　　本文第二章曾透過《年譜疏》得知，憨山作〈觀老莊影響論〉、《老子道德經解》與《莊子內七篇註》之時間先後，故吾人可推算憨山作〈觀老莊影響論〉之時間早於《老子道德經解》與《莊子內七篇註》。雖然，憨山於〈觀老莊影響論〉中並未明指「莊子爲老子之註疏」，然由其中，吾人卻可發現其對老莊關係理解之端倪。例如：筆乘所言「老之有莊，猶孔之有孟」，憨山「斯言信之」、〔註3〕「間嘗私謂中國去聖人，即上下千古負超世之見者，去老唯莊一人而已」。〔註4〕憨山推莊子爲老子之後，有超世之見者，雖此超世之見仍然置於佛經之後，所謂「載道之言，廣大自在，除佛經，即諸子百氏究天人之學者，唯莊一書而已」。〔註5〕然由此卻可明見憨山對於老莊關係之次第，此次第雖與後來錢穆所言：「惟主老子書猶當出莊子惠施公孫龍之後」〔註6〕不同，然於當時時代現況與憨山基本立場而言，其主莊於老之後，乃當時學術發展與既有觀點之必然展現。

　　至於憨山言及「莊爲老之註疏」之意，則可由〈註道德經序〉中「以老文簡古而旨幽玄，則莊實爲之註疏」〔註7〕窺知。對憨山而言，老子一書文太

〔註3〕　〈觀老莊影響論〉，頁7。
〔註4〕　〈觀老莊影響論〉，頁7。
〔註5〕　〈觀老莊影響論〉，頁7。
〔註6〕　錢穆，《莊老通辯》，（臺北：東大圖書股份有限公司，民國80年12月），頁2～3：「老子爲晚出書，汪容甫已啓其疑。然汪氏所疑，特在史記所載老子其人其事，故未能深探本書之內容。梁任公推汪氏意，始疑及老子本書。所舉例證，亦殊堅明。……余之此書，繼踵汪梁，惟主老子書猶當出莊子惠師公孫龍之後，則昔人頗未論及。持論是非，當待讀者之自辨。」由此可知，老莊或莊老孰先孰後之問題，乃近世所引發之爭論，以憨山之時代而言，仍以老子爲先、莊子爲後。
〔註7〕　《老子道德經解》〈序〉，頁35。此處所引版本爲：明・憨山大師，《老子道德經憨山註；莊子內篇憨山註（附觀老莊影響論一名三教源流異同論）》，（臺北：新文豐出版股份有限公司，民國85年4月，初版四刷）。此版本共收有〈觀老莊影響論〉、〈註道德經序〉、〈道德經解卷首〉、〈老子道德經解上篇〉、〈老子道德經解下篇〉及〈莊子內篇註〉，其中〈註道德經序〉與《夢遊集》卷十九〈註道德經〉，總1027相同；而〈道德經解卷首〉與《夢遊集》卷四十五〈道德經解發題〉，總2439略有差異：「〈道德經解卷首〉比《夢遊集》中的〈道德經解發題〉多了〈老子傳〉之部分」，故以下所引之版本，皆以明・憨山大師，《老子道德經憨山註；莊子內篇憨山註（附觀老莊影響論一名三教源流異同論）》，（臺北：新文豐出版股份有限公司，民國85年4月，初版四刷）爲主，不再贅述《夢遊集》中〈註道德經序〉與〈道德經解發題〉之頁數。

簡而旨幽玄，其亦用功十五年才解老完成，其以爲若非莊子，誰能發揚老子之思想，故於解老之後，又本其「莊爲老之註疏」之基本立場，完成《莊子內七篇註》。是以吾人可知，憨山此一基本立場，乃由〈觀老莊影響論〉發端，成熟於《老子道德經解》與《莊子內七篇註》。

　　其於《莊子內七篇註》卷首，即開宗明義言及「莊乃老之註疏」之意，並以爲莊子之學乃由老子之道變化而來，其言：

> 莊子一書，乃老子之註疏。予嘗謂老子之有莊，如孔之有孟，若悟徹老子之道，後觀此書，全從彼中變化出來，以其人宏才博辯，其言洸洋自恣，故觀者如捕風捉影耳，直是見徹他立言主意，便不被他瞞矣。〔註8〕

又言：

> 一部全書三十三篇，只內七篇已盡其意，其外篇皆蔓衍之說耳。學者但精透內篇，得無窮快活，便非世上俗人矣。其學問源頭，影響論發明已透，請細參之。〔註9〕

故可知，憨山不只將莊子視爲老子之註疏，其於《莊子》三十三篇中，亦只註內七篇，並且認爲內七篇已盡莊子意，外雜篇乃蔓衍之說。憨山由「莊爲老之註疏」出發，進而凸顯《莊子》內七篇，且將莊子思想之主軸，置於內七篇下討論。

　　憨山將老莊思想置於同一系統之下，甚至認爲莊爲老之註，是否得當？對於憨山以莊子爲老子註疏之立場，吳怡評其：「莊子和老子都是道家，當然他們的根本思想是相同的，但如果只認莊子爲老子的註疏，這樣無異一筆抹煞了莊子思想的意義和價值」。〔註10〕王邦雄亦云：「莊子思想乃綜合儒家思想的精神，以扭轉老子哲學的流弊，故決不止是憨山大師所云乃老子的注疏而已」。〔註11〕據此，吾人以爲，憨山以莊子爲老子註疏之立場，乃是將莊子思想比附於老子之下，如此的確忽略了莊子本身不同於老子的思想價值；然而，卻也由此凸顯在歷代注莊的不同詮釋架構之中，憨山「註莊」之特殊性。

〔註 8〕　《莊子內七篇註》〈逍遙遊〉，頁153。
〔註 9〕　《莊子內七篇註》〈逍遙遊〉，頁153～154。
〔註10〕　吳怡，《中國哲學發展史》，（臺北：三民書局股份有限公司，民國73年6月，初版），頁159。
〔註11〕　王邦雄，《中國哲學論集》，（臺北：臺灣學生書局，民國72年8月，初版），頁62。

況且，若對憨山賦予同情的理解，將老莊、孔孟對比觀之，則可明白，憨山
對於老莊所賦予的乃「道家」之意，而對於孔孟所賦予的乃「儒家」之意，
兩者皆為「外道」，其主要立場乃在於佛化儒道。是以，對憨山而言，無所謂
老莊是否為同一系統之問題，只有如何將此「外道」會歸於「佛」之問題，
故憨山對於老莊，勢必採取「莊為老之註疏」之立場，將老莊置於同一系統，
同時凸顯莊子內七篇，以期達到佛化老莊之目的。

　　反觀之，憨山以此「莊為老之註疏」與凸顯內七篇之基本立場，吾人才
得以探討，其於此一基本立場下，對於老莊思想是否有其混淆之處？且在此
立場上，其是如何凸顯莊學之立言本意？此乃本節欲討論之重點，亦即逼顯
憨山「註莊」特色之前，所應釐清之問題。

　　以下分為二小節，第一小節乃討論憨山所理解「莊子自云『言有宗事有
君』」是否有混淆老莊之處；第二小節則以憨山「註莊」之立言本意為主軸探
討，由此逼顯憨山「註莊」系統下之「立言宗本」。

一、憨山德清「莊子自云『言有宗事有君』」之探討

　　憨山於《莊子內七篇註‧逍遙遊》云：「此為書之首篇。莊子自云『言有宗，
事有君』，即此便是立言之宗本也」。〔註12〕憨山此處之理解，有兩個疑點須待
解決：其一，所謂「莊子自云『言有宗，事有君』」，是否與老子之說有混淆之
處？其二，憨山所謂立言之宗本所指究竟為何？本小節首先透過近世學者對憨山
「莊子自云『言有宗事有君』」之理解作一探討，再重新回歸文獻，釐清憨山
是否有混淆老莊之處。並且於下一小節，進一步闡明其所謂立言之宗本為何，
重新探視憨山「註莊」之立言本意，藉此解決以上兩點之疑。

　　關於第一個問題，後世研究憨山之學者，大都承襲憨山所言「莊子自云
『言有宗，事有君』」此句話而解釋，並且直接引《莊子內七篇註‧大宗師》：
「莊子著書，自謂『言有宗，事有君』。蓋言有所主，非漫談也」〔註13〕來加
以解釋《莊子內七篇註‧逍遙遊》憨山所言「莊子自云『言有宗，事有君』」
一語。例如：陳運星直接引憨山《莊子內七篇註‧大宗師》所言「莊子著書，
自謂『言有宗，事有君』，蓋言有所主，非漫談也」〔註14〕之說法、而張玲芳

〔註12〕《莊子內七篇註》〈逍遙遊〉，頁154。
〔註13〕《莊子內七篇註》〈大宗師〉，頁369。
〔註14〕陳運星，《儒道佛三教調合論之研究——以憨山德清的會通思想為例》，（中央

則言：「德清以莊子著書嘗自謂『言有宗，事有君』，因此德清認為《莊子》一書乃『言有所主，非蔓談也』」。〔註15〕以上皆直接援引且接受憨山之說，並且以「言有所主，非漫談也」解釋「莊子著書，自謂『言有宗，事有君』」一語，對於憨山所言「莊子自云『言有宗，事有君』」作一如實之理解。至於趙春蘭則以「若悟徹老子之道，後觀莊書，知其全從彼中變化出來。而莊子著書，自謂『言有宗，事有君』，蓋言有所主，非漫談也」〔註16〕為引文之說法，則對憨山文獻有錯簡之疑。然而，無論是否錯簡，基本上依然是接受憨山「莊子自云『言有宗，事有君』」之說。

　　若單純解釋「言有宗事有君」六個字，以「言有所主，非漫談也」這樣的解釋方式，乃是對憨山思想作如實且正確之理解。然而，此處之重點應在於憨山所言「莊子自云」這四個字，亦即，大部分學者大都全然接受憨山所言的「莊子自云『言有宗，事有君』」，卻忽略了「言有宗事有君」這六個字究竟是否為「莊子自云」？亦即憨山此處所以為的「莊子自云」之「言有宗，事有君」應出自何處？吾人對此文獻作一溯源及考察後得知，所謂「言有宗事有君」六個字，乃出自於《老子道德經》第七十章：

> 吾言甚易知，甚易行。天下莫能知，莫能行。言有宗，事有君。夫惟無知，是以不我知。知我者希，則我者貴。是以聖人披褐懷玉。
>
> 〔註17〕

而憨山對於「言有宗，事有君」之解釋為：

> 老子自謂我所言者，皆人人日用中最省力一著工夫。明明白白，甚容易知，容易行。只是人不能知，不能行耳。以我言言事事，皆以大道為主，非是漫衍荒唐之說。故曰言有宗，事有君。宗，君，皆主也。且如一往所說，絕聖棄智，虛心無我，謙下不爭，忘形釋智，件件都是最省力工夫，放下便是，全不用你多知多解。〔註18〕

故可知，若以「言有宗事有君」六個字作意義上之理解，「言有所主，非漫談也」

　　　　大學哲學研究所碩士論文，民國80年6月），頁245。
〔註15〕張玲芳，《釋德清以佛解老莊思想之研究》，（中興大學中國文學系碩士論文，民國88年6月15日），頁148。
〔註16〕趙春蘭，《從憨山德清思想探討其夢遊詩──以〈山居詩〉為重心》，（華梵大學東方人文思想研究所碩士論文，民國87年6月），頁127。
〔註17〕陳鼓應註譯，《老子今註今譯及評介》，（臺北：臺灣商務印書館股份有限公司，民國86年1月，二次修訂版第一次印刷），頁301。
〔註18〕《老子道德經解》〈下篇〉，頁137。

之解釋方式與憨山此處所解「以我言言事事,皆以大道爲主,非是漫衍荒唐之說」類似,所以在意義解釋上並沒有太大的歧異。然而,憨山此處卻又指出「老子自謂……故曰言有宗,事有君」,那麼所謂「言有宗事有君」,是否應出自於老子之說,而非憨山於《莊子內七篇註》中所言「莊子自云」?那麼,憨山爲何在「註莊」之際,於《莊子內七篇註・逍遙遊》言「莊子自云『言有宗,事有君』」;與《莊子內七篇註・大宗師》言「莊子著書,自謂『言有宗,事有君』」呢?憨山是否已有混淆老莊之處?吾人以爲,憨山既以莊爲老之註,其於引用「言有宗,事有君」之時,或許不自覺以「莊子自云」、「自謂」等語來凸顯莊子言論並非漫談之說,並由此顯現莊書「立言之宗本」。其中憨山對於老莊思想,雖有混淆之處,然其眞正用心卻在凸顯「立言宗本」之重心。是故,以下就針對憨山「言有宗,事有君」之「立言宗本」作一深度探討。

二、憨山德清註莊之立言本意

既明白憨山所理解「莊子自云『言有宗,事有君』」之意涵爲何,那麼,接續此論題而生者,當是第二個疑問,亦即「憨山所謂立言之宗本所指究竟爲何?」憨山於《莊子內七篇註・逍遙遊》卷首即云:「此爲書之首篇。莊子自云『言有宗,事有君』,即此便是立言之宗本也」。〔註19〕憨山先明指〈逍遙遊〉爲七篇之首,故爲立言之宗本,且於此段之末又點明:

> 故此篇立意,以「至人無己,聖人無功,神人無名」爲骨子,立定
> 主意,只說到後,方才指出,此是他文章變化鼓舞處,學者若識得
> 立言本意,則一書之旨了然矣。〔註20〕

憨山將「至人無己,聖人無功,神人無名」爲骨子之重點拈出,進一步凸顯〈逍遙遊〉中「至人、聖人、神人」之重點。由此可知,憨山已然將〈逍遙遊〉之中心思想列爲莊學一書之主要宗旨。其又以「無爲之大用」當爲一書立言之意,其言:「無爲之大用,一書立言之意,盡在此一語,不但爲逍遙之結文而已也」。〔註21〕是以吾人可知,憨山「註莊」之基本立場,不僅以「無爲之大用」結逍遙之文,更以「無爲之大用」爲一書之立言本意。

然於「無爲之大用」外,憨山立言之宗本,是否有更深一層之意涵?由其

〔註19〕《莊子內七篇註》〈逍遙遊〉,頁154。

〔註20〕《莊子內七篇註》〈逍遙遊〉,頁156。

〔註21〕《莊子內七篇註》〈逍遙遊〉,頁181～182。

言：「後之大宗師，即此之聖人，應帝王，即徙南冥之意也。所謂『言有宗，事有君』者，正此意也」〔註22〕可見出端倪。憨山此處明言所謂「言有宗，事有君」之意，可由「大宗師爲聖人，應帝王爲南冥」明瞭，故此是否代表憨山所理解「立言宗本」之終極意義，乃在於「聖人應運出世，則爲聖帝明王，即可南面以臨蒞天下也。」〔註23〕憨山立言之宗本，是否以「無爲之大用」爲體，以「聖人南冥」爲用，而其此處所言之聖人，乃直指「大宗師」。是故，憨山以爲，所謂大宗師，乃「忘己、忘功、忘名」之「至人、聖人、神人」，而以此爲萬世之宗者，故稱爲大宗師；此大宗師正是「全體之大聖」之意。然而，此「大聖」所指又是誰呢？憨山於〈觀老莊影響論〉中明白指出：

> 且彼亦曰：萬世之後，而一遇大聖知其解者，是旦暮遇之也。然彼所求之大聖，非佛而又其誰耶？吾意彼爲吾佛破執之前矛，斯言信之矣。〔註24〕

由以上可知，憨山即使以〈逍遙遊〉篇爲其「註莊」立言之宗本，然〈逍遙遊〉中所言之「至人、聖人、神人」乃至於「全體之大聖」，實指依然爲「佛」。易言之，憨山於《莊子內七篇註‧逍遙遊》卷首，即開宗明義表明其「註莊」之立場，即使其對老莊之言尚有混淆之處，然卻仍以會歸於「佛」爲其基本主張。

第二節　憨山德清解老與註莊之方式

　　既明白憨山以莊子爲老子註疏之基本立場，以及通過上一節，所釐清關於憨山混淆老莊與闡明其「註莊」之立言本意後。憨山在解老與註莊之際，是否有一規則可尋？在其解老與註莊之過程中，是否有特定之方式理解老莊？本小節即透過整理分類之方式，將憨山《老子道德經解》中引莊子註疏之部分；以及《莊子內七篇註》中莊子引老子原文之部分，作一統籌整理，藉此明白憨山解老與註莊之規則與方式。

　　以下分爲兩小節論述，第一小節「《老子道德經解》引莊子註疏者」，主要以《老子道德經解》爲主軸整理分類。第二小節「《莊子內七篇註》引老子原文

〔註22〕《莊子內七篇註》〈逍遙遊〉，頁159。
〔註23〕《莊子內七篇註》〈逍遙遊〉，頁159。
〔註24〕〈觀老莊影響論〉，頁17。

者」，主要以《莊子內七篇註》為主軸整理分類。以下僅透過憨山《老子道德經解》與《莊子內七篇註》，說明其所註解之凡例，由此顯現憨山解老與註莊之方式。至於詳細內容，吾人將會綜合此兩小節，於第三節「憨山德清解老與註莊之關係」──「憨山德清解老註莊之關係」中羅列，故此不贅述內容。

一、《老子道德經解》引莊子註疏者

此處言「《老子道德經解》引莊子註疏者」之意，所指乃是憨山於《老子道德經解》中以莊子為註疏之處，亦即憨山《老子道德經解》中以莊子言論〔註25〕註疏老子原文之部分。

此部分吾人可分為三小節討論，第一小節乃「《老子道德經解》中內七篇之引用」：其中包括《老子道德經解》中憨山引用《莊子》內七篇或其《莊子內七篇註》之部分。第二小節乃「《老子道德經解》中外雜篇之引用」：其中包括《老子道德經解》中憨山引用《莊子》外雜篇之部分。第三小節乃「《老子道德經解》中內外雜篇互引」：其中包括《老子道德經解》中憨山引用《莊子》內七篇或其《莊子內七篇註》與《莊子》外雜篇之部分。

（一）《老子道德經解》中內七篇之引用

憨山於《老子道德經解》中，常引用《莊子》內七篇原文、大意或其《莊子內七篇註》之原文、大意部分來註解老子。故以下依憨山引用之方式，分類為四點討論；就憨山《老子道德經解》中有關此部分之引文作一凡例，並且舉例說明。

1. 引用《莊子》內七篇之原文〔註26〕

「引用《莊子》內七篇之原文」，所指乃是憨山於《老子道德經解》中，以《莊子》內七篇「原文」之方式為註解者。其中之「原文」所指乃憨山《莊子內七篇註》中所引之《莊子》內七篇之原文。以下舉例說明：

例句（1）：《老子道德經解》中，憨山註解老子「天門開闔，能無雌乎」

〔註25〕 此處所指之「莊子言論」，包括《莊子》本身所言與憨山《莊子內七篇註》中所述。

〔註26〕 「《莊子》內七篇之原文」，指的乃是憨山《莊子內七篇註》中所引之《莊子》原文，以本論文所用之版本：明‧憨山大師，《老子道德經憨山註；莊子內篇憨山註（附觀老莊影響論一名三教源流異同論）》，（臺北：新文豐出版股份有限公司，民國85年4月，初版四刷）為主。凡以下所引《莊子》內七篇之原文，皆以此版本為主。

〔註 27〕句，以「然聖人『用心若鏡，不將不迎』，來無所粘，去無蹤跡」〔註 28〕為其註。此註中「用心若鏡，不將不迎」〔註 29〕正出自憨山《莊子內七篇註》中，所引用《莊子》〈應帝王〉之原文。

　　例句（2）：《老子道德經解》中，憨山註解老子「古之善為士者，微妙玄通，深不可識」〔註 30〕句，以「莊子謂『嗜欲深者天機淺』」〔註 31〕為其註。此註之「嗜欲深者天機淺」正出自憨山《莊子內七篇註》中，所引用《莊子》〈大宗師〉：「其『嗜欲深者』，其『天機淺』」〔註 32〕之原文。

2. 引用《莊子內七篇註》之原文

　　此處所言「引用《莊子內七篇註》之原文」，所指乃憨山《老子道德經解》中，以其《莊子內七篇註》之原文註解之部分。以下舉例說明：

　　例句（1）：《老子道德經解》中，憨山註解老子「同其塵」〔註 33〕句，以「與俗混一而不分。正謂呼我以牛，『以牛應之』。呼我以馬，『以馬應之』」〔註 34〕為其註。此註中「以牛應之」、「以馬應之」正出自憨山《莊子內七篇註・應帝王》篇中。〔註 35〕

　　例句（2）：《老子道德經解》中，憨山註解老子「德者，同於德；失者，同於失」〔註 36〕句，以「即所謂呼我以牛，『以牛應之』，呼我以馬，『以馬應之』，無可不可」〔註 37〕為其註。此註中「以牛應之」、「以馬應之」正出自憨山《莊子內七篇註・應帝王》〔註 38〕篇中。

3. 引用《莊子》內七篇之大意

　　此處所言「引用《莊子》內七篇之大意」，所指乃憨山《老子道德經解》

〔註 27〕　《老子道德經解》〈上篇〉，頁 61。
〔註 28〕　《老子道德經解》〈上篇〉，頁 62。
〔註 29〕　《莊子內七篇註》〈應帝王〉，頁 449。
〔註 30〕　《老子道德經解》〈上篇〉，頁 68。
〔註 31〕　《老子道德經解》〈上篇〉，頁 68。
〔註 32〕　《莊子內七篇註》〈大宗師〉，頁 377。
〔註 33〕　《老子道德經解》〈上篇〉，頁 56。
〔註 34〕　《老子道德經解》〈上篇〉，頁 56～57。
〔註 35〕　《莊子內七篇註》〈應帝王〉，頁 433：「此言泰氏超越有虞，虛懷以遊世。……人呼以為牛，則『以牛應之』。人呼以為馬，則『以馬應之』」。
〔註 36〕　《老子道德經解》〈上篇〉，頁 79～80。
〔註 37〕　《老子道德經解》〈上篇〉，頁 80。
〔註 38〕　《莊子內七篇註》〈應帝王〉，頁 433：「此言泰氏超越有虞，虛懷以遊世。……人呼以為牛，則『以牛應之』。人呼以為馬，則『以馬應之』」。

中，以《莊子》內七篇之大意相似者爲其註解之部分。以下舉例說明：

例句（1）：《老子道德經解》中，憨山註解老子「皆知善之爲善，斯不善已」〔註39〕句，以「又如比干，天下皆知爲賢善也，紂執而殺之。後世效之以爲忠，殺身而不毀。此所謂知善之爲善，斯不善已。此皆尚名之過也」〔註40〕爲其註。此註中之大意，乃出自《莊子》內七篇〈人間世〉「紂殺王子比干，是皆修其身，以下傴拊人之民，以下拂其上者也，故人君因其修以擠之，是好名者也」〔註41〕之大意。

例句（2）：《老子道德經解》中，憨山註解老子「故無棄物，是謂襲明」〔註42〕句，以「無不可爲之事，物各有理，故無棄物。……莊子庖丁遊刃解牛，因其固然，動刀甚微，劃然已解。意出於此」〔註43〕爲其註。此註中之大意乃《莊子》內七篇〈養生主〉「庖丁解牛」之大意。

4. 引用《莊子內七篇註》之大意

此處所言「引用《莊子內七篇註》之大意」，所指乃憨山《老子道德經解》中，以其《莊子內七篇註》之大意相似者爲註解之部分。若憨山註解與《莊子》內七篇原文之大意相差不遠，則與「引用《莊子》內七篇之大意」例句相同；若憨山註解與《莊子》內七篇原文之大意不同，則與「引用《莊子》內七篇之大意」例句不同。以下再舉兩例說明：

例句（1）：《老子道德經解》中，憨山註解老子「是以聖人之治，虛其心」〔註44〕句，以「人以崇高爲貴名，許由則避而遠之。……是以聖人之治，教人先斷妄想思慮之心，此則拔本塞源，故曰虛其心」〔註45〕爲其註。此註中之大意乃與《莊子內七篇註‧逍遙遊》「堯以治天下爲己功，今讓與許由……『今讓與我，是我無功而虛受人君之名也。我豈爲名之人乎』」〔註46〕相似。

例句（2）：《老子道德經解》中，憨山註解老子「蓋聞善攝生者」〔註47〕句，以「蓋聞善養生者，不養其生，而養其生之主。然有其生者，形也。主

〔註39〕《老子道德經解》〈上篇〉，頁53。
〔註40〕《老子道德經解》〈上篇〉，頁53。
〔註41〕《莊子內七篇註》〈人間世〉，頁299～300。
〔註42〕《老子道德經解》〈上篇〉，頁84。
〔註43〕《老子道德經解》〈上篇〉，頁85。
〔註44〕《老子道德經解》〈上篇〉，頁54。
〔註45〕《老子道德經解》〈上篇〉，頁55。
〔註46〕《莊子內七篇註》〈逍遙遊〉，頁174～175。
〔註47〕《老子道德經解》〈下篇〉，頁110。

其生者，性也。性爲生主，性得所養，而復其眞，則形骸自忘。形忘則我自空，我空則無物與敵」〔註48〕爲其註。此註中之大意與《莊子內七篇註・養生主》卷首「此篇教人養性全生，以性乃生之主也」〔註49〕之大意相同。

（二）《老子道德經解》中外雜篇之引用

憨山於《老子道德經解》中，亦有引用《莊子》外雜篇之篇名、原文、大意來註解之部分。以下依憨山引用之方式，分類爲三點討論；就憨山《老子道德經解》中有關此部分之引文作一凡例，並且舉例說明。

1. 引用《莊子》外雜篇之篇名

此處所言「引用《莊子》外雜篇之篇名」，所指乃憨山《老子道德經解》中，明言指出以《莊子》外雜篇之篇名爲其註解者。其中計有一例：

例句：《老子道德經解》中，憨山註解老子「見素抱樸，少思寡欲」〔註50〕句，以「若知老子此中道理，只以莊子〈馬蹄〉、〈胠篋〉作註解，自是超足」〔註51〕爲其註，此註點明《莊子》外雜篇〈馬蹄〉、〈胠篋〉之篇名。

2. 引用《莊子》外雜篇之原文

此處所言「引用《莊子》外雜篇之原文」，所指乃憨山《老子道德經解》中，以《莊子》外雜篇之原文註解之部分。然因憨山認爲外雜篇乃蔓衍之說，故其只註《莊子》內七篇，是以於其《莊子內七篇註》中找不到有關《莊子》外雜篇之原文，此部分之原文，則根據吾人所引用之版本爲主。〔註52〕以下舉例說明：

例句（1）：《老子道德經解》中，憨山註解老子「絕仁棄義」〔註53〕句，以「此即莊子所謂『虎狼，仁也』」〔註54〕爲其註。此註乃出自《莊子》外雜篇〈天運〉「虎狼，仁也」。〔註55〕

〔註48〕《老子道德經解》〈下篇〉，頁111。

〔註49〕《莊子內七篇註》〈養生主〉，頁277。

〔註50〕《老子道德經解》〈上篇〉，頁73。

〔註51〕《老子道德經解》〈上篇〉，頁74。

〔註52〕引用之版本爲：陳鼓應註譯，《莊子今註今譯》（上、下冊），（臺北：臺灣商務印書館股份有限公司，民國88年11月，修訂版第一次印刷）。凡以下所引《莊子》外雜篇之原文，皆以此版本爲主。

〔註53〕《老子道德經解》〈上篇〉，頁73。

〔註54〕《老子道德經解》〈上篇〉，頁74。

〔註55〕陳鼓應註譯，《莊子今註今譯》（上冊），（臺北：臺灣商務印書館股份有限公司，民國88年11月，修訂版第一次印刷），頁380：「商大宰蕩問仁於莊子。

例句（2）：《老子道德經解》中，憨山註解老子「修之於家，其德乃餘；修之於鄉，其德乃長；修之於國，其德乃豐；修之於天下，其德乃普」〔註56〕句，以「莊子曰道之眞以治身，其緒餘以爲國家，其土苴以爲天下。故曰，修之家，其德乃餘；修之鄉，其德乃長；修之國，其德乃豐；修之天下，其德乃普」〔註57〕爲其註。此註之「『道之眞以治身，其緒餘以爲國家』，其土苴以爲天下」乃出自《莊子》外雜篇〈讓王〉「『道之眞以治身，其緒餘以爲國家』，其土苴以治天下」。〔註58〕

3. 引用《莊子》外雜篇之大意

此處所言「引用《莊子》外雜篇之大意」，所指乃憨山《老子道德經解》中，以《莊子》外雜篇之大意註解之部分。《老子道德經解》中引原文部分較少，大多爲引大意者，因憨山所引爲《莊子》外雜篇之「大意」，故此處僅將外雜篇之篇名指出，以茲參考。以下舉例說明：

例句（1）：《老子道德經解》中，憨山註解老子「故常無，欲以觀其妙；常有，欲以觀其徼」〔註59〕句，以「老子謂，我尋常日用安心於無，要以觀其道之妙處。我尋常日用安心於有，要以……是則只在日用目前，事事物物上，就要見道之實際，所遇無往而非道之所在。故莊子曰，道在稊稗，道在屎尿」〔註60〕爲其註。此註取自《莊子》外雜篇〈知北遊〉之大意。

例句（2）：《老子道德經解》中，憨山註解老子「貴大患若身」〔註61〕句，以「蓋言貴爲君人之患。莊子曰，千金重利，卿相尊位也。子獨不見郊祀之犧牛乎。養食之數歲，衣以文繡，以入太廟。當是之時，雖欲爲狐豚，豈可得乎」〔註62〕爲其註。此註取自《莊子》外雜篇〈列禦寇〉之大意。

例句（3）：《老子道德經解》中，憨山註解老子「以其不爭，故天下莫能與

莊子曰：『虎狼，仁也』」。

〔註56〕《老子道德經解》〈下篇〉，頁115。

〔註57〕《老子道德經解》〈下篇〉，頁115～116。

〔註58〕陳鼓應註譯，《莊子今註今譯》（下冊），（臺北：臺灣商務印書館股份有限公司，民國88年11月，修訂版第一次印刷），頁769：「故曰，『道之眞以治身，其緒餘以爲國家』，其土苴以治天下。由此觀之，帝王之功，聖人之餘事也，非所以完身養生也」。

〔註59〕《老子道德經解》〈上篇〉，頁51。

〔註60〕《老子道德經解》〈上篇〉，頁51～52。

〔註61〕《老子道德經解》〈上篇〉，頁65。

〔註62〕《老子道德經解》〈上篇〉，頁66。

之爭」〔註63〕句，以「此爭非爭鬪之謂，蓋言心不馳競於物也。以其不爭，故天下莫能與之爭。莊子所謂兼忘天下易，使天下忘己難。此則能使天下忘己，故莫能與之爭耳」〔註64〕爲其註。此註取自《莊子》外雜篇〈天運〉之大意。

（三）《老子道德經解》中內外雜篇互引

此處所言「內外雜篇互引」，所指乃憨山於《老子道德經解》中，以《莊子》內七篇與外雜篇互相引用而成爲註解者。此於《老子道德經解》中共計三筆，以下分三點列述：

1. 引用應帝王、外物

例句：《老子道德經解》中，憨山註解老子「天門開闔，能無雌乎」〔註65〕句，以「蓋門有虛通出入之意。而人心之虛靈，所以應事接物，莫不由此天機發動。蓋常人應物，由心不虛，凡事有所留藏，故心日茆塞。莊子謂『室無空虛，則婦姑勃蹊』……然聖人用心若鏡，不將不迎，來無所粘，去無蹤跡。所謂應而不藏」〔註66〕爲其註。此註出自二處：其一爲《莊子》外雜篇〈外物〉「室無空虛，則婦姑勃蹊」〔註67〕；其二爲《莊子》內七篇〈應帝王〉「至人之用心若鏡，不將不迎，應而不藏，故能勝物而不傷」〔註68〕，故可知此註解乃以〈應帝王〉、〈外物〉互引之例。

2. 引用齊物論、養生主、讓王

例句：《老子道德經解》中，憨山註解老子「重爲輕根，靜爲躁君。是以……輕則失根，躁則失君」〔註69〕句，以「莊子養生、讓王，蓋釋此篇之意。子由……齊物以身爲臣妾，以性爲眞君，源出於此」〔註70〕爲其註。此註以〈養生主〉、〈讓王〉爲主，而〈齊物論〉之「眞君」亦源於此。故可知，此註解乃以〈齊物論〉、〈養生主〉、〈讓王〉互引之例。

3. 引用養生主、馬蹄、胠篋

〔註63〕《老子道德經解》〈下篇〉，頁131。
〔註64〕《老子道德經解》〈下篇〉，頁132。
〔註65〕《老子道德經解》〈上篇〉，頁61。
〔註66〕《老子道德經解》〈上篇〉，頁62～63。
〔註67〕陳鼓應註譯，《莊子今註今譯》（下冊），（臺北：臺灣商務印書館股份有限公司，民國88年11月，修訂版第一次印刷），頁738。
〔註68〕《莊子內七篇註》〈應帝王〉，頁449。
〔註69〕《老子道德經解》〈上篇〉，頁83。
〔註70〕《老子道德經解》〈上篇〉，頁84。

例句：《老子道德經解》中，憨山註解老子「民之飢，以其上食稅之多……夫惟無以生爲者，是賢於貴生」〔註71〕句，以「此中妙處，難盡形容。當熟讀莊子養生主，馬蹄、胠篋諸篇，便是注解」〔註72〕爲其註。此註明言以〈養生主〉、〈馬蹄〉、〈胠篋〉當此段之註解。

二、《莊子內七篇註》引老子原文者

既明白《老子道德經解》中，憨山註解之方式，那麼《莊子內七篇註》裡，憨山又以何種方式將老子之語援引出呢？此處言「《莊子內七篇註》引老子原文者」之意，所指乃憨山《莊子內七篇註》中引「老子原文」而所呈顯之部分。換言之，乃憨山以莊子爲老子之註疏，故其在註莊之際，勢必援引老子原文，藉此說明《莊子內七篇註》某段落爲老子某原文之註解。而憨山《莊子內七篇註》之註解規則，除〈養生主〉篇尚未實指老子某原文外，其餘皆同出一轍。

是故，以下就憨山《莊子內七篇註》中有關此方式之援引作一凡例，並且各舉一例證之。至於詳細內容，將置於第三節「憨山德清解老與註莊之關係」──「憨山德清解老註莊之關係」中，此不全數羅列。

例句（一）：《莊子內七篇註》中，憨山註解〈逍遙遊〉「物莫之傷」〔註73〕句，以「言已脫形骸，無我與物對，故物莫能傷。即老子云『以其無死地』焉」〔註74〕爲其註。此註說明〈逍遙遊〉「物莫之傷」乃老子「以其無死地」之註。

例句（二）：《莊子內七篇註》中，憨山註解〈齊物論〉「有始也者」〔註75〕句，以「即老子『無，名天地之始』」〔註76〕爲其註。此註說明〈齊物論〉「有始也者」乃老子「無，名天地之始」之註。

例句（三）：《莊子內七篇註》中，憨山註解〈養生主〉，雖未明白指出哪段落爲老子之原文之註疏，然於《老子道德經解》中，則有明言以〈養生主〉篇或大意爲其註疏之處。〔註77〕

〔註71〕《老子道德經解》〈下篇〉，頁142～143。
〔註72〕《老子道德經解》〈下篇〉，頁143。
〔註73〕《莊子內七篇註》〈逍遙遊〉，頁179。
〔註74〕《莊子內七篇註》〈逍遙遊〉，頁179。
〔註75〕《莊子內七篇註》〈齊物論〉，頁239。
〔註76〕《莊子內七篇註》〈齊物論〉，頁239。
〔註77〕請見上一節《老子道德經解》引莊子註疏者〉中與〈養生主〉有關之部分。

例句（四）：《莊子內七篇註》中，憨山註解〈人間世〉「絕跡易，無行地難」〔註78〕句，以「言逃人絕世尚易，獨有涉世無心，不著形跡爲難。即老子『善行無轍跡』」〔註79〕爲其註。此註說明〈人間世〉「絕跡易，無行地難」乃老子「善行無轍跡」之註。

例句（五）：《莊子內七篇註》中，憨山註解〈德充符〉「使之和豫通，而不失於兌」〔註80〕句，以「兌者，即老子『玄牝之門』。謂虛通應物而無跡者也。言眞人所以才全者，蓋保其性眞而不失也」〔註81〕爲其註。此註說明〈德充符〉「使之和豫通，而不失於兌」乃老子「玄牝之門」之註。

例句（六）：《莊子內七篇註》中，憨山註解〈大宗師〉「而人眞以爲勤行者也」〔註82〕句，以「老子云『用之不勤』。勤，勞也。言眞人遊行於世，無心而遊，雖行而不勞也」〔註83〕爲其註。此註說明〈大宗師〉「而人眞以爲勤行者也」乃老子「用之不勤」之註。

例句（七）：《莊子內七篇註》中，憨山註解〈應帝王〉「夫聖人之治也，治外乎，正而後行」〔註84〕句，以「言聖人之治天下，豈治外乎？正，即前云……謂聖人但自正性命，而施之百姓，使各自正之。老子云『清淨爲天下正』」〔註85〕爲其註。此註說明〈應帝王〉「夫聖人之治也，治外乎，正而後行」乃老子「清淨爲天下正」之註。

由以上所舉七個例子得知，憨山「《莊子內七篇註》引老子原文者」，其規則大略一致，大致本著「莊子爲老子之註疏」的立場而行。

第三節　憨山德清解老與註莊之關係

憨山以莊子爲老子之註疏，並以爲莊子全書三十三篇，內七篇已盡其意，外篇乃蔓衍之說。此乃憨山於《莊子內七篇註》卷首即說明之立場。然而，憨山在解老時，是否眞如其立場所言，以「內七篇已盡莊子意」註之？在「註

〔註78〕《莊子內七篇註》〈人間世〉，頁309。
〔註79〕《莊子內七篇註》〈人間世〉，頁309。
〔註80〕《莊子內七篇註》〈德充符〉，頁359。
〔註81〕《莊子內七篇註》〈德充符〉，頁360。
〔註82〕《莊子內七篇註》〈大宗師〉，頁384。
〔註83〕《莊子內七篇註》〈大宗師〉，頁384。
〔註84〕《莊子內七篇註》〈應帝王〉，頁435。
〔註85〕《莊子內七篇註》〈應帝王〉，頁435。

莊」時，是否亦如其所言，多以莊子說註解老子語？若憨山遵循其於《莊子內七篇註》卷首所言之立場，那麼憨山解老與註莊即遵循其所以為「莊為老之註疏」之立場而行。若憨山未能遵循所言之立場，那麼憨山於解老與註莊之際，又有哪些歧出或不符合其所言之立場呢？憨山註解老莊之關係究竟為何？以上乃本節所要探討之重點。

　　以下分為兩小節，第一小節闡明憨山解老與註莊之關係；第二小節則通過第一小節之整理，作一分析與論述。

一、憨山德清解老註莊之關係

　　在上一節「憨山德清解老與註莊之方式」中，已將憨山「《老子道德經解》引莊子註疏者」與「《莊子內七篇註》引老子原文者」兩部分作一規則說明。以下即綜合此兩部分，透過《老子道德經解》、《莊子內七篇註》，闡明憨山解老與註莊之關係。

　　吾人為清楚呈現兩者之關係，以及解說之方便，故以「憨山德清解老與註莊對照表」〔註86〕之方式呈現，「對照表」主要以憨山《老子道德經解》之順序為主，再援引《莊子內七篇註》之內容，互相對照。並且於其中加入「序號」、「篇章」、「章節」、「頁數」等資料，以方便下一小節之分析論述。

　　由此「對照表」，不僅可清楚呈現憨山解老與註莊之關係，亦可瞭解憨山「註莊」以莊子為老子註疏之立場。以下即透過此「對照表」，作一分析論述。

二、解老註莊之關係分析論述

　　由「對照表」，可以清楚看到憨山「《老子道德經解》引莊子註疏者」及「《莊子內七篇註》引老子原文者」兩部分，亦即《老子道德經解》與《莊子內七篇註》兩者之關係。憨山《老子道德經解》「所用老子的註解版本是採用王弼的《道德經註》」，〔註87〕故其依循王弼，將《老子道德經解》分為上、下兩篇，其中一至三十七為《老子道德經解》上篇；三十八至八十一為《老子道德經解》下篇。憨山是否亦如傳統所分，將上篇視為「道篇」，下篇視為「德篇」？亦即「《老子道德經》一共有八十一章，分成兩部分（上經與下經），

〔註86〕請參見「附錄」。
〔註87〕陳榮波，《哲學、語言與管理》，（桃園：逸龍出版社，民國 81 年 2 月，初版），頁 60。

上經從第一章到第三十七章，重點放在『道』上面，下經從第三十八章到第八十一章，絕大部分都在講『德』。」〔註88〕憨山將《老子道德經解》分為上、下篇，是否亦有此用意？上篇講形而上實存之「道」，下篇講「道」之作用之「德」？在整個《老子道德經解》中，憨山是否如實呈現莊子為老子註疏之準則？其所認為外篇為蔓衍之說，是否可由其解老與註莊之關係中，探視其所重視之內七篇篇章為何？其中是否有矛盾之處？以上乃此小節所要探討之問題，亦即透過「對照表」，所須解決與釐清之處。

　　以下分為三小節，第一小節透過「對照表」，分析憨山所言「外篇蔓衍之說」是否如實。第二小節以「內七篇為主軸」，透過「對照表」，顯現憨山「註莊」之重點篇章。第三小節為「內外篇整體論述」，透過「對照表」，凸顯憨山對老莊之理解，以及其解老與註莊之矛盾處。

　　「對照表」總共六十筆〔註89〕資料，以下即根據此六十筆資料作分析論述。以下之引文，皆從「對照表」來，「對照表」中已標明「頁數」，是故，以下即不針對原文再作註解。

（一）外篇蔓衍之說

　　憨山雖以《莊子》內七篇為主軸註疏老子，然而，在其註疏的過程中，仍有以蔓衍之說的外雜篇為其註疏者。透過「對照表」統計，上、下篇合起來總共十七筆資料，其中包括三筆以「內外雜篇互引」〔註90〕為註之情況。故吾人可知，憨山於解老之際，依然有引用外雜篇為其註疏之處，其引用外雜篇為註疏，是否就違背其所言外篇蔓衍之說之意，抑或有其他用意？以下先分上、下篇，之後，再綜合分析論述。

1. 上　篇

　　憨山於《老子道德經解》上篇，引用外雜篇者有，序號：03、06、17、18、20、21、22、33、37九筆。其中17、33則有「內外雜篇互引」之情況，此情況並無規則可尋，故先扣除「內外雜篇互引」之內篇，單純以外雜篇論之。經由「對照表」可知，憨山上篇所引之外雜篇篇目為：03〈知北遊〉、06

〔註88〕陳榮波，《哲學、語言與管理》，（桃園：逸龍出版社，民國81年2月，初版），頁60～61。

〔註89〕由序號01、02開始，59、60終止；其中按照順序排列，總共六十筆。

〔註90〕請參見第三章第二節〈憨山德清解老註莊之方式〉之第一小節《《老子道德經解》引莊子註疏者》之《《老子道德經解》中內外雜篇互引》部分。

〈天運〉、17〈外物〉、18〈列禦寇〉、20〈庚桑楚〉、21〈天運〉、22〈馬蹄〉
〈胠篋〉、33〈讓王〉、37〈駢拇〉。其中〈天運〉有重複引用之情況。

2. 下　篇

　　憨山於《老子道德經解》下篇，引用外雜篇者有，序號：49、51、52、
53、54、56、58、59八筆。其中58有「內外雜篇互引」之情況，如同前述，
先扣除「內外雜篇互引」之內篇，以外雜篇論之。經由「對照表」可知，憨
山下篇所引用之外雜篇篇目為：49〈讓王〉、51〈天地〉、52〈駢拇〉、53〈列
禦寇〉、54〈讓王〉、56〈天運〉、58〈馬蹄〉〈胠篋〉、59〈列禦寇〉。其中〈讓
王〉、〈列禦寇〉有重複引用之情況。

3. 綜合論述

　　既瞭解憨山《老子道德經解》上、下篇所引用外雜篇為註解之情況，那麼
綜合上、下篇之引用，可知憨山引用一次的篇章有：〈知北遊〉、〈外物〉、〈庚桑
楚〉、〈天地〉；引用兩次的篇章有：〈馬蹄〉〈胠篋〉、〈駢拇〉；引用三次的篇章
有：〈天運〉、〈列禦寇〉、〈讓王〉。故可知，憨山於《莊子》外雜篇二十六篇中，
真正引用作為老子之註疏者，只有十篇，而且多有重複引用之情況，此是否能
夠說明憨山仍然以內七篇為主註之？外雜篇只是憨山為詮釋而部分引用而已？

　　經由分析，憨山引用一次之篇章，其中找不出關連之處。引用兩次之篇
章，序號37與52兩筆資料皆以〈駢拇〉篇為其註，然其中亦不見相關之處。
然而，序號22與58兩筆資料，皆以〈馬蹄〉〈胠篋〉兩篇為其註，且憨山於
《老子道德經解》中註解序號22「見素抱樸，少思寡欲」時，以「若知老子
此中道理，只以莊子〈馬蹄〉、〈胠篋〉作註解，自是超足」為註；其註解序
號58「民之飢，以其上食稅之多……夫惟無以生為者，是賢於貴生」時，亦
以「……當熟讀莊子養生主，馬蹄胠篋諸篇，便是注解……」為註。故可知，
憨山理解序號22與58之老子原文為同一義，且以為〈馬蹄〉、〈胠篋〉二篇
皆為其註，視〈馬蹄〉、〈胠篋〉為同義。

　　再者，憨山引用三次之篇章，〈天運〉有兩次引用於上篇，一次於下篇，
三者之間不見關連。然〈列禦寇〉、〈讓王〉之引用卻稍有牽連。〈列禦寇〉引
用一次於上篇，兩次於下篇，上篇、下篇不見關連，然下篇兩次引用卻有所
關連。憨山引用〈列禦寇〉於下篇序號53與59，兩者皆引用〈列禦寇〉「賊
莫大乎德有心」之意，亦即憨山理解序號53「早復謂之重積德」與59「和大
怨，必有餘怨，安可以為善」為同一義，故皆取〈列禦寇〉「賊莫大乎德有心」

之意註之。而引用〈讓王〉亦爲同樣情況，上篇引用一次不見關連，下篇兩次引用即見關連。憨山引用〈讓王〉於下篇序號 49 與 54，皆取〈讓王〉「道之眞以治身，其緒餘以爲國家，其土苴以治天下」之意，故可知，憨山理解序號 49「修之於家，其德乃餘；修之於鄉，其德乃長；修之於國，其德乃豐；修之於天下，其德乃普」同於序號 54「重積德，則無不克；無不克，則莫知其極；莫知其極，可以有國」。由憨山引用三次外雜篇篇章的情況看來，憨山應有刻意分上、下篇之意，其引用外雜篇時，亦應有以「上篇」爲「道」，「下篇」爲「德」之體用關係。

　　憨山引用外雜篇十篇來註解莊子，顯然違背其以外篇蔓衍之說的立場。然而，據「對照表」六十筆資料可知，憨山以外雜篇註者，僅有十七筆（其中又包含三筆「內外雜篇互引」之情況），以此足見憨山仍然以內七篇爲主軸註疏老子。且外雜篇之引用，除上述少許有關連外，其餘大都找不出關連性，可見憨山在引用外雜篇時，並沒有一定的規則與系統，其或許只針對所熟悉之外雜篇文獻加以作註而已。

（二）內七篇爲主軸

　　既明白外雜篇並非憨山註疏之重點，那麼其以內七篇爲註疏主軸則不言而喻。然而，憨山在註疏之時，對於內七篇之引用是否有輕重緩急？亦即憨山在引用內七篇註解老子時，是否有刻意著重哪幾篇？其刻意著重之用意爲何？根據「對照表」可知，憨山解老與註莊之際，上、下篇引用〈逍遙遊〉，共計三筆；引用〈齊物論〉，共計十四筆；引用〈養生主〉，共計四筆；引用〈人間世〉，共計三筆；引用〈德充符〉，共計四筆；引用〈大宗師〉，共計十二筆；引用〈應帝王〉，共計九筆。故可知，憨山於解老與註莊之際，其引用內七篇爲老子註解之次第，吾人稱之爲「綜合次第」，〔註91〕此次第關係如下：

$$\text{〈齊物論〉} \to \text{〈大宗師〉} \to \text{〈應帝王〉} \to \begin{array}{c} \text{〈養生主〉} \\ \text{〈德充符〉} \end{array} \to \begin{array}{c} \text{〈逍遙遊〉} \\ \text{〈人間世〉} \end{array}$$

　　由以上次第可知，憨山解老與註莊之際，〈齊物論〉、〈大宗師〉、〈應帝王〉爲其主要引用爲註解之對象，而〈養生主〉、〈德充符〉、〈逍遙遊〉、〈人間世〉則爲其次要引用爲註解之對象。知悉此一次第之後，以下先分上、下篇，之

〔註91〕此次第乃綜合憨山於「上、下篇」，引用內七篇註疏次數之順序，故稱之爲「綜合次第」。

後，再綜合分析論述。

1. 上　篇

　　以上綜合上、下篇，得到憨山引用篇章之主要次第，以〈齊物論〉、〈大宗師〉、〈應帝王〉為主要之對象，〈養生主〉、〈德充符〉、〈逍遙遊〉、〈人間世〉為次要對象。那麼，若僅觀「上篇」，則可見憨山引用內七篇為註疏之次第為何？根據「對照表」可知，〈逍遙遊〉在上篇引用為註者，僅有序號 09 一筆；〈齊物論〉有序號 01、02、04、05、11、12、23、27、30、31、32、33、36 十三筆；〈養生主〉有序號 33、35 二筆；〈人間世〉有序號 07、15、34 三筆；〈德充符〉有序號 13、16、24、38 四筆；〈大宗師〉有序號 08、14、19、25、26、28 六筆；〈應帝王〉有序號 08、10、17、29 四筆。故可知，「上篇」在引用內七篇篇章為註解之次第，吾人稱之為「上篇次第」，〔註92〕此次第之關係如下：

　　〈齊物論〉→〈大宗師〉→　〈德充符〉　→〈人間世〉→〈養生主〉→〈逍遙遊〉
　　　　　　　　　　　　　　　〈應帝王〉

由以上次第可知，〈齊物論〉為「上篇」最重要之引用註疏。

2. 下　篇

　　既明白〈齊物論〉為「上篇」主要之引用註疏，那麼內七篇置於「下篇」之引用方式為何？其主要引用註疏是哪幾篇？根據「對照表」得出，〈逍遙遊〉於下篇引用為註有序號 45、47 二筆；〈齊物論〉僅有序號 60 一筆；〈養生主〉有序號 44、58 兩筆；〈人間世〉沒有引用；〈德充符〉沒有引用；〈大宗師〉有序號 39、40、41、43、46、55 六筆；〈應帝王〉有序號 42、47、48、50、55 五筆。由上可知，〈人間世〉、〈德充符〉沒有引用，故「下篇」引用之次第，吾人稱之為「下篇次第」，〔註93〕其關係如下：

　　〈大宗師〉　→　〈應帝王〉　→　〈逍遙遊〉　→　〈齊物論〉
　　　　　　　　　　　　　　　　　　〈養生主〉

是故，「下篇」主要之引用篇章為〈大宗師〉、〈應帝王〉。

〔註92〕此次第乃根據憨山於「上篇」，所引用內七篇註疏次數之順序，故稱之為「上篇次第」。

〔註93〕此次第乃根據憨山於「下篇」，所引用內七篇註疏次數之順序，故稱之為「下篇次第」。

3. 綜合論述

由以上三個次第，可以得出一個結論：〈齊物論〉主要爲「上篇」之引用註疏，〈大宗師〉、〈應帝王〉則爲「下篇」主要之引用註疏，此三篇正好是「綜合次第」中所言，綜合上、下篇引用次數最主要引爲註疏之對象。既然〈大宗師〉、〈應帝王〉爲下篇主要之引用註疏，而〈人間世〉、〈德充符〉又於下篇沒有引用，故可知，在上篇〈齊物論〉之後，次爲引用爲註疏者則爲〈人間世〉與〈德充符〉，至於〈逍遙遊〉與〈養生主〉則平均分配於上、下兩篇。

憨山將〈齊物論〉作爲「上篇」主要之引用註疏之對象，其用意爲何？〈大宗師〉、〈應帝王〉又爲何爲「下篇」主要註疏？此乃與憨山將《老子道德經解》分爲「上篇」、「下篇」有很大之關係，亦即憨山的確是根據「道篇」、「德篇」之方式去理解《老子道德經》。

根據「對照表」，憨山以〈齊物論〉爲主，去解老註莊之處，大都與形而上之「道」有關，且註疏之處大都爲老子形而上之理論。例如：序號01「無，名天地之始」、02「有，名萬物之母」、04「同謂之玄」、05「玄之又玄，眾妙之門」皆以〈齊物論〉爲其註。又序號 11「天地之間，其猶橐籥乎？虛而不屈，動而愈出。多言數窮，不如守中」、12「虛而不屈，動而愈出」，乃完全根據〈齊物論〉之理論而註解。又序號 23「俗人昭昭，我獨昏昏。俗人察察，我獨悶悶」、27「窈兮冥，其中有精。其精甚眞，其中有信」等亦根據〈齊物論〉而來。而下篇僅有序號 60「善者不辯，辯者不善」一筆而已。故吾人可知，憨山「上篇」幾乎以〈齊物論〉爲其註疏。至於〈德充符〉、〈人間世〉爲何只置於「上篇」，主要乃是因爲「下篇」爲「內聖外王」之道，亦即道之「用」，〈德充符〉、〈人間世〉能引用爲註之處，則「上篇」較多。

憨山「下篇」以〈大宗師〉、〈應帝王〉爲主要註疏之對象，主要乃因其以爲，〈大宗師〉爲「內聖之學」，〈應帝王〉爲「外王之用」，「內聖外王」之用則爲體用之學。故憨山將「下篇」，乃以「道」爲「用」之「德篇」，以〈大宗師〉、〈應帝王〉爲引用註疏之主軸。其所引用之處，亦多爲「內聖外王」之「用」。例如：序號 39「失道而後德，失德而後仁，失人而後義」、43「出生入死」、46「生而不有，爲而不恃，長而不宰」等皆以〈大宗師〉爲其註。而序號 42「清淨爲天下正」、50「我無爲而民自化，我好靜而民自正」等則以〈應帝王〉爲其註。由以上可知，憨山「下篇」解老、註莊之關係，乃在於呈顯，「下篇」爲「大宗師，應世而爲聖帝明王」之「用」之意義。

是故，憨山在引用內七篇註解老子時，乃是有先後次第以及整體根據的，而其解老與註莊之主要篇章，亦如以上論述，乃以〈齊物論〉、〈大宗師〉、〈應帝王〉爲主要註疏之篇章。至於「上篇」，形而上之理論部分，乃以〈齊物論〉爲註解；「下篇」，應世之部分，則以〈大宗師〉、〈應帝王〉爲註解。至於〈人間世〉、〈德充符〉則呈顯於「上篇」，〈逍遙遊〉、〈養生主〉則分別呈顯於「上、下篇」。

（三）內外篇整體論述

上兩小節，透過「對照表」得知，憨山引用外雜篇及內七篇之狀況與根據，而此節亦透過「對照表」，分析論述憨山解老與註莊之際，於意義上是否有矛盾之處？其引用內外篇時，是否有矛盾註解？以下先論述憨山以內七篇通篇爲老子作註之部分，之後再以解老註莊對照之方式，分析論述憨山註解上之缺失。

1. 通篇為老子註者

憨山於《莊子內七篇註》裡，明白指出〈齊物論〉、〈德充符〉通篇爲老子第五章、第八章之註解。根據「對照表」序號 11「天地之間，其猶橐籥乎？虛而不屈，動而愈出。多言數窮，不如守中」爲《老子》上篇第五章可知，憨山以〈齊物論〉通篇爲本章之註解，其於《莊子內七篇註》云：「老子云『天地之間，其猶橐籥乎？虛而不屈，動而愈出。多言數窮，不如守中。』此齊物分明是其注疏」；又「對照表」序號 12「虛而不屈，動而愈出」，亦爲《老子》上篇第五章，乃以〈齊物論〉爲其註解，故可知，憨山以〈齊物論〉通篇註解《老子》第五章。

而〈德充符〉部分，則見「對照表」序號 16「處眾人之所惡，故幾於道」爲《老子》上篇第八章，而憨山以〈德充符〉通篇註解此章，其《莊子內七篇註》云：「此篇立意，謂德充實於內者，必能遊於形骸之外，而不……蓋釋老子『處眾人之所惡，故幾於道』之意也」，故可知，憨山以〈德充符〉通篇註解《老子》「處眾人之所惡，故幾於道」句。以上兩篇乃憨山於註解之際，特以通篇爲老子之註者。

2. 老莊對照論

「對照表」包含了憨山《老子道德經解》與《莊子內七篇註》兩部分，由對照之際，可清楚看出憨山解老註莊時意義上之理解，以及其是否有矛盾之說。

以下分爲三點論述，第一點「老子章句同，莊子篇註亦同」者。第二點「老子章句同，莊子篇註不同」者。第三點「老子章句不同，莊子篇註同」者。至於「老子章句不同，莊子篇註不同」者，爲必然之理，故毋須分析論述。

（1）老子章句同莊子篇註亦同

此處所言「老子章句同，莊子篇註亦同」，所指乃《老子道德經解》中《老子》章節原文相同，而於《莊子內七篇註》中，亦以相同篇章註解之處。原本「老子章句同，莊子篇註亦同」，應爲必然之理，然憨山於註解之時，雖引相同之篇章，然卻不同句爲其註，故吾人將此部分引出，藉此釐清憨山理解上之意義。以下透過三筆資料分析論述。

第一筆：

根據「對照表」序號30、31、32，其皆爲《老子》上篇第二十五章：「人法地，地法天，天法道，道法自然」句，憨山亦皆以〈齊物論〉爲其註解，然卻分爲三個階段註之。序號30，憨山於《莊子內七篇註》云：

> 言聖人不由世人之是非，而獨照明於天然之大道，故是爲眞是，故曰亦因是也。此言聖人之因是，乃照破之眞是，不似世人以固執我見爲是，而妄以人爲非也，此即老子之「人法天」。（p.219）

此乃憨山解〈齊物論〉「是以聖人不由照之於天，亦因是也」句；而序號31，憨山於《莊子內七篇註》云：

> 此一節言聖人照破，則了無是非，自然合乎大道，應變無窮，而其妙處，皆由一以明耳。此欲人悟明，乃爲眞是也，則物論不待齊而自齊矣。此即老子之「天法道」。（p.222）

此乃憨山解〈齊物論〉「是亦彼也，彼亦是也。彼亦一是非，此亦一是非。果且有彼是乎哉？果且無彼是乎哉？彼是莫得其偶，謂之道樞，樞始得其環中，以應無窮。是亦一無窮，非亦一無窮也。故曰莫若以明」句；而序號 32，憨山於《莊子內七篇註》云：

> 謂至無往而不達，則了無是非，順物忘懷，則不知其所以然，謂之道。此老子「道法自然」。（p.226）

此乃憨山解〈齊物論〉「已而不知其然，謂之道」句。故可知，憨山雖以〈齊物論〉註解《老子》「人法地，地法天，天法道，道法自然」，然卻分爲「人法天」、「天法道」、「道法自然」三部分，而且所用以註解之句子皆不相同，其中亦忽略了「人法地」至「地法天」之部分。

第二筆：

「對照表」序號 40、41，皆為《老子》下篇第三十九章：「天得一以清」句。憨山註解此句以〈大宗師〉為註；然序號 40，《莊子內七篇註》釋〈大宗師〉「夫道」云：「故此下發揮大道之妙，以明萬物所係一化所待之義，皆從老子『天得一以清』等來」。而序號 41，《莊子內七篇註》釋〈大宗師〉「莫知其始，莫知其終」云：「故莫知其始終，此直從老子『天得一以清』一章中變化如許說話」。故可知，憨山理解〈大宗師〉「莫知其始，莫知其終」乃以「道」為意涵。

第三筆：

「對照表」序號 47、48，皆為《老子》下篇第五十一章：「生而不有，為而不恃，長而不宰」。憨山註解此句以〈應帝王〉為其註，序號 47，《莊子內七篇註》釋〈應帝王〉「立乎不測，而遊於無有者也」云：「不可測識。不測無有，通指大道之鄉也。此全是老子為而不長不宰之意」；而序號 48，《莊子內七篇註》釋〈應帝王〉「陽子居見老聃曰，有人……而遊於無有者也」云：「此一節，發揮明王之治，皆申明老子之意。以示所宗立言之本極，稱大宗師，應世而為聖帝明王，以行無為之化也」。

由序號 48 之註解，才能真正明白憨山註解《老子》「生而不有，為而不恃，長而不宰」之意。故可知，通過「老子章句同莊子篇註亦同」之方式，亦能更清楚瞭解憨山解老註莊之義理。

（2）老子章句同莊子篇註不同

此處所言「老子章句同，莊子篇註不同」，所指乃《老子道德經解》中《老子》章節原文相同，而於《莊子內七篇註》中，卻以不同篇章註解之處。此部分為憨山註解矛盾之處，必須透過「對照表」才能清楚呈現。以下透過五筆資料作一分析論述。

第一筆：

「對照表」序號 15、16，皆為《老子》上篇第八章：「處眾人之所惡，故幾於道」，而憨山卻分別以〈人間世〉、〈德充符〉兩篇註之。序號 15，《莊子內七篇註》釋〈人間世〉「支離疏者……又況支離其德者乎」云：「此言支離其形，足以全生而遠害，況釋智遺形者乎。此發揮老子『處眾人之所惡，故幾於道』之意。前以木之材不材以況，此以人喻，亦更切矣」；序號 16，《莊子內七篇註》釋〈德充符〉通篇云：「此篇立意，謂德充實於內者，必能遊於

形骸之外，而不……蓋釋老子『處衆人之所惡，故幾於道』之意也」。

由以上可知，老子「處衆人之所惡，故幾於道」之意，主要取自〈德充符〉篇，至於〈人間世〉則取「支離疏者」以下之部分而已。

第二筆：

「對照表」序號 23、24，皆爲《老子》上篇第二十章：「俗人昭昭，我獨昏昏。俗人察察，我獨悶悶」，而憨山卻分別以〈齊物論〉、〈德充符〉兩篇註之。序號 23，《莊子內七篇註》釋〈齊物論〉「是故滑疑之耀，聖人所圖也」云：「滑疑之耀者，乃韜晦和光，即老子昏昏悶悶之意」；序號 24，《莊子內七篇註》釋〈德充符〉「申屠嘉，兀者也。而與鄭子產，同師於伯昏無人」云：「此亦撰出其人名，蓋從老子衆人昭昭，我獨若昏，故以昏爲聖人之名」。

由以上可知，憨山並未點明所註解爲《老子》上篇第二十章，然透過其《莊子內七篇註》則可明白。

第三筆：

「對照表」序號 27、28，皆爲《老子》上篇第二十一章：「窈兮冥，其中有精。其精甚眞，其中有信」，憨山分別以〈齊物論〉、〈大宗師〉爲註疏。序號 27，《莊子內七篇註》釋〈齊物論〉「若有眞宰，而特不得其朕，可行已信，而不見其形」云：「但求之而不見其形容耳。此即老子云『杳杳冥冥，其中有精，其精甚眞，其中有信』之意」；序號 28，《莊子內七篇註》釋〈大宗師〉夫道「有情有信」云：「此言大道之體用也。齊物云，可形已信，有情無形，正指此也。此從老子『窈窈冥冥，其中有精，其精甚眞，其中有信』，此言有情，謂雖虛而有實體，不失其用曰信」。

透過以上可知，憨山將〈齊物論〉所言「眞宰」之狀況，比喻爲〈大宗師〉之「夫道」，故在憨山心中「眞宰」與「道」皆「窈兮冥，其中有精。其精甚眞，其中有信」之意。

第四筆：

「對照表」序號 37、38，皆爲《老子》上篇第三十三章：「自知者明」，憨山分別以〈駢拇〉、〈德充符〉爲註疏。序號 37，憨山《老子道德經解》云：「莊子云，所謂見見者，非謂見彼也，自見而已矣。所謂聞聞者，非謂聞彼也，自聞而已矣。所自見自聞，是所謂自知者明也」，此乃取自外雜篇〈駢拇〉之意；然序號 38，《莊子內七篇註》釋〈德充符〉「今子之所取大者先生也，而猶出言若是，不亦過乎」云：「此譏子產之不明也。蓋聞老子『自知者明』

之意。笑子產不自知也。意謂子產既遊聖人之門，而猶發言如此，足見無眞學問也」。

由以上推知，憨山註解有所矛盾。其於《莊子內七篇註》〈德充符〉篇引老子「自知者明」之意，而在《老子道德經解》上篇第三十三章「自知者明」中，卻引〈駢拇〉之意註之；其以外雜篇註解老子，卻又引老子解釋莊子，此部分明顯看出憨山註疏之矛盾。

第五筆：

「對照表」序號 46、47、48，皆爲《老子》下篇第五十一章：「生而不有，爲而不恃，長而不宰」，憨山以〈大宗師〉、〈應帝王〉釋之。序號 46，《莊子內七篇註》釋〈大宗師〉「虀萬物而不爲義，澤及萬世而不爲仁」云：「吾大宗師，則虀粉萬物而不以爲義，縱澤及萬世而不以爲仁，以大仁不仁，大義不義，即老子『生而不有，爲而不恃，長而不宰』之意」；序號 47，《莊子內七篇註》釋〈應帝王〉「立乎不測，而遊於無有者也」云：「不可測識。不測無有，通指大道之鄉也。此全是老子爲而不長不宰之意」；而序號 48，《莊子內七篇註》釋〈應帝王〉「陽子居見老聃曰，有人……而遊於無有者也」云：「此一節，發揮明王之治，皆申明老子之意。以示所宗立言之本極，稱大宗師，應世而爲聖帝明王，以行無爲之化也」。

其中序號 46、47 爲一組，46、48 爲一組，由序號 46、47 可知，憨山以〈大宗師〉爲主要註解；由序號 46、48 可知，憨山所言之大宗師，若應世則爲聖地明王，故〈大宗師〉、〈應帝王〉皆爲主要註解，此亦即憨山註解「下篇」之根據，亦即以〈大宗師〉、〈應帝王〉爲「內聖外王」之「用」之意涵。

（3）老子章句不同莊子篇註同

此處所言「老子章句不同，莊子篇註同」，所指乃《老子道德經解》中《老子》章節原文不同，而於《莊子內七篇註》中，卻以相同篇章註解之處。此部分僅一筆資料，以下透過此筆資料分析論述。

「對照表」序號 10，爲《老子》上篇第四章：「同其塵」，《老子道德經解》註云：「與俗混一而不分。正謂呼我以牛，以牛應之。呼我以馬，以馬應之」，此註解乃《莊子內七篇註》云：「此言泰氏超越有虞，虛懷以遊世。心閒而自得，且物我兼忘，人呼以爲牛，則以牛應之。人呼以爲馬，則以馬應之。未嘗堅執我見，與物俱化。其知則非……蓋已得大宗師之體而應用世間，特推緒餘以度世。故云未始入於非人。」之說；然憨山於序號 29，《老子》上篇第

二十三章：「德者，同於德；失者，同於失」句，以同樣之註疏。故可知，憨山理解《老子》「同其塵」乃同於「德者，同於德；失者，同於失」之意。

　　由以上分析論述可知，透過「對照表」，可清楚呈現憨山解老與註莊之準則及其矛盾之處，亦可清楚顯現憨山所以爲「老子與莊子」之關係。即使憨山於解老與註莊之際，仍有許多的矛盾與誤解，然而持平論之，其依然遵守「莊子爲老子之註疏」之基本立場。

　　據此，吳怡乃針對憨山以「莊子是老子的註疏」提出看法，其云：

　　　　其實莊子雖爲老子的後人，雖受老子的影響，但仍有他獨立的思想；而且他的創見，也遠比他得自老子的，更爲精彩。譬如在莊子書中，無論直接引證或間接採用老子思想的地方，都是在胠篋、在宥、達生、山墓、田子方、天道、知北遊、庚桑楚、天下等篇中，這些都屬於外篇及雜篇，顯然不是莊子思想的精華；而且所談的，多半涉及變道，也不是莊子思想的最高境界。〔註94〕

其又比較老莊云：

　　　　老子明理，由理以入道；莊子明心，從心以適道。

　　　　老子善守，守弱以致用；莊子善忘，寓忘以順化。

　　　　老子貴變，重時空之運用；莊子貴齊，渾時空於一體。

　　　　老子重聖治，猶未忘權變之機；莊子重神話，已入逍遙之境。〔註95〕

根據以上文獻，吳怡顯然將莊子的特殊性顯現出來，即使憨山以「莊爲老之註疏」爲基本立場，然不可否認，莊子必有不同於老子之特殊性。

　　憨山將老莊視爲同一系統，雖然有過於詮釋之疑，然而，在其《莊子內七篇註》中，以佛理註解莊子，並且透過佛教思想理解老莊之方式，必然有因此說而展現之特殊意義。

　　透過本章，吾人可清楚釐清憨山「註莊」之基本立場。下一章即針對憨山「註莊」之系統架構及其內容特色作一論述，由此凸顯憨山「註莊」之特殊性及其學術價值。

〔註94〕吳怡，《禪與老莊》，（臺北：三民書局股份有限公司，民國88年2月，九版），頁149。
〔註95〕吳怡，《禪與老莊》，（臺北：三民書局股份有限公司，民國88年2月，九版），頁149～150。

第四章　憨山德清註莊之系統架構及其
內容特色

　　上一章已說明憨山以莊子爲老子註疏之基本立場，並通過憨山《老子道德經解》與《莊子內七篇註》之對照，將此基本立場作一分析論述，此乃談論憨山「註莊」系統架構與內容特色之前所應釐清之處。蓋清楚憨山「註莊」之基本立場後，那麼，其「註莊」之系統架構與內容特色又當爲何？憨山「註莊」之中心思想是否以「唯心識觀」爲主軸，並以「楞嚴爲首、華嚴爲次」之方式註解？〔註1〕而此中心思想，是否直接、間接地影響其「註莊」之內容特色。

　　此章分爲三節，第一節談論憨山「註莊」之系統架構，以「楞嚴爲首、華嚴爲次」之說法爲討論中心，藉此闡明憨山用以「註莊」之佛學思想。第二節討論憨山「註莊」之次第脈絡，藉此收攝上一節憨山「註莊」之系統架構，並以《莊子內七篇註》爲主軸，論述憨山「註莊」有體有用、內聖外王之學。第三節談論憨山「註莊」之內容特色，以《莊子內七篇註》爲主軸論述，通過比較研究之方式，逼顯憨山「註莊」之特殊性及其學術價值。

第一節　憨山德清註莊之系統架構

　　第二章已對憨山「唯心識觀」之中心思想作一探討，並且藉由當代學者之研究，進一步釐清憨山在「註莊」系統下，如何以「唯心識觀」爲其中心思想。吾人亦根據〈觀老莊影響論〉與〈道德經解卷首〉，將「唯心識觀」之中心思想，重新定位於「楞嚴爲首、華嚴爲次」，並且說明此說法乃是將憨山

〔註 1〕關於「楞嚴爲首、華嚴爲次」之說法，請參見第二章第二節〈憨山德清註莊之中心思想〉之第三小節〈憨山德清「唯心識觀」之重新定位〉。

「唯心識觀」置於老莊系統下討論，若將「唯心識觀」置於憨山佛學思想上而言，則應溯源回「起信論眞常心理論」之系統下。〔註2〕

　　憨山《老子道德經解》乃以《楞嚴經》詮解老子爲主，且莊子爲老子之註疏，〔註3〕是以憨山「註莊」以「楞嚴爲首」之中心思想則不言而喻；至於以「華嚴爲次」之說法，則展現於憨山「心同跡異」之三教觀。吾人重新定位憨山「唯心識觀」──以「楞嚴爲首、華嚴爲次」之說，主要在於「楞嚴爲首」與「華嚴爲次」乃有一主從、次第之關係。「楞嚴爲首」直接詮解憨山《老子道德經解》，乃「直接」影響憨山「註莊」之系統架構；而「華嚴爲次」則展現憨山三教觀之思想，此爲憨山佛學之立場，故「間接」影響憨山「註莊」之系統架構，是故，以此作爲憨山「註莊」之中心思想。憨山以《楞嚴經》比附《老子道德經解》，又援用華嚴「平等法界觀」於三教思想中，則吾人即可透過憨山所理解之《楞嚴經》與老子之關係，以及「心同跡異」、「聖凡平等」等佛學思想，闡明憨山「註莊」之系統架構。此亦即憨山「註莊」以「唯心識觀」──「楞嚴爲首、華嚴爲次」之中心思想的展現。

　　以下分爲兩小節，第一小節論述憨山以「楞嚴爲首」之理論立場，並論述《老子道德經解》中主要之《楞嚴經》思想。第二小節論述憨山以「華嚴爲次」之理論立場，並提出憨山「心同跡異」、「聖凡平等」、「佛性不二」之說，藉此闡明憨山「註莊」以「楞嚴爲首、華嚴爲次」之中心思想。

一、以楞嚴爲首的《老子道德經解》

　　憨山於〈道德經解卷首〉「發明宗旨」〔註4〕中，即明白以《楞嚴經》思想比附老子，其將老子所宗之「虛無自然」喻爲《楞嚴經》之「八識空昧之體」，並以爲此識非「佛」不足以盡之；言下之意，乃是老子無法究竟，其所執之虛無自然爲妙道，乃「聲聞不知，則取之爲涅槃。西域外道梵志不知，則執之爲冥諦」。〔註5〕故憨山以爲，道家雖然能夠離形去智，境界高於儒家，

〔註2〕 請參見第二章第二節〈憨山德清註莊之中心思想〉之第二小節〈憨山德清「唯心識觀」之思想溯源〉。

〔註3〕 關於憨山以「莊子爲老子之註疏」等問題，請參見第三章〈憨山德清註莊之基本立場〉。

〔註4〕 〈道德經解卷首〉包括：「老子傳」、「發明宗旨」、「發明趣向」、「發明工夫」、「發明體用」、「發明歸趣」六部分。

〔註5〕 《老子道德經解》〈卷首〉，頁40。

然卻依然執著於虛無自然，並以此爲妙道，若能破此虛無自然之執，則能體證佛之大圓鏡智。其於〈觀老莊影響論〉「論宗趣」中，亦對道家所執之「虛無妙道」詳加詮解，其言：

> 老氏以虛無爲妙道，則曰：「谷神不死！」又曰：「死而不亡者，壽。」又曰：「生生者不生。」且其教以絕聖棄智忘形去欲爲行，以無爲爲宗極，斯比孔則又進，觀生機深脈，破前六識分別之執，伏前七識生滅之機，而認八識精明之體，即《楞嚴》所謂罔象虛無微細精想者，以爲妙道之源耳！故曰：「惚兮惚！其中有象，恍兮惚，其中有物。」以其此識乃全體無明，觀之不透。故曰：「杳杳冥冥，其中有精。」以其識體不思議熏不思議變。故曰：「玄之又玄。」而稱之曰：「妙道。」以天地萬物皆從此中變現。故曰：「天地之根，眾妙之門。」不知其所以然而然，故莊稱自然。〔註6〕

由上可知，憨山於〈觀老莊影響論〉與〈道德經解卷首〉中，即以《楞嚴經》爲主佛化道家，是故，憨山以「楞嚴爲首」作爲理解老子思想之方式。〔註7〕然而，關於憨山以《楞嚴經》比附老子之說，郭朋卻提出嚴厲之批評，其言：

> 以阿賴耶識論來準衡《老子》學說，硬給《老子》打上《唯識論》的標記，且以老子其人未能「一見吾佛」而得到「印決」深表惋惜。爲了以佛釋老、佛化《老子》，德清簡直是在生拉硬扯！〔註8〕

又言：

> 把《老子》一書中所講的道家思想，統統納入「最極幽深、微妙難測」的第「八識」中，「凡遇書中所稱眞常、玄妙、虛無、大道等語，皆以此印證之」，把《老子》思想，都給打上「唯識」（自然，這裡的所謂「唯識」，是被德清給《楞嚴》化了的「唯識」，而不是唯識宗的唯識）印記，這樣，《老子》思想就「自有歸趣」，否則，則無有「歸趣」。如此地佛化《老子》實在是強加於人。〔註9〕

〔註6〕〈觀老莊影響論〉，頁26～27。
〔註7〕請參見第二章第二節〈憨山德清註莊之中心思想〉之第三小節〈憨山德清「唯心識觀」之重新定位〉。
〔註8〕郭朋，《中國佛教思想史》下卷，（福建人民出版社，民國84年9月，初版第一次印刷），頁428。
〔註9〕郭朋，《中國佛教思想史》下卷，（福建人民出版社，民國84年9月，初版第一次印刷），頁428。

郭朋以「生拉硬扯」、「強加於人」等語批評憨山以《楞嚴經》比附老子之說，並且認為憨山之所以以《楞嚴經》比附老子，主要目的乃在於「佛化老子」。吾人以為，郭朋所言太過嚴厲，站在憨山「會歸於佛」之立場，以佛教經典詮釋老子，無可厚非，至於選擇以《楞嚴經》詮解，是否表示《楞嚴經》與老子思想上有相似之處？「《老子》本意和《楞嚴經》一致，即破除執著。破除執著之意，佛書更甚於《老子》。所以，二書可以互相發明。熟讀佛書，領會佛教破執之論，可以更深刻地體會老莊」，〔註10〕憨山認為佛家與道家主要之不同，乃在於佛家所破之執甚於道家，道家尚不究竟，故以《楞嚴經》比附之。其言：「觀老莊而知諸子未盡也，觀西方聖人而知老莊未盡也」，〔註11〕故以《楞嚴經》比附老莊之用心，顯而易見，郭朋以「生拉硬扯」、「強加於人」等語評判，則太過嚴苛。然而，無可諱言地如郭朋所言，憨山的確是站在「佛化道家」之立場「佛化老子」，並以《楞嚴經》詮解老子之思想；其主要目的並非註解老莊，乃是為了「佛化老莊」，是以老莊本義，已非其所重之。於此，李曦卻以為：

> 德清的《道德經解》是否比較客觀，比較符合老子哲學本義，要以他的《道德經解》本身的內容來斷定，不能以他的《觀老莊影響論》這篇文章和《道德經解發題》中的一些話作根據。即使他自覺地以《發題》中的話作為解釋《道德經》的指導思想，也不能以它為根據來下判斷。因為在具體解釋《道德經》的過程中是否貫徹了或是否完全貫徹了這個指導思想，還是問題。〔註12〕

李曦認為憨山的〈觀老莊影響論〉與〈道德經解發題〉乃力圖以佛教思想改造老子，至於《老子道德經解》乃本著求實之精神，對老子的解釋有其一定的客觀標準。李曦這種說法，的確為憨山解老提供了另一種新的視野，然而，憨山於《老子道德經解》中，是否如李曦所言，乃本著「求實」之精神，而非如實地「貫徹」〈觀老莊影響論〉與〈道德經解卷首〉所言之立場，並且以《楞嚴經》印證老子思想；李曦所提供的新視野，是否只在於凸顯憨山《老子道德經解》中「以老解老」之部分而已。

　　〈道德經解卷首〉乃憨山解老之卷首，亦即憨山《老子道德經解》之立

〔註10〕陳鼓應主編，《道家文化研究》第八輯〈憨山德清的以佛解老莊〉，（上海：上海古籍出版社，民國84年11月，初版），頁340。

〔註11〕《夢遊集》卷四十五〈憨山緒言〉，總2477。

〔註12〕李曦，〈釋德清《道德經解》評述〉，（五臺山研究第三期（總第十六期），民國77年），頁34～35。

場，其確實有以此指導原則註解老子，例如：憨山於《老子道德經解》中釋《老子》第十章「載營魄抱一，能無離乎？」〔註13〕爲「故動則乘魂，營營而亂想。靜則乘魄，昧昧而昏沈。是皆不能抱一也。故《楞嚴》曰，精神魂魄，遞相離合，是也。今抱一者，謂魂魄兩載，使合而不離也」〔註14〕釋《老子》第十四章「無物之象，是謂惚恍。」〔註15〕爲「此正《楞嚴》所謂罔象虛無，微細精想耳」。〔註16〕釋《老子》第二十一章「窈兮冥兮，其中有精；冥兮窈兮，其中有信」〔註17〕爲「其精甚眞，此正《楞嚴》所謂唯一精眞。精色不沈，發現幽祕，此則名爲識陰區宇也。學者應知。然此識體雖是無形，而於六根門頭，應用不失其時。故曰其中有信。」〔註18〕故吾人可知，憨山於《老子道德經解》中，乃多以《楞嚴經》思想註解，李曦以爲憨山《老子道德經解》是否如實「貫徹」此指導原則之說法，是有待商榷的。易言之，憨山於解老之際，「佛化道家」之立場則是不容置疑的。

　　而關於《老子道德經解》中有關《楞嚴》比附之部分，於上已例舉憨山釋《老子》第十、十四與二十一章爲例；以下即針對此三章，說明憨山《老子道德經解》中以「楞嚴爲首」之方式註解老子思想的展現。

　　憨山釋《老子》第十章「載營魄抱一，能無離乎？」〔註19〕爲「故動則乘魂，營營而亂想。靜則乘魄，昧昧而昏沈。是皆不能抱一也。故《楞嚴》曰，精神魂魄，遞相離合，是也。今抱一者，謂魂魄兩載，使合而不離也」〔註20〕。憨山此處所言「《楞嚴》曰，精神魂魄，遞相離合，是也」這段話之意，主要出

〔註13〕陳鼓應註譯，《老子今註今譯及評介》，（臺北：臺灣商務印書館股份有限公司，民國86年1月，二次修訂版第一次印刷），頁82。

〔註14〕《老子道德經解》〈上篇〉，頁61～62。

〔註15〕根據版本爲：陳鼓應註譯，《老子今註今譯及評介》，（臺北：臺灣商務印書館股份有限公司，民國86年1月，二次修訂版第一次印刷），頁101：「無物之象，是謂惚恍。」憨山《老子道德經解》原文爲「無象之象，是謂惚恍。」

〔註16〕《老子道德經解》〈上篇〉，頁67。

〔註17〕根據版本爲：陳鼓應註譯，《老子今註今譯及評介》，（臺北：臺灣商務印書館股份有限公司，民國86年1月，二次修訂版第一次印刷），頁133：「窈兮冥兮，其中有精；冥兮窈兮，其中有信。」憨山《老子道德經解》原文爲「窈兮冥，其中有精。其精甚眞，其中有信。」

〔註18〕《老子道德經解》〈上篇〉，頁77。

〔註19〕陳鼓應註譯，《老子今註今譯及評介》，（臺北：臺灣商務印書館股份有限公司，民國86年1月，二次修訂版第一次印刷），頁82。

〔註20〕《老子道德經解》〈上篇〉，頁61～62。

自《楞嚴經》卷九「精魂遞相離合」〔註21〕之意，其主要思想乃在闡明精神魂魄互相和合之作用，而憨山《楞嚴經通議》〔註22〕對此段話則議曰：

> 此色陰第三境界也，阿賴耶識，所執受四大之身，而在五臟各有所主，隨得其名，在肝曰魂、在肺曰魄、在脾曰意、在腎曰志、在心曰精神。今以觀照研窮，四大虛融，五臟亦化，魂魄無依，故離身涉入，互爲賓主也。由夙聞熏種子，因定激發，遂託神魂現說法聲也。此乃精魂遞相離合，非聖證也。〔註23〕

由憨山的《楞嚴經通議》可知，五藏各有所主，故隨得其名，而「心」則曰「精神」。《楞嚴經通議》所云「精魂」之「精」，指的應爲「精神」，亦爲「心」；至於「魂」則泛指五臟，乃指「形體」而言，精神與形體如何達到和合之境？憨山以《楞嚴經》「精魂遞相離合」之意，來詮解《老子》「載營魄抱一，能無離乎」這段話，用以類比「精魂」與「營魄」之關係，並以「今抱一者，謂魂魄兩載，使合而不離也」，強調「抱一」之重要性。因人有思慮妄想之心，故魂魄會相離，唯有「抱一」能讓魂與魄相合，則動而常靜，魄與魂相合，則靜而常動。而此所謂「抱一」即「抱道」之意，憨山《老子道德經解》亦云：「道若如此，常常抱一而不離，則動靜不異，寤寐一如」。〔註24〕

　　憨山釋《老子》第十四章「無物之象，是謂惚恍。」〔註25〕爲「此正《楞嚴》所謂罔象虛無，微細精想耳」。〔註26〕憨山此段所言「《楞嚴》所謂罔象虛無，微細精想耳」之意，乃出自《楞嚴經》卷十所言「則湛了內罔象虛無，第五顛倒細微精想」，〔註27〕此乃憨山將老子的「道」，喻爲識陰罔象虛無之

〔註21〕此句引自：《大佛頂如來密因修證了義諸菩薩萬行首楞嚴經》（CBETA, T19, no. 945, p. 147, c16~20）：「又以此心內外精研。其時魂魄意志精神。除執受身餘皆涉入。若爲賓主。忽於空中聞說法聲。或聞十方同敷密義。此名精魂遞相離合。成就善種暫得如是。非爲聖證不作聖心名善境界。若作聖解即受群邪」。

〔註22〕明・憨山大師《楞嚴經通議》全名爲《大佛頂如來密因修證了義諸菩薩萬行首楞嚴經通議》，爲求論述方便，以下皆簡稱爲《楞嚴經通議》。

〔註23〕明・憨山大師，《楞嚴經通議》下冊，（臺中：青蓮出版社，臺中市佛教蓮社恭印結緣，民國86年），頁827。

〔註24〕《老子道德經解》〈上篇〉，頁62。

〔註25〕根據版本爲：陳鼓應註譯，《老子今註今譯及評介》，（臺北：臺灣商務印書館股份有限公司，民國86年1月，二次修訂版第一次印刷），頁101：「無物之象，是謂惚恍。」憨山《老子道德經解》原文爲「無象之象，是謂惚恍。」

〔註26〕《老子道德經解》〈上篇〉，頁67。

〔註27〕此句引自：《大佛頂如來密因修證了義諸菩薩萬行首楞嚴經》（CBETA, T19, no.

體的表現，其於《楞嚴經通議》議曰：

> 此示識陰妄本也，識陰本非有也，元是眞精妙明心體，但受妄想熏習，蓋覆眞性，故名識耳。然此識體，元是眞精湛不搖處，在此身中，不出見聞覺知，皆識之用也，若此識體果實是眞，則不容習妄，以不受熏，乃可名眞……而其中有串習幾微生滅之相，於湛了內，似有若無，不能窮詰者，正是罔象虛無微細精想，以爲識陰之體，由是觀之，五陰皆以妄想爲體，妄想無體，則陰非有也。〔註28〕

故可知，憨山認爲此湛然不動之心境，並非眞心，而此不動之境界，亦會受到外物之熏習，而此湛然之境界，亦仍是虛無無象之境。憨山以此不究竟之境界，比喻老子之「道」，由此可知，老子之「道」在憨山心中，並非眞常不動之心，所以才會「罔象虛無」，似有似無。

又憨山釋《老子》第二十一章「窈兮冥兮，其中有精；冥兮窈兮，其中有信」〔註29〕爲「其精甚眞，此正《楞嚴》所謂唯一精眞。精色不沈，發現幽祕，此則名爲識陰區宇也。學者應知。然此識體雖是無形，而於六根門頭，應用不失其時。故曰其中有信。」〔註30〕其所言「《楞嚴》所謂唯一精眞」，乃出於《楞嚴經》卷十「虛受照應了罔陳習唯一精眞」，〔註31〕至於「精色不陳，發現幽祕，此則名爲識陰區宇也」，亦出自《楞嚴經》卷十「精色不沈發

945, p. 154, c23~29, p. 155, a1~3）：「又汝精明湛不搖處名恒常者。於身不出見聞覺知。若實精眞不容習妄。何因汝等曾於昔年睹一奇物。經歷年歲憶忘俱無。於後忽然覆睹前異。記憶宛然曾不遺失。則此精了湛不搖中。念念受熏有何籌算。阿難當知此湛非眞。如急流水望如恬靜。流急不見非是無流。若非想元寧受想習。非汝六根。互用合開此之妄想無時得滅。故汝現在見聞覺知中串習幾。則湛了內罔象虛無。第五顛倒細微精想」。

〔註28〕明・憨山大師，《楞嚴經通議》下冊，（臺中：青蓮出版社，臺中市佛教蓮社恭印結緣，民國86年），頁938～940。

〔註29〕根據版本爲：陳鼓應註譯，《老子今註今譯及評介》，（臺北：臺灣商務印書館股份有限公司，民國86年1月，二次修訂版第一次印刷），頁133：「窈兮冥兮，其中有精；冥兮窈兮，其中有信。」憨山《老子道德經解》原文爲「窈兮冥，其中有精。其精甚眞，其中有信。」

〔註30〕《老子道德經解》〈上篇〉，頁77。

〔註31〕此句引自：《大佛頂如來密因修證了義諸菩薩萬行首楞嚴經》（CBETA, T19, no. 945, p. 151, b29~c7）：「阿難彼善男子。修三摩提想陰盡者。是人平常夢想銷滅寤寐恒一。覺明虛靜猶如晴空。無復麤重前塵影事。觀諸世間大地河山如鏡鑑明。來無所粘過無蹤跡。虛受照應了罔陳習唯一精眞。生滅根元從此披露。見諸十方十二眾生。畢殫其類。雖未通其各命由緒。見同生基猶如野馬熠熠清擾。爲浮根塵究竟樞穴。此則名爲行陰區宇」。

現幽祕，此則名爲識陰區宇」。〔註32〕是以吾人可知，《老子》的「窈兮冥兮，其中有精」乃《楞嚴經》所謂的「唯一精眞」，而「識陰區宇」乃精色不沈，仍爲識陰所蔽，尙未顯現而言。憨山《楞嚴經通議》亦云：「故八識唯一精眞，而行陰微細生滅，亦披露矣」、〔註33〕「識精現前不昧，故云精色不沈，識體幽祕，今以觀力研窮，朗入觀境，故云發現，此則名爲識陰區宇，以但識陰顯現而未破，故云區宇」，〔註34〕由此可知，所謂「識陰區宇」仍有未破之意，故以「區宇」言之。憨山以此詮解老子之言，亦有老子未破我執之意。

　　以上之例，乃在於凸顯憨山於《老子道德經解》中，以《楞嚴經》詮解老子思想之處，其主要目的除了以佛典詮解老子思想外，更有提升佛之地位高於老子之意。況且，由《老子道德經解》中可窺知，憨山直接以《楞嚴經》詮解《老子》之處，顯然比其他佛教經典多，且莊子又爲老子之註疏，是以，吾人以「楞嚴爲首」作爲憨山「註莊」重新定位之中心思想，其中亦包含憨山融攝佛、道之用心。

二、以華嚴爲次的「平等法界觀」

　　憨山既以《楞嚴經》詮解《老子道德經解》，又以爲「莊子爲老子之註疏」，故其以「楞嚴爲首」之立場顯而易見。透過上一小節，吾人已得知憨山以「楞嚴爲首」之思想定位，那麼，憨山以「華嚴爲次」之平等法界觀之系統架構，又呈顯於何處呢？憨山於〈觀老莊影響論〉「論教乘」卷首即云：

　　　　或問：「三教聖人本來一理，是果然乎？」曰：「若以三界唯心，萬
　　　　法唯識而觀，不獨三教本來一理，無有一事一法，不從此心之所建
　　　　立；若以平等法界而觀，不獨三聖本來一體，無有一人一物，不是
　　　　昆盧遮那海印三昧威神所現。」故曰：不壞相而緣起，染淨恆殊，

〔註32〕此句引自：《大佛頂如來密因修證了義諸菩薩萬行首楞嚴經》（CBETA, T19, no.
　　　　945, p. 153, b4~11）：「阿難彼善男子。修三摩提行陰盡者。諸世間性幽清擾動。
　　　　同分生機倏然墮裂。沈細綱紐補特伽羅。酬業深脈感應懸絕。於涅槃天將大
　　　　明悟。如雞後鳴瞻顧東方已精色。六根虛靜無復馳逸。內外湛明入無所入。
　　　　深達十方十二種類受命元由。觀由執元諸類不召。於十方界已獲其同。精色
　　　　不沈發現幽祕。此則名爲識陰區宇」。

〔註33〕明・憨山大師，《楞嚴經通議》下冊，（臺中：青蓮出版社，臺中市佛教蓮社
　　　　恭印結緣，民國 86 年），頁 875。

〔註34〕明・憨山大師，《楞嚴經通議》下冊，（臺中：青蓮出版社，臺中市佛教蓮社
　　　　恭印結緣，民國 86 年），頁 908～909。

不捨緣而即眞聖凡平等，但所施設有圓融行布、人法權實之異耳。
〔註35〕

憨山此處即闡明，若以「三界唯心，萬法唯識」而觀，則無論三教、一事一法，皆由此「心」所建，而此「心」正是憨山所言之「一心」，亦即憨山「三界唯心，萬法唯識」之「唯心識觀」。若以「平等法界」而觀，則無論三聖、一人一物，皆由「昆盧遮那海印三味威神所現」。由此揭示憨山以「華嚴之平等法界觀」統攝三教之思想架構，而華嚴之平等法界又「間接」影響憨山「註莊」之思想意涵，故吾人以「華嚴爲次」之「次」字，凸顯「楞嚴爲首」之「首」字，並顯出兩者之差別相與次第關係。是故，此小節以憨山「以華嚴爲次的平等法界觀」論述之。

　　然而，憨山以「華嚴平等法界觀」統攝三教之思想，主要承自於何處？其華嚴思想提挈之作──《華嚴綱要》〔註36〕又承襲何者而來？此乃論述憨山「以華嚴爲次的平等法界觀」統攝三教之思想架構前所應釐清之處。憨山十九歲時，即自命其字爲「澄印」，〈年譜〉云：

　　是年冬，本寺禪堂建道場，請無極大師講華嚴玄談，予即從受具戒，隨聽講至十玄門，海印森羅常住處，恍然了悟，法界圓融無盡之旨，切慕清涼之爲人，因自命其字澄印。〔註37〕

故可知，憨山自命其字爲「澄印」，乃因仰慕清涼澄觀而來，且〈年譜〉又云：

　　予初因閱華嚴疏菩薩住處品云，東海有處名那羅延窟，從昔以來，諸菩薩眾於中止住，清涼疏云，梵語那羅延，此云堅牢，即東海之牢山也。禹貢青州登萊之境，今有窟存焉。予因慕之，遂特訪至牢山，果得其處。〔註38〕

由上可知，憨山不僅仰慕清涼澄觀，且對其《華嚴經疏》〔註39〕甚熟悉。又憨山之《華嚴綱要》總八十卷，其於每卷卷首皆有「于闐國三藏沙門實叉難陀譯經、清涼山大華嚴寺沙門澄觀疏義、明匡山法雲寺憨山沙門德清提挈」

〔註35〕〈觀老莊影響論〉，頁 11。
〔註36〕明・憨山大師《華嚴綱要》全名爲《大方廣佛華嚴經綱要》，爲求論述方便，以下皆簡稱爲《華嚴綱要》。
〔註37〕《夢遊集》卷五十三〈憨山老人自序年譜實錄上〉，總 2883。
〔註38〕《夢遊集》卷五十三〈憨山老人自序年譜實錄上〉，總 2920～2921。
〔註39〕唐・清涼澄觀《華嚴經疏》全名爲《大方廣佛華嚴經疏》，爲求論述方便，以下皆簡稱爲《華嚴經疏》。

之說明。故吾人可知，憨山《華嚴綱要》乃以清涼澄觀之疏義爲主，其中包含清涼澄觀之《華嚴經疏》與《華嚴經疏鈔》。〔註40〕觀衡於〈華嚴綱要序〉〔註41〕亦說明憨山作《華嚴綱要》之由，其云：

> 我憨山先師，乘法界大願，示生此際，痛惜時蔽，注意大經，遊心古疏，提綱挈要，斷義分文，不三年而全經大旨首尾昭然，……俾學者或因綱要以博疏鈔，又因疏以入經，因經以見性，使狹劣之習漸近而漸遠，廣大之境愈入而愈深。此綱要之所以而作也，是清涼大師，爲本經之勳臣，我憨山先師，又爲疏鈔之導師也。〔註42〕

觀衡之「此綱要之所以而作也……疏鈔之導師也」數語，正拈出憨山《華嚴綱要》主要以清涼澄觀《華嚴經疏鈔》爲主，至於清涼澄觀之《華嚴經疏》則爲《華嚴綱要》之輔。憨山〈年譜〉中亦有闡明《華嚴綱要》之所以承襲《華嚴經疏鈔》之緣由，〈年譜〉云：

> 予年七十四，春正月……每念華嚴一宗將失傳，清涼疏鈔，皆懼其繁廣，心智不及，故世多置之，但宗合論，因思清涼，乃此方撰述之祖，苟棄之則失其宗矣。志欲但明疏文，提契大旨，使觀者易了，題曰綱要，於關中批閱筆削始。〔註43〕

憨山因世人皆懼清涼澄觀《華嚴經疏鈔》過於繁廣，而以李通玄《華嚴經合論》爲宗，然其以爲清涼澄觀乃「撰述之祖，苟棄之則失其宗」，故爲發揚清涼澄觀之思想，而批閱筆削《華嚴經疏鈔》。故可知憨山之《華嚴綱要》主要承襲清涼澄觀之《華嚴經疏鈔》，又《華嚴綱要》乃憨山華嚴思想之代表作，是以憨山之華嚴思想，乃承自清涼澄觀。換言之，憨山華嚴之思想，乃受清涼澄觀之影響。《年譜疏》云：

> 微按譜中，五見清涼公案，究竟以華嚴綱要了之。又越三年壬戌，草就，而清涼……又本師是時方以刻香代漏，專心淨業爲宗，而清涼疏鈔，華嚴一宗，復得筆削綱要，垂示後來，是謂淨土唯心，萬

〔註40〕唐·清涼澄觀《華嚴經疏鈔》全名爲《大方廣佛華嚴經隨疏演義鈔》，爲求論述方便，以下皆簡稱爲《華嚴經疏鈔》。

〔註41〕明·觀衡〈華嚴綱要序〉全名爲〈大方廣佛華嚴經綱要序〉，爲求論述方便，以下皆簡稱爲〈華嚴綱要序〉。

〔註42〕《卍續藏》第十二冊〈華嚴綱要〉八十卷之內自一至十五卷，（臺北：新文豐出版股份有限公司，民國84年8月，臺一版三刷），頁0789。

〔註43〕《夢遊集》卷五十四〈憨山老人自序年譜實錄下〉，總2974～2975。

法歸一。〔註44〕

由福徵《年譜疏》中得知，憨山《華嚴綱要》傳承自《華嚴經疏鈔》之清楚脈絡，既明白憨山華嚴思想之傳承，那麼，憨山於《華嚴綱要》中云：

> 第五、此相現已下以說法合雨，於中初結前標後，所謂下別有十法者，一將成正覺，念相欲盡，聞斯法雨細念都忘，得見心性，等虛空界法界一相，始本無二，契同諸佛平等法身，故云說法界無差別。
> 〔註45〕

又云：

> 此「解脫門」名教化眾生令生善根，前但默授，此方言授已法界也，下顯解脫之業用；曰我以成就此解脫故，悟一切法自性平等。有三行經，顯先證平等法界之理體然依體起用，乃是稱法界無涯之大用。下示其用云，而恒示現無量色身；所謂種種色身等，略舉現一百種色身。有三十八行經，此意顯已證平等法界，則證三種意生身中之種類俱生無行作意生身。故結示云：現普賢菩薩像色身，以顯解脫門之大用無涯；亦由八地菩薩，證平等真如，當色自在地。〔註46〕

蓋可理解憨山對於「平等法界」之概念，且由以上之論述得知，憨山華嚴學乃承襲清涼澄觀而來，故其理解之「平等法界」亦應承襲清涼澄觀之《華嚴經疏》與《華嚴經疏鈔》。此外，清涼澄觀理解之「心佛眾生三無差別」，亦與憨山「心佛眾生本來平等」相呼應，而吾人以為憨山「以華嚴為次的平等法界觀」又顯著影響其「心同跡異之三教觀」以及「心佛眾生本來平等」之佛學思想。

　　是故，以下分為兩小節展開論述：其一為「心同跡異之三教觀」，闡明憨山心跡相忘、萬派朝宗之三教思想。其二為「心佛眾生本來平等」，闡明憨山聖凡平等、佛性不二之說。

（一）心同跡異之三教觀

　　憨山「以華嚴為次的平等法界觀」開展於「心同跡異之三教觀」，其於〈道

〔註44〕福善記錄、福徵述疏，《憨山大師年譜疏註》，（臺北：老古文化事業股份有限公司，民國87年4月，初版八刷），頁124。

〔註45〕《卍續藏》第十三冊〈華嚴綱要〉八十卷之內自十六至六十七卷，（臺北：新文豐出版股份有限公司，民國84年8月，臺一版三刷），頁0726。

〔註46〕《卍續藏》第十四冊〈華嚴綱要〉八十卷之內自六十八至八十卷，（臺北：新文豐出版股份有限公司，民國84年8月，臺一版三刷），頁0092。

德經解卷首〉「發明歸趣」末云:

> 是知三教聖人所同者心,所異者跡也。以跡求心,則如蠡測海;以
> 心融跡,則似芥含空。心跡相忘,則萬派朝宗,百川一味。〔註47〕

憨山以「心、跡」對舉之方式來理解三教,且以為三教聖人所同者乃「心」,
不同者乃「跡」。其對「跡」的理解,吾人由〈觀老莊影響論〉中提及「孔氏
之迹固然耳,其心豈盡然耶?」、〔註48〕「詆訾孔子,非詆孔子、詆學孔子之
迹者也。」〔註49〕與「然而佛訶二乘,非訶二乘,訶執二乘之迹者,欲其捨
小趣大也。」〔註50〕可瞭解,憨山「心同跡異」之「跡」與「迹」字同義,
指的乃形於外之事蹟表現。故憨山藉由「心」與「跡」之對照,顯現三教本
同一「體」,其所不同在於「用」也。此乃憨山以三教源流相同,欲將儒道會
歸於佛之主張,其以三教同「心」,異者為「跡」作為統攝三教之基礎。

此外,憨山對於老莊,亦有一套類似「心同跡異」之說法,其言:

> 從始至今,就中歡喜之心,不減平昔,且日益過之,所以彌感聖慈,
> 深荷佛力,此心又惟佛可知也。貧道常謂,古今異代,聖凡異路,然
> 雖出處不同,事行各別,亦各有其志,莫不因言宣志,即事見心;《易》
> 演於羑里,《騷》發於江濱,《道德》著於出關,《南華》作於遯世,
> 是雖性情殊途,而志則一致,舉皆心假言詮,志藉事表。〔註51〕

憨山以「雖性情殊途,而志則一致」數語,彰顯出《易經》、《離騷》、《道德
經》與《南華真經》之作,乃志相同而事蹟相異;「心」乃一致,展現於外之
「跡」卻不同。由此吾人可知,憨山乃以「心同跡異」之方式理解老莊,此
亦即憨山「心同跡異之三教觀」的理解進路。

憨山援用華嚴之「平等法界觀」,試圖以「心同跡異」之方式,進而詮解
三教之異同,其終極目標乃在於達到「心跡相忘,則萬派朝宗,百川一味」
之理想。「心同跡異」只是憨山詮釋三教事蹟不同之方式而已,其最終之理想
境界,在於消弭「心」、「跡」之對舉,並繼而達到「心跡相忘」之目的。而
此「心」與「跡」只是憨山詮釋三教相異之說法,其站在「三教合一」之立
場上,勢必以「心跡相忘」繼而「萬派朝宗」、「百川一味」為其終極目標,

〔註47〕《老子道德經解》〈卷首〉,頁 50。
〔註48〕〈觀老莊影響論〉,頁 14。
〔註49〕〈觀老莊影響論〉,頁 16。
〔註50〕〈觀老莊影響論〉,頁 31。
〔註51〕《夢遊集》卷十五〈與管東溟僉憲〉,總 0766～0767。

故此終極目標之背後，隱藏著憨山融攝儒道會歸於佛之用心。

（二）心佛眾生本來平等

　　憨山之「心佛眾生本來平等」之平等觀，乃由華嚴學之「平等法界」而來，其於〈觀老莊影響論〉「論宗趣」中，即顯出「佛性不二」之端倪，其云：

> 而看教者不審乎此，但云彼西域之人耳！此東土之人也！人有彼此，而佛性豈有二耶？且吾佛爲三界之師、四生之父，豈其說法，止爲彼方之人，而此十萬里外，則絕無分耶？然而一切眾生，皆依八識而有生死，堅固我執之情者，豈只彼方眾生有執，而此方眾生無之耶？〔註52〕

憨山此處以問句之方式，表達「人人皆有佛性」之說，並且以爲西域之人與東土之人皆具有佛性，而此乃「祖師未來以前，此土人皆無佛性耶？殊不知此意，人人本來具足，不欠絲毫，似衣底明珠，向自有之」。〔註53〕是以憨山以爲，所謂「佛性」乃人人具足，而此觀念，正由「平等法身」而來，憨山云：「故觀一切眾生，佛性種子，本來平等，以同具平等法身，故以佛性而觀眾生」。〔註54〕憨山以爲佛與眾生本來平等，其主張「心、佛、眾生，本來平等」云：

> 心、佛、眾生，本來平等，以眾生是佛心中之眾生，故佛度自心之眾生；若眾生相空，是爲度盡眾生，即成自心之佛。縱一心盡作眾生，乃眾生自作自心之眾生，而佛界不減；縱眾生界盡，只是消得各各眾生界，以心平等故，而佛亦不增。〔註55〕

既然「佛性之在人，如水在高原，有穿鑿者，無不得之」，〔註56〕又「心、佛、眾生，本來平等」，那麼佛與眾生之差別相又在哪裡呢？憨山云：

> 凡夫賢聖人，平等無高下，唯在心垢減，取證如反掌，繇是觀之：眾生與佛本來無二，所謂心、佛與眾生，是三無差別，但心淨即佛，心垢即眾生。生佛之辨不遠，只在心垢減與不減耳！以此心本來清淨，但以貪、瞋、癡、慢、五欲、煩惱、種種業幻，垢濁障蔽，故名眾生；此垢若淨，即名爲佛，豈假他力哉？〔註57〕

〔註52〕〈觀老莊影響論〉，頁28。
〔註53〕《夢遊集》卷十五〈荅許鑑湖錦衣〉，總0752。
〔註54〕《夢遊集》卷十一〈荅大潔六問〉，總0555。
〔註55〕《夢遊集》卷十一〈西堂廣智請益教乘六疑〉，總0552～0553。
〔註56〕《夢遊集》卷七〈示王聖沖元深二生〉，總0366。
〔註57〕《夢遊集》卷五〈示劉存赤〉，總0227。

由上可知，憨山區分佛與眾生之差別，乃在於「垢」與「淨」。此乃眾生只以「妄想」為心，卻不知本有佛性，故以「垢」稱之，且「法有千差，源無二致，然以佛性而觀眾生，則無一生而不可度，以自心而觀佛性，則無一人而不可修」。〔註58〕憨山強調「佛性」本有，只因眾生「自迷」而不自知，故無法到達佛之境界，然本質上之「佛性」乃平等相同，此亦即「心、佛、眾生，本來平等」之說。

憨山「心、佛、眾生，本來平等」之「佛性不二」，亦彰顯於其「聖凡平等」、「人皆可以為堯舜」之主張。憨山以為「當下了知一切聖凡，本來無二無別」，〔註59〕而「聖凡」之所以有所差別，乃在於「迷」、「悟」之不同，其云：「斯則聖凡知見無二，而有迷悟不同者，過在立不立耳！」〔註60〕憨山區分聖凡之方式，與其以「垢」、「淨」區別佛與眾生同為對舉之方式，「聖、凡」、「佛、眾生」其「佛性」皆一致，不同者乃在「聖」為「悟」者，佛為「淨」；「凡」為「迷」者、「眾生」為「垢」耳！而對於「人皆可以為堯舜」之主張，亦順著「聖凡平等」、「佛性不二」之思考脈絡而來，憨山云：

> 佛言：「蠢動含靈，皆有佛性」，傳曰：「人可以為堯舜」。由是而知靈覺之性，物之本也，人莫不具。竊觀古今生人，豪傑不少，而聖賢不概見者，何哉？蓋以習染之偏，隨情逐逐而不返也。〔註61〕

又云：

> 所謂堯舜與人同耳。同者，性也；不同者，妄也。又曰：人皆可以為堯舜，其可為者，性也；不可為者，習也。人之所習，苟捨污下而就高明，則日遠所習而近於性，是可為堯舜者，亦此習耳！〔註62〕

憨山順著「佛性不二」、「聖凡平等」對舉之思考脈絡，對於「人皆可為堯舜」亦有一套「性」與「習」之對照方式。「堯舜」與「聖人」同為「先覺」者，此亦即「佛性之覺」，若能覺此性，則人人皆可以作佛，其云：

> 吾人能見此性，即名為「佛」，且佛非西方聖人之稱，即吾人自性之真。而堯舜禹湯，蓋天民之先覺者，斯則天民有待而能覺，聖人生之而先覺，此覺豈非佛性之覺耶？孟子所謂堯舜與人同耳，所同者

〔註58〕《夢遊集》卷二〈示優婆塞結念佛社〉，總0108。
〔註59〕《夢遊集》卷三〈示懷愚修堂主〉，總0166。
〔註60〕《夢遊集》卷四〈示慧侍者〉，總0180。
〔註61〕《夢遊集》卷六〈示袁公寮〉，總0284～0285。
〔註62〕《夢遊集》卷五〈示李福淨〉，總0248。

此也。能覺此性，則人皆可以爲堯舜，人既皆可以爲堯舜，則人人
皆可以作佛明矣！〔註63〕

透過以上論述，憨山乃是以下列之方式，理解「心同跡異之三教觀」及「心
佛眾生本來平等」之佛學思想架構：

1. 三教觀——「心同跡異」：「心」←→「跡」。
2. 聖、凡——「聖凡之別」：「悟」←→「迷」。
3. 佛、眾生——「差別相」：「淨」←→「垢」。
4. 堯舜、人——「差別相」：「性」←→「習」（情）。

由上可知，憨山乃以對比之方式理解「心同跡異之三教觀」與「心佛眾生本
來平等」之思想架構，而其以對舉方式理解之背後，仍以「歸於佛」爲最終
目標。其言：「世人拘拘一曲之見，未遇眞人之教，而束於俗學，以耳食爲至，
當無怪乎茫然而不知歸宿矣」，〔註64〕而此眞人之教，正是「自心作佛，不假
外求」之佛教。是故，憨山以此對舉之方式，不僅凸顯了「聖與凡」、「佛與
眾生」、「堯舜與人」之差別相，其更欲以「自心是佛」之主張，普渡眾生融
攝俗學，消弭其間差異而會歸於「佛」。

第二節　憨山德清註莊之次第脈絡

憨山「註莊」有一明顯之次第脈絡，而此次第脈絡建立於憨山《莊子內
七篇註》〈大宗師〉中，其乃順著「有體有用」及「內聖外王」之脈絡而成的
次第。憨山於佛學思想中，對於「體、相、用」亦有一套說解，其云：

此標列義門，以顯大乘得名，爲下正義之張本也。……以有三大義，
故得大名。以有二運轉義，故得乘名。此之名義，蓋因眞妄二法和
合而有。故云依眾生心顯示摩訶衍義也。若言其「體」，則唯一眞如、
平等不二、不增不減，故但言「體」。今依如來藏隨染淨緣。以隨淨
緣，則具無量自性功德，則成出世間因果；以隨染緣，則變自性功
德而爲恆沙煩惱，則成世間因果，故「相」、「用」方顯。〔註65〕

蓋明白憨山對於「體、相、用」之理解，那麼，其於三教思想下，又如何「發

〔註63〕《夢遊集》卷四〈示容玉居士〉，總0170～0171。
〔註64〕《夢遊集》卷四〈示容玉居士〉，總0171。
〔註65〕明·憨山大師，《大乘起信論直解》，（臺北市：臺灣印經處，民國47年10月，
　　　　初版），頁14～15。

明體用」？其於〈道德經解卷首〉「發明體用」中云：

> 或曰：三教聖人教人，俱要先破我執，是則無我之體同矣！奈何其
> 用，有經世、忘世、出世之不同耶？答曰：體用皆同，但有深淺小
> 大之不同耳！假若孔子果有我，是但爲一己之私，何以經世；佛老
> 果絕世，是爲自度，又何以利生。是知由無我方能經世，由利生方
> 見無我，其實一也。若孔子曰，寂然不動，感而遂通天下之故，用
> 也；明則誠，體也；誠則形，用也；心正意誠，體也；身修家齊國
> 治天下平，用也。老子無名，體也；無爲而爲，用也。〔註66〕

由上可知，憨山以「體用皆同，但有深淺小大之不同」數語，解釋了三教聖
人「經世」、「忘世」、「出世」之不同。而此之不同，乃在於「三聖無我之體、
利生之用，皆同。但用處大小不同耳」，〔註67〕憨山此句「用處大小不同耳」
正拈出三教聖人「深淺小大」之不同處。即使如此，憨山仍以三教聖人「體
用皆同」之方式，融攝三教，並且企圖泯除「儒家經世」、「道家忘世」、「佛
家出世」之差別相，其云：

> 孔子曰，惟天惟大，唯堯則之，蕩蕩乎民無能名焉。又曰，無爲而
> 治者，其舜也歟？且經世以堯舜爲祖，此豈有名有爲者耶……此所
> 以由無我而經世也。老子則曰，常善教人，故無棄人。無棄人，則
> 人皆可以爲堯舜。是由無我方能利生也。若夫一書所言爲而不宰，
> 功成不居等語。皆以無爲爲經世之大用，又何嘗忘世哉？至若佛，
> 則體包虛空、用周沙界，隨類現身。乃曰，我於一切眾生身中成等
> 正覺；又曰，度盡眾生，方成佛道。〔註68〕

以上不僅揭示，憨山所理解之三教已非儒、釋、道之本義，更凸顯憨山欲融
攝三教之根本思想。其三教「體用皆同」、「用處不同」之思想，正與憨山「以
華嚴爲次的平等法界觀」所開展之「心同跡異之三教觀」屬相同之理路，然
兩者之相異相，乃在於憨山以「三聖無我之體、利生之用，皆同」、「但用處
大小不同耳」之方式對舉。

　既瞭解憨山所理解之三教聖人「體用皆同」，那麼，其又如何將「體用」
之學，運用於「解老」與「註莊」之系統中呢？憨山將老子之「道」以「體

〔註66〕《老子道德經解》〈卷首〉，頁46。
〔註67〕《老子道德經解》〈卷首〉，頁47～48。
〔註68〕《老子道德經解》〈卷首〉，頁46～47。

用」之方式展現，其註解《老子道德經解》首章即云：

> 此章總言道之體用，及入道工夫也。……所言道，乃眞常之道。可
> 道之道，猶言也。意謂眞常之道，本無相無名，不可言說。凡可言
> 者，則非眞常之道矣，故非常道。且道本無名，今既強名曰道，是
> 則凡可名者，皆假名耳，故非常名。此二句，言道之體也。〔註69〕

憨山以「眞常之道」爲「道」，其乃無相無名、不可言說，亦即憨山以「道，
可道，非常道。名，可名，非常名」爲「道之體」。至於「道之用」則展現於
「萬物之母」之「作用」，亦即：

> 然無相無名之道，其體至虛，天地皆從此中變化而出，故爲天地之
> 始。斯則無相無名之道體，全成有相有名之天地，而萬物盡從天地
> 陰陽造化而生成。此所謂一生二，二生三，三生萬物，故爲萬物之
> 母。此二句，道之用也。〔註70〕

是以，憨山以「無，名天地之始。有，名萬物之母」爲「道之用」，而此「用」
正是「萬物之母」生成萬物之「作用」。而此「體用」關係，憨山亦運用於「道
德之辨」上，其以「道」爲萬物之原，而「德」爲成物之功；其中「以道爲
體」、「以德爲用」，其言：「道爲體而德爲用。故道尊無名，德重無爲。故道
言有無，而德言上下。此道德之辨也」。〔註71〕故可知，憨山以「生」爲「體」、
以「成」爲「用」，兩者乃不同之概念。是以，吾人得以進一步證成，憨山將
「體用」之學運用於「解老」與「註莊」之系統內，乃「體用不同」之脈絡，
此「體用」雖不相同，兩者卻有「有體有用」、「體用兩全」、「用不離體」相
輔相成之關係。其云：

> 是知「道」爲「體」，而「物」爲「用」。故「道」爲母，「物」爲子。
> 人若但知「道體虛無」，而不知「物從此生」，是知母而不知子，則
> 淪於斷滅。若但知「物」而不知「道」，是殉「物」而忘「道」，則
> 失其性眞。所以既知其母，亦復要知其子，所謂「有體有用」也。
> 既知「物」從「道」生，則不事於「物」。故曰既知其子，復守其母。
> 所謂「用不離體」也。「體用兩全」，動靜不二，故沒身不殆。〔註72〕

〔註69〕《老子道德經解》〈上篇〉，頁51。
〔註70〕《老子道德經解》〈上篇〉，頁51。
〔註71〕《老子道德經解》〈下篇〉，頁97～98。
〔註72〕《老子道德經解》〈下篇〉，頁113。

憨山於此，即明白表示「體」、「用」兩者，雖於「生」、「成」方面各所不同，此亦即「體用不同」之概念，然兩者之間，卻又存在著「有體有用」、「體用兩全」、「用不離體」之關係。

綜合以上論述，憨山之三教聖人「體用皆同」，所強調的乃是三教聖人體用之「相同相」，並藉此融攝三教，其中「相異相」只在於「用處大小不同耳」。然憨山以「體用」之學，運用於道家思想上，則非如此。在憨山「解老」與「註莊」的脈絡下，其主要展現的乃是「體用不同」之「相異相」，亦即以「道」爲「體」、以「物」爲「用」之不同概念。憨山所要凸顯之「體用」關係，乃在於「有體有用」、「體用兩全」、「用不離體」之主張，其於《莊子內七篇註》〈大宗師〉中，亦明白表示莊子「乃有體有用之學，非空言也」。〔註73〕憨山此種以「體用」不同，詮解道家之方式，乃與其「以華嚴爲次的平等法界觀」所開展之「心同跡異之三教觀」的對舉方式相同。其中憨山亦以「有體有用」、「體用兩全」、「用不離體」之關係，收攝以「道」爲「體」、以「物」爲「用」之「體用」不同之學。

透過上述，吾人既明白憨山「解老」與「註莊」系統下之「體用」關係，那麼其於《莊子內七篇註》〈大宗師〉中所揭露之相因次第，亦可藉由憨山所理解的莊子爲「有體有用」、「內聖外王」之學，進而彰顯其「註莊」之脈絡。

是故，以下分爲兩小節，第一小節敘述憨山「《莊子內七篇註》之相因次第」；第二小節敘述憨山「《莊子內七篇註》之內聖外王」，並由此兩小節收攝憨山「註莊」之次第脈絡。

一、《莊子內七篇註》之相因次第

憨山《莊子內七篇註》〈大宗師〉篇，已明顯將「體用」之學運用於「註莊」之系統中，且由其「註莊」的過程中，開展出一套內七篇之「相因次第」，以及「有體有用」、「內聖外王」之學問。其云：

> 莊子著書，自謂『言有宗，事有君』。蓋言有所主，非漫談也。其篇分內外者，以其所學，乃內聖外王之道。謂得此大道於心，則內爲聖人，迫不得已而應世，則外爲帝、爲王，乃「有體有用」之學，非空言也。〔註74〕

〔註73〕《莊子內七篇註》〈大宗師〉，頁369。
〔註74〕《莊子內七篇註》〈大宗師〉，頁369。

由此即可明白，憨山之「體用」關係，運用於「註莊」系統內，乃將「內聖外王」與「有體有用」相類比，以「內聖」爲「體」，「外王」爲「用」。憨山所理解之「體用」關係，已由原先佛學思想中的「體、相、用」之理解，進一步開展運用於「註莊」系統內，並且成其爲「有體有用」、「內聖外王」之學。

憨山《莊子內七篇註》之相因次第，引述如下：

表 4-1 憨山《莊子內七篇註》之相因次第

篇　名	相　　因　　次　　第
〈逍遙遊〉	乃明全體之聖人，所謂大而化之之謂聖，乃一書之宗本、立言之主意也。〔註75〕
〈齊物論〉	蓋言舉世古今之人，未明大道之原，各以己見爲是，故互相是非；首以儒墨相排，皆未悟大道，特以所師一偏之曲學以爲必是，固執而不化，皆迷其真宰，而妄執我見爲是，故古今舉世未有大覺之人，卒莫能正之，此悲世之迷而不解，皆執我見之過也。〔註76〕
〈養生主〉	謂世人迷卻真宰，妄執血肉之軀爲我，人人只知爲一己之謀，所求功名利祿以養其形，戕賊其真宰而不悟，此舉世古今之迷，皆不知所養耳！若能養其生之主，則超然脫其物欲之害，乃可不虛生矣。果能知養生之主，則天真可復，道體可全，此得聖人之體也。〔註77〕
〈人間世〉	乃涉世之學問，謂世事不可以有心要爲，不是輕易可涉，若有心要名干譽，恃才妄作，未有不傷生戕性者；若顏子葉公，皆不安命，不自知而強行者也。必若聖人忘己虛心以遊世，迫不得已而應，乃免患耳！其涉世之難，委曲畢見，能涉世無患，乃聖人之大用也。〔註78〕
〈德充符〉	以明聖人忘形釋智，體用兩全，無心於世而與道遊，乃德充之符也。〔註79〕
〈大宗師〉	總上六義，道全德備，渾然大化，忘己、忘功、忘名，其所以稱至人、神人、聖人者，必若此乃可爲萬世之所宗而師之者，故稱之曰大宗師，是爲全體之大聖，意謂內聖之學，必至此爲極則，所謂得其體也。〔註80〕
〈應帝王〉	若迫不得已而應世，則可爲聖帝明王矣！故次以應帝王，以終內篇之意；至若外篇，皆蔓衍發揮內篇之意耳。〔註81〕

〔註75〕《莊子內七篇註》〈大宗師〉，頁369～370。
〔註76〕《莊子內七篇註》〈大宗師〉，頁370。
〔註77〕《莊子內七篇註》〈大宗師〉，頁370～371。
〔註78〕《莊子內七篇註》〈大宗師〉，頁371～372。
〔註79〕《莊子內七篇註》〈大宗師〉，頁372。
〔註80〕《莊子內七篇註》〈大宗師〉，頁372。
〔註81〕《莊子內七篇註》〈大宗師〉，頁372～373。

由上可清楚呈現，憨山《莊子內七篇註》之相因次第，及其「註莊」「有體有用」、「內聖外王」之學的展現！

二、《莊子內七篇註》之內聖外王

既明白憨山《莊子內七篇註》之相因次第，那麼，憨山對於《莊子內七篇註》之理解爲何？其又如何將「有體有用」、「內聖外王」之學運用於其中？陳榮波根據憨山《莊子內七篇註》之「相因次第」，提出一套理解憨山《莊子內七篇註》「相因次第」底下「有體有用」與「內聖外王」之學的主張，其云：

> 大師認爲內七篇爲莊子三十三篇之骨幹，並以內聖外王之道爲中心而開展出來的一套相因次第：（一）立言之本〈逍遙遊〉→（二）立言之旨〈齊物論〉→（三）入道之功夫〈養生主〉→（四）處世之道〈人間世〉→（五）學道之成效〈德充符〉→（六）得道之人〈大宗師〉→（七）化道之終極〈應帝王〉，構成一幅內聖外王修道，成道、化道之完美圖像。〔註82〕

陳榮波根據憨山《莊子內七篇註》之「相因次第」，清楚的呈現憨山「內聖外王」之架構，並且以「（一）、聖人→（二）、道→（三）、聖人與道關係→（四）、聖人之涉世→（五）、聖人體用兩全→（六）、全體之內聖→（七）、全用之外王」〔註83〕之次第，融攝憨山「註莊」「相因次第」底下，「有體有用」、「內聖外王」之思想。

陳榮波理解憨山《莊子內七篇註》「相因次第」底下，「有體有用」、「內聖外王」之學的主張，乃合理恰當且具有高見。而師承陳榮波的陳松柏，亦根據憨山《莊子內七篇註》之引文，並且承其師之思想，進一步解釋憨山「註莊」之次第關係。陳榮波、陳松柏兩位學者之理解，可清楚呈現憨山「註莊」「相因次第」底下，「有體有用」、「內聖外王」之理解，以下經由整理，以表格之方式表現。

〔註82〕陳榮波，《哲學、語言與管理》，（桃園：逸龍出版社，民國81年2月，初版），頁66。

〔註83〕陳榮波，《哲學、語言與管理》，（桃園：逸龍出版社，民國81年2月，初版），頁72。

表4-2 憨山《莊子內七篇註》之內聖外王

序號〔註84〕	相因次第〔註85〕	陳榮波之理解〔註86〕			陳松柏之理解〔註87〕
		一〔註88〕	二〔註89〕	三〔註90〕	
1	〈逍遙遊〉	立言之本	聖人	顯現全體之聖人，也是修道的理想境界。	就「立言之本」言，〈逍遙遊〉乃是在於「明全體之聖人，所謂大而化之之謂聖」，以聖人能夠破除分別我障，無待於功名人我，故能自在逍遙。即此便是「一書之宗本，立言之主意也」。

〔註84〕依憨山註莊之相因次第，列序號表示，內七篇次第由序號 1 至序號 7 止；陳榮波、陳松柏兩位學者，內七篇之次第與憨山相同。

〔註85〕「相因次第」：指的乃是「憨山《莊子內七篇註》之相因次第」；內容請參見本章「表 4-1 憨山《莊子內七篇註》之相因次第」，為求簡便，只列出次第之篇名，內容則不贅述。

〔註86〕陳榮波之理解：指的乃是陳榮波根據憨山《莊子內七篇註》之「相因次第」，所理解出有關憨山「有體有用」、「內聖外王」之學的主張。

〔註87〕陳松柏之理解：指的乃是陳松柏根據憨山《莊子內七篇註》「相因次第」之引文，以及師承其師陳榮波思想之主張。

「陳松柏之理解」以下引文皆引自：陳松柏，《憨山禪學之研究——以自性為中心》，（東海大學哲學研究所博士論文，民國 85 年 12 月），頁 130～131。為求簡便，以下不再作註。

〔註88〕一：乃根據陳榮波所理解之憨山「以內聖外王之道為中心而開展出來的一套相因次第」而來；陳榮波原本次第名稱為：

（一）立言之本〈逍遙遊〉→（二）立言之旨〈齊物論〉→（三）入道之功夫〈養生主〉→（四）處世之道〈人間世〉→（五）學道之成效〈德充符〉→（六）得道之人〈大宗師〉→（七）化道之終極〈應帝王〉。為求簡便，以下皆省略篇名。

以下引文皆引自：陳榮波，《哲學、語言與管理》，（桃園：逸龍出版社，民國 81 年 2 月，初版），頁 66。為求簡便，以下不再作註。

〔註89〕二：乃根據陳榮波所理解之憨山「以內聖外王之道為中心而開展出來的一套相因次第」之敘述而得來的七個要點。

以下引文皆引自：陳榮波，《哲學、語言與管理》，（桃園：逸龍出版社，民國 81 年 2 月，初版），頁 72。為求簡便，以下不再作註。

〔註90〕三：乃陳榮波融攝「一」、「二」而成之主張。

以下引文皆引自：陳榮波，《哲學、語言與管理》，（桃園：逸龍出版社，民國 81 年 2 月，初版），頁 72。為求簡便，以下不再作註。

2	〈齊物論〉	立言之旨	道	闡述聖人所修的對象是「道」，道的本體是齊「物論」，絕待平等，由破「我執」做起，消除是非之爭，以便達到「與天地並生，而與萬物爲一」之境界。	就「大道之原」言，〈齊物論〉是在於破斥因爲「迷其眞宰而妄執我見爲是」所延伸出來的種種名言是非的紛爭。而所謂「大道之原」，即是眞常自性，〈齊物論〉之絕待絕言，就是要呼應「大道之原」。
3	〈養生主〉	入道功夫〔註91〕	聖人與道關係	闡述「聖人」如何去試「道」之方（依天理而行）。	就「養生之主」言，〈養生主〉強調血肉形軀之我並非「眞宰」，盲目投入的結果，將會「戕賊其眞宰」、徒增「物欲之害」。其所謂「眞宰」，是眞常自性；從眞常心入道，才是得「養生之主」眞諦。
4	〈人間世〉	處世之道	聖人涉世〔註92〕	講到「聖人」眞正用「道」來涉世，虛應順化。	就「涉世學問」言，〈人間世〉主題在於挺顯聖人「涉世無患」的大用。而涉足世間之所以能無患，則全賴「忘己虛心以遊世，迫不得已而應」的智慧。
5	〈德充符〉	學道成效〔註93〕	聖人體用兩全	表明聖人體用不二之功能。	就「體用兩全」言，〈德充符〉是在於彰顯眞常自性之「體」的效驗。只要能「忘形釋智」、實證眞常性「體」，則因體起用的生命必是和諧而超越的，所謂「無心於世而與道遊」者是。

〔註91〕 「入道功夫」：陳榮波原文爲「入道之功夫〈養生主〉」，簡稱爲「入道功夫」。
〔註92〕 「聖人涉世」：陳榮波原文爲「聖人之涉世」，簡稱爲「聖人涉世」。
〔註93〕 「學道成效」：陳榮波原文爲「學道之成效〈德充符〉」，簡稱爲「學道成效」。

| 6 | 〈大宗師〉 | 得道之人 | 全體內聖〔註94〕 | 說明得道的完成便是全體之內聖。 | 就「內聖之學」言，〈大宗師〉明指能履行「道全德備、渾然大化、忘己忘功忘名」之至人神人聖人，就是大宗師。因為彼等皆已臻內聖之學的極則，亦即契會本心自性、「得其體」者故。 |
| 7 | 〈應帝王〉 | 化道終極〔註95〕 | 全用外王〔註96〕 | 說明聖人行無為之化而成為全用之外王。 | 就「聖帝明王」言，〈應帝王〉是說明「大宗師」的外王化。當一個對真常性體具有真實體證的大宗師，因「不得已而應世」時，一定是無治主意的聖帝明王。 |

　　由以上可知，憨山《莊子內七篇註》〈大宗師〉所呈顯出來的「相因次第」，乃是「有體有用」、「內聖外王」之學，且其所開展之藍圖，正如陳榮波所言，乃「一相互貫連的思想體系，循序漸進而完成內聖外王之學」。〔註97〕

第三節　憨山德清註莊之內容特色

　　根據上一節之論述，「有體有用」若以內七篇而言，首要則展現於憨山註解〈大宗師〉、〈應帝王〉中，次要則展現於憨山註解〈養生主〉、〈人間世〉裡，其中「體用兩全」之開展，則以憨山註解〈德充符〉為主；至於憨山註解〈逍遙遊〉、〈齊物論〉，乃以「立言」〔註98〕為要，進一步凸顯「真宰」之主軸，用以貫穿內七篇乃「有體有用」、「內聖外王」之主張。是故，吾人依據憨山「註莊」「有體有用」、「體用兩全」、「體用不二」及其「內聖外王」之主張，分為四個層次論述：首先將「〈逍遙遊〉、〈齊物論〉」置於第一小節論

〔註94〕　「全體內聖」：陳榮波原文為「全體之內聖」，簡稱為「全體內聖」。
〔註95〕　「化道終極」：陳榮波原文為「化道之終極〈應帝王〉」，簡稱為「化道終極」。
〔註96〕　「全用外王」：陳榮波原文為「全用之外王」，簡稱為「全用外王」。
〔註97〕　陳榮波，《哲學、語言與管理》，（桃園：逸龍出版社，民國81年2月，初版），頁72。
〔註98〕　憨山註莊之「立言」宗本：請參見第三章第一節〈莊子為老子之註疏〉之第二小節〈憨山德清註莊之立言本意〉。

述；其次「〈養生主〉、〈人間世〉」則置於第二小節論述；再其次「〈德充符〉」因「體用兩全」，故置於第三小節單獨論述；最末以「內聖外王」之「〈大宗師〉、〈應帝王〉」，置於第四小節論述。

以下分爲四小節討論：第一小節「《莊子內七篇註》之〈逍遙遊〉、〈齊物論〉乃立言眞宰」：以「立言」爲首要，論述「眞宰」乃重心，而此「眞宰」，正是憨山「註莊」，用以貫穿內七篇之主軸。第二小節「《莊子內七篇註》之〈養生主〉、〈人間世〉乃發明體用」：以〈養生主〉、〈人間世〉互相發明爲主，論述其「體用」之關係。第三小節「《莊子內七篇註》之〈德充符〉乃體用兩全」：因「體用兩全」，故爲「實德內充」、「忘形全性」之展現。第四小節「《莊子內七篇註》之〈大宗師〉、〈應帝王〉乃內聖外王」：論述憨山註《莊子》內七篇，所完成的內聖外王之完美藍圖。藉此揭示憨山「註莊」之內容特色，並透過比較研究之方式，逼顯其「註莊」之特殊性。

一、《莊子內七篇註》之〈逍遙遊〉、〈齊物論〉乃立言眞宰

憨山註〈逍遙遊〉篇，主要乃在於闡明「立言之宗本」，其於〈逍遙遊〉卷首即言：「此爲書之首篇，莊子自云『言有宗，事有君』，即此便是立言之宗本也」，〔註99〕關於「莊子自云『言有宗，事有君』」，以及「立言之宗本」（立言本意）之探討，已於第三章談論過。〔註100〕吾人當已明白，憨山此篇之立意，乃以「至人無己，聖人無功，神人無名」爲骨子，不僅以「無爲之大用」結逍遙之文，更以其爲一書立言之意。憨山所謂的「無爲之大用」，更隱含其「內聖外王」之深度意涵，亦即〈大宗師〉、〈應帝王〉「有體有用」之關係，而此〈逍遙遊〉之主意，主要在闡明「大而化之之謂聖」的聖人，亦唯有「聖人」乃得以逍遙，此聖人得以逍遙之境，即是「忘己、忘功、忘名」之境。憨山藉著〈逍遙遊〉闡明「聖人逍遙」之境，亦拈出世人不得逍遙之緣由，其云：

> 世人不得如此逍遙者，只被一箇「我」字拘礙。故凡有所作，只爲自己一身上求功求名。自古及今，舉世之人，無不被此三件事（爲己、爲功、爲名）苦了一生，何曾有一息之快活哉？獨有大聖人，忘了此三件事，故得無窮廣大自在，逍遙快活。可悲世人，迷執拘

〔註99〕《莊子內七篇註》〈逍遙遊〉，頁 154。
〔註100〕請參見第三章第一節〈莊子爲老子之註疏〉之說明。

拘，只在「我」一身上做事，以所見者小，不但不知大道之妙，即
言之而亦不信。〔註101〕

憨山此處拈出世人不得逍遙與聖人得以逍遙之差別相，世人執著於「爲己、
爲功、爲名」三件事，故不得逍遙，而唯有大聖人，忘了此三件事，故能廣
大自在，逍遙快活。又憨山透過「鯤化鵬」之寓言，比喻「大而化之之謂聖」
的演進過程，其云：

若此鵾〔註102〕鵬皆寓言也，以托物寓意以明道，如所云譬喻是也。
此逍遙主意，只是形容大而化之之謂聖，惟聖人乃得逍遙，故撰出鵾
鵬以喻大而化之之意耳！北冥，即北海。以曠遠非世人所見之地，以
喻玄冥大道。海中之鵾，以喻大道體中，養成大聖之胚胎，喻如大鵾，
非北海之大不能養也。鯤化鵬，正喻大而化之之謂聖也。〔註103〕

又云：

以喻聖人雖具全體，向沈於淵深靜密之中，難發其用，必須奮全體
道力，乃可捨靜而趨動。故若鵬之必怒，而後可飛也；聖人一出，
則覆翼群生。故喻鳥翼若垂天之雲，此則非鵾可比也。海運，謂海
氣運動。以喻聖人乘大氣運以出世間，非等閒也。將徙，徙者，遷
也。南冥，猶南明，謂陽明之方，乃人君南面之喻。謂聖人應運出
世，則爲聖帝明王，即可南面以臨蒞天下也。後之大宗師，即此之
聖人；應帝王，即徙南冥之意也。〔註104〕

由上可知，憨山「大而化之之謂聖」的演變過程，以及聖人具「全體」，乃須
「奮全體道力」而飛之「用」的過程，正蘊含其「註莊」「有體有用」、「內聖
外王」之完美藍圖，此亦即憨山以「大宗師」爲全體之大聖，「應帝王」爲聖

〔註101〕《莊子內七篇註》〈逍遙遊〉，頁155～156。

〔註102〕憨山以「鵾」字代替原文中「鯤」字，字義解釋上易產生不明：「鵾」字乃鳥
名也，與原文中「鯤」所代表之魚名並不相符，而憨山於文獻中卻予以混用
（例如：頁157「若此鵾鵬皆寓言也」、「故撰出鵾鵬以喻大而化之之意耳」、
「海中之鵾」、「喻如大鵾」與頁159：「非鵾可比也」皆以鳥字旁的「鵾」字
表示，然「鯤化鵬」卻以魚字旁的「鯤」表示）。吾人以爲，憨山此段文字（頁
157～159）所運用的五個「鵾」字，與原文中的「鯤」字雖無高下之別，然
卻代表憨山所言「鯤化鵬，正喻大而化之之謂聖也」，由「鯤（鵾）→鵬」之
轉化過程。

〔註103〕《莊子內七篇註》〈逍遙遊〉，頁157～158。

〔註104〕《莊子內七篇註》〈逍遙遊〉，頁158～159。

帝明王之主張。憨山「註莊」所蘊含之「有體有用」的深度意涵，則開展於其註〈逍遙遊〉篇之「立言宗本」上。

　　既明白憨山註〈逍遙遊〉之「立言宗本」，那麼，〈齊物論〉之「立言之旨」又為何呢？憨山〈齊物論〉主要在於平齊「物論」，亦即破「自執一己之我見」，達到〈逍遙遊〉「忘己」之境，其云：

> 今莊子意，若齊物之論，須是大覺真人出世，忘我忘人，以真知真悟，了無人我之分，相忘於大道，如此則物論不必要齊，而是非自泯，了無人我是非之相。此齊物之大旨也。篇中立言以「忘我」為第一，若不執我見我是，必須了悟自己本有之「真宰」，脫卻肉質之假我，則自然渾融於大道之鄉，此乃齊物之功夫。必至大而化之，則物我兩忘，如夢蝶之喻，乃齊物之實證也。〔註105〕

由上可知，憨山註〈齊物論〉，主要在於平齊「物論」，泯除是非，以「忘我」為第一，了悟「真宰」；憨山於此不僅拈出個「真宰」，亦以「忘我忘人」、「是非自泯」為齊物之大旨也。憨山釋「三籟」云：

> 「地籟」，萬籟齊鳴，乃一氣之機，殊音眾響，而了無是非；「人籟」，比竹雖是人為，曲屈而無機心，故不必說；若「天籟」，乃人人說話，本出於天機之妙，但人多了一我見，而以機心為主宰，故不比「地籟」之風吹，以此故有是非之相排。若是忘機之言，則無可不可，何有彼此之是非哉？此立言之本旨也。〔註106〕

憨山以「三籟」為發端，強調「忘機之言」乃〈齊物論〉立言之本旨。其言及「天籟」，本人人說話出於「天機之妙」，然卻因人加入「我見」，亦即「自執一己之我見」，而生出「機心」，由「機心」而發之聲響，即憨山欲平齊之「物論」。是以，憨山註〈齊物論〉之本旨，乃要人「忘我」，以悟及「真宰」，藉此達到「泯除是非」之境。

　　既明白憨山〈逍遙遊〉、〈齊物論〉之「立言之本」與「立言之旨」，那麼，憨山如何顯出其「真宰」呢？憨山註〈逍遙遊〉，以「至人無己，聖人無功，神人無名」為骨子，主要乃在於達到聖人「忘己、忘功、忘名」之境。而憨山註〈齊物論〉以「忘我」為首要，而後「忘功、忘名」，並藉此泯除人我、是非，以期達到「物論自齊」、「是非自泯」之境。兩者皆以「忘」字為首要，

〔註105〕《莊子內七篇註》〈齊物論〉，頁190～191。
〔註106〕《莊子內七篇註》〈齊物論〉，頁191。

此「忘」字，乃在於忘卻「形軀」、「假我」，而悟及「眞宰」、「眞君」，此「眞宰」正是憨山註〈逍遙遊〉、〈齊物論〉之主軸，亦即其用以貫穿內七篇之重心，其言「要齊物論，必以『忘我』爲第一義也，故逍遙之聖人，必先忘己，而次忘功、忘名，此其立言之旨也」，〔註107〕此乃憨山結合其註〈逍遙遊〉、〈齊物論〉之大旨也。故可明白，憨山註解〈逍遙遊〉、〈齊物論〉之時，即揭露其貫穿內七篇之主軸——「眞宰」。是故，此節以「《莊子內七篇註》之〈逍遙遊〉、〈齊物論〉乃『立言眞宰』」稱之。

　　透過以上之論述，吾人既已明白「眞宰」乃貫穿內七篇之主軸，故以下分爲三小節討論：首先，先論述憨山註解〈逍遙遊〉所顯之特色，以「憨山德清之論逍遙」爲主題討論；其次，再論述憨山註解〈齊物論〉所顯之特色，以「憨山德清之泯是非」爲主題討論；最後，由以上兩小節拈出「眞宰」，以「憨山德清之顯眞宰」爲主題論述。以下分別述之。

（一）憨山德清之論逍遙

　　憨山既揭示「世人」、「聖人」之差別相，又以「至人無己，聖人無功，神人無名」爲〈逍遙遊〉之骨子，是以此小節乃以「小大之辯」、「至人無己，聖人無功，神人無名」爲主題討論，並由此主題凸顯憨山之逍遙義。

　　關於「小大之辯」，歷來有許多不同之討論，解釋亦頗多分歧，其中又以「大小同一」、「大不如小」較具特殊性；〔註108〕兩者之間，又以「大小同一」最顯其特色及影響，而此主張正以郭象注爲代表。〔註109〕郭象注〈逍遙遊〉

〔註107〕《莊子內七篇註》〈齊物論〉，頁193。

〔註108〕林聰舜，〈論莊子的「小大之辯」與「齊物」及其關係〉，（《漢學研究》第五卷第二期，民國76年12月），頁377～378：「對於『逍遙遊』篇蜩鳩與大鵬的『小大之辯』，歷來學者的解釋頗爲分歧，其中主要的誤解有兩種，一是主張『大小同一』者，另一是主張『大不如小』者。主張『大小同一』者以郭象《莊子注》爲代表……主張『大不如小』者，則以王夫之爲代表」。

〔註109〕例如：近代學者馮友蘭，即順著郭象注來論莊子思想，其於《中國哲學史》（上冊）第十章〈莊子及道家中之莊學〉云：「凡物皆由道，而各得其德，凡物各有其自然之性，苟順其自然之性，則幸福當下即是，不須外求。《莊子》〈逍遙遊〉篇，故設爲極大極小之物，鯤鵬極大，蜩鳩極小。『鵬之徙於南冥也，水擊三千里，搏扶搖而上者九萬里，去以六月息者也』……此所謂『故極小大之致，以明性分之適……故小大雖殊，逍遙一也。』物如此，人亦然。〈逍遙遊〉云：『故夫知效一官，行比一鄉，德合一君，而徵一國者，其自視也，亦若此矣。』笛卡兒曰：『在人間一切物中，聰明之分配，最爲平均……』。蓋各人對於其自己所得於天者，皆極感滿足也。」此乃受郭象注之影響。以

卷首即言:「夫小大雖殊,而放於自得之場,則物任其性,事稱其能,各當其分,逍遙一也,豈容勝負於其間哉!」〔註110〕其中「逍遙一也」乃郭象注莊之特色,其注《莊子》〈逍遙遊〉「北冥有魚至其名爲鵬」段開端又云:「鵬鯤之實,吾所未詳也。夫莊子之大意,在乎逍遙遊放,無爲而自得,故極小大之致,以明性分之適。達觀之士,宜要其會歸,而遺其所寄,不足事事曲與生說。自不害其宏旨,皆可略之耳。」〔註111〕此段注之重點乃在於郭象「極小大之致,以明性分之適」之主張。吳怡以爲「對莊子逍遙境界的誤解,最具代表的是向、郭的莊子注,而造成這一誤解,以及把這一誤解變成了一種理論,而影響得非常普遍的,是魏晉的玄學家們」。〔註112〕暫不論郭象注是否誤解,只關切其注莊之特色,那麼,郭象「極小大之致,以明性分之適」的主張,很顯然具有特殊性,關乎此,高師柏園云:

此注至少有三點值得注意:

1. 郭象以爲,莊子之以鯤鵬相寓者,不過在極小大之致,以明性分之適,是以小大並爲虛相,乃相待之造作耳,同爲吾人超越之對象。此小大固有所殊,而其同處相待之層次則無異。

2. 既然大小乃是吾人所欲超越之對象,只不過是寓言之表意,則小大平等,而鯤鵬之非莊子自喻者,亦不待辯而明矣。

3. 既只是寓言,則只要得意忘言,所謂「宜要其會歸而遺其所寄,不足事事曲與生說」。是以是否究有鯤鵬,此終非吾人所重。〔註113〕

由高師柏園此段解說,郭象注「小大之辯」之特色則顯明,亦即高師柏園「小大平等」之說,乃將郭象注之特色逼顯出來,且成玄英疏亦曰:「雖復昇沈性殊,逍遙一也」。〔註114〕郭象注《莊子》〈逍遙遊〉「蜩與鷽鳩笑之曰至九萬里

上引自馮友蘭,《中國哲學史》(上冊),(臺北:臺灣商務印書館股份有限公司,民國85年11月,增訂臺一版第三次印刷),頁283~284。

〔註110〕晉·郭象注、唐·成玄英疏;曹礎基、黃蘭發點校,《南華眞經注疏》,(北京:中華書局,民國87年7月,北京第一次印刷),頁1。

〔註111〕晉·郭象注、唐·成玄英疏;曹礎基、黃蘭發點校,《南華眞經注疏》,(北京:中華書局,民國87年7月,北京第一次印刷),頁1。

〔註112〕吳怡,《逍遙的莊子》,(臺北市:東大圖書有限公司,民國73年10月,初版),頁14。

〔註113〕高柏園,《莊子內七篇思想研究》,(臺北市:文津出版社,民國89年5月,初版二刷),頁19。

〔註114〕晉·郭象注、唐·成玄英疏;曹礎基、黃蘭發點校,《南華眞經注疏》,(北京:中華書局,民國87年7月,北京第一次印刷),頁2。

而南爲」段云：「苟足於其性，則雖大鵬無以自貴於小鳥，小鳥無羨於天池，而榮願有餘矣！故小大雖殊，逍遙一也」，〔註115〕郭象此注，更顯出其「小大平等」之主張，「鯤鵬」、「蜩鳩」雖有形體之分，然皆因「明性分之適」且「足於其性」，故「逍遙一也」。郭象注之特殊性顯然而現，其以「物性」爲主，將莊子之「自然」解釋爲「不爲而自然者」，以萬物之「本能」爲然，此種「本能的自然」，乃是「萬物之性分」，亦即其言「極小大之致，以明性分之適」！

　　然而，「鯤鵬」與「蜩鳩」乃是莊子之寓言，其欲藉此寓言明「小大」之異相，由此異相展現其「小知不及大知」、「小年不及大年」之主張，故「小大」應有高下之分，〔註116〕其「逍遙」之意與郭象所言之「逍遙一也」，應屬不同之境界。憨山之註解，正是「小知不及大知」之展現，其註與郭象之主張相異，其云：

> 鯤雖大，乃塊然一物耳。誰知其大，必若化而爲鵬，乃見其大耳。
> 鵬翼若垂天之雲，則比鯤在海中之大可知矣！怒而飛者，言鵬之大
> 不易舉也，必奮全體之力，乃可飛騰。〔註117〕

憨山此段註解，已顯出「鯤鵬」之別，而關於「蜩與鷽鳩」，憨山更以「小知不及大知」喻之，故可知，憨山區別「小大」之主張，不僅在於「物性」之不同，其中還蘊含著「小知」不及「大知」之殊相，此與郭象「小大之辯」顯然不同。而且，憨山在註解「鯤化鵬」時，進一步將其喻爲「大而化之之謂聖」之演變過程，此乃其欲成就「聖人」之演進過程；其由「化」之演進，最終成一「有體有用」、「內聖外王」之學。故憨山以「鯤」喻「聖人之全體」，以「鵬」喻「全體之大用」，乃有「大宗師」、「應帝王」之「體用」關係，此乃憨山「註莊」之學的進一步開展，其註解《莊子》〈逍遙遊〉「且夫水之積也不厚至而後乃今將圖南」段云：

> 此一節總結上鷗鵬變化圖南之意，以暗喻大聖必深蓄厚養而可致用
> 也。意謂北海之水不厚，則不能養大鷗，及鷗化爲鵬，雖欲遠舉，

〔註115〕晉・郭象注、唐・成玄英疏；曹礎基、黃蘭發點校，《南華眞經注疏》，（北京：中華書局，民國87年7月，北京第一次印刷），頁4。

〔註116〕趙衛民，《莊子的道》，（臺北市：文史哲出版社，民國87年1月，初版），頁25：「鯤鵬之大都是『不知其幾千里也』……鯤鵬之大，不是在萬物中爲大，萬物中無有『若垂天之雲』之大物。故鯤鵬一棲於『北冥』，一棲於『南冥』，『冥』者無有也，皆是『無何有之鄉』；『冥』就是無，大物棲息於無中。主張莊子的「鯤鵬」與「蜩鳩」應有「小大」高下之分。

〔註117〕《莊子內七篇註》〈逍遙遊〉，頁158。

非大風培負鼓送，必不能遠至南冥，以喻非大道之淵深廣大，不能
涵養大聖之胚胎，縱養成大體，若不變化，亦不能致大用；縱有大
聖之作用，若不乘世道交興之大運，亦不能應運出興，以成廣大光
明之事業，是必深畜厚養，待時而動，方盡大聖之體用。〔註118〕

由以上引文可知，憨山的確是站在「體用」關係上，去註解〈逍遙遊〉篇，
其以爲乃「依道而行，則有大用」，故其所成之「聖人」，乃欲成一「有體有
用」、「內聖外王」之學。

　　而關於「小大之辯」，郭象雖以「小大雖殊，逍遙一也」爲注，然其「逍
遙」而非「眞逍遙」，其中則有「有待」、「無待」之差別相，然無論「有待」、
「無待」，皆「逍遙一也」。其注《莊子》〈逍遙遊〉「若夫乘天地之正至惡乎
待哉」段云：

　　天地者，萬物之總名也。天地以萬物爲體，而萬物必以自然爲正。自
　　然者，不爲而自然者也。故大鵬之能高，斥鷃之能下，椿木之能長，
　　朝菌之能短，凡此皆自然之所能，非爲之所能也。不爲而自能，所以
　　爲正也。故乘天地之正者，即是順萬物之性也……苟有待焉，則雖列
　　子之輕妙，猶不能以無風而行，故必得其所待，然後逍遙耳，而況大
　　鵬乎！夫唯與物冥而循大變者，爲能無待而常通，豈自通而已哉！又
　　順有待者，使不失其所待，所待不失，則同於大通矣。故有待無待，
　　吾所不能齊也。至於各安其性，天機自張，受而不知，則吾所不能殊
　　也。夫無待猶不足以殊有待，況有待者之巨細乎！〔註119〕

由上可知，〔註120〕郭象注「鯤鵬」、「蜩鳩」之「逍遙一也」，乃「有待」之「逍
遙」，至於「無待」之「逍遙」則非「聖人」而不可得之，兩者皆同爲「逍遙」，
此亦即「不論有待、无待，皆同得逍遙，由此可知郭象判定能否逍遙的條件
不在於有待或无待，而在於是否『各安其性』，也就是適性於否。因此，若將
莊子的逍遙稱之爲『无待的逍遙』，則郭象的逍遙可以名之爲『適性的逍遙』」。

〔註118〕《莊子內七篇註》〈逍遙遊〉，頁164。
〔註119〕晉・郭象注・唐・成玄英疏；曹礎基、黃蘭發點校，《南華眞經注疏》，（北京：
　　　　中華書局，民國87年7月，北京第一次印刷），頁9。
〔註120〕關於郭象此段註解，牟宗三根據劉孝標之注文，將向、郭義分三層說：「一是
　　　　從理上一般說，二是分別說，三是融化說」。此處註解，可參考牟宗三，《才
　　　　性與玄理》，（臺北市：臺灣學生書局，民國86年8月，修訂八版臺八刷），
　　　　頁181～184。

〔註121〕那麼，憨山所要揭示的「逍遙」，是同於莊子「无待的逍遙」？抑或同於郭象「適性的逍遙」？憨山對於「小知不及大知」云：

> 小知不及大知，謂世俗小見之人，不知聖人之大。猶二蟲之飛搶榆枋，則已極矣。故笑大鵬要九萬里何爲哉？此喻世人小知，取足一身口體而已，又何用聖人之大道爲哉！莊子因言世人小見，不知聖人者，以其志不遠大，故所畜不深厚，各隨其量而已。〔註122〕

憨山此段註解，正顯出「世人」與「聖人」之差別相，世人小知如此，彷如蜩鳩笑大鵬之飛舉。其以「鯤化鵬」爲涵養聖人之成聖過程，而「蜩鳩」則爲世人之小知小見，憨山以莊子之寓言，比喻「世人」與「聖人」之差別相，莊子之「鯤鵬」、「蜩鳩」就憨山而言，只是「寓言」，實指乃是背後之意涵。憨山如是之主張，正適時解決大鵬是否爲「有待」之問題，「因此，若依釋德清把至人的『御六氣之辯』解釋爲『造化生乎身』，那麼，『海運』就可以同樣解釋爲工夫成熟時的『造化生乎身』。於是，主客遂告合一，『海運』已經不是大鵬怒飛得外在條件了。」〔註123〕由此解釋憨山所云之「鯤化鵬」乃涵養聖人之成聖過程，亦即大聖之胚胎，乃是經由「鯤化鵬」之過程而成。

　　蓋憨山進一步提出聖人之所以逍遙乃因「聖人之大雖大，亦落有形，尚有體段，而虛無大道無形，不可以名狀，又何有於此哉？此即以聖人之所以逍遙者，以道不以形也」，〔註124〕憨山「以道不以形也」六字，正拈出聖人之所以「逍遙」之意涵。故可知，憨山「小大之辯」主要凸顯的乃是「世人」與「聖人」之差別相，亦即以「鯤鵬，不但證其魚鳥之大，抑且證明小大之辯」！〔註125〕而憨山「小大之辯」之主張，顯然異於郭象所注，且進一步開展成「有體有用」、「內聖外王」之學，此亦即「至人無己，神人無功，聖人無名」之聖人境界，其云：

> 至人、神人、聖人，只是一箇聖人，不必作三樣看。此說能逍遙之聖人也。以聖人忘形絕待，超然生死，而出於萬化之上，廣大自在，

〔註121〕莊耀郎，《郭象玄學》，（臺北市：里仁書局，民國87年3月10日，初版），頁61。

〔註122〕《莊子內七篇註》〈逍遙遊〉，頁166。

〔註123〕林聰舜，〈論莊子的「小大之辯」與「齊物」及其關係〉，（《漢學研究》第五卷第二期，民國76年12月），頁378。

〔註124〕《莊子內七篇註》〈逍遙遊〉，頁162。

〔註125〕《莊子內七篇註》〈逍遙遊〉，頁170。

以道自樂，不爲物累，故獨得逍遙，非世之小知之人可知也。〔註126〕
故可知，憨山所理解之「至人、神人、聖人」乃爲「一」，且同理解爲一個「聖人」，此聖人爲「忘己、忘功、忘名」獨得「逍遙」之聖人。所以憨山所言之「逍遙」，亦非聖人而不能得之，故此「逍遙」則須「忘形絕待、超然生死」才謂之，此與莊子「无待的逍遙」類似，而遠於郭象「適性的逍遙」。

憨山把「至人、神人、聖人」三者，以「逍遙之聖人」收攝爲「一」之觀點，正可用成玄英疏：「至言其體，神言其用，聖言其名，故就體語至，就用語神，就名語聖，其實一也」〔註127〕這段話來理解。成玄英疏以「至人」乃就「體」而言；「神人」乃就「用」而言；「聖人」乃就「名」而稱之，此三者「功用名殊」，其實爲「一」。憨山「註莊」之「有體有用」，乃收攝於「全體之大聖」，而此「名」爲「聖人」之大聖，不就是由「至人、神人、聖人」三者合一之有「體」有「用」之人嗎？是故，憨山之「至人、神人、聖人」乃無高下之分，皆只是一個「聖人」而已！然宣穎《莊子南華經解》卻云：

> 故逍遙凡一篇文字，只是「至人無己」一句言字，「至人無己」一句，
>
> 是有道人第一境界也。詣惠子曰：「何不樹之無何有之鄉，廣莫之野，
>
> 仿徨乎無爲其側，逍遙乎覆臥其下，是學道人第一工夫也。〔註128〕

宣穎以爲「至人無己，神人無功，聖人無名」此句，只重在「至人無己」一句而已，其言：「〈逍遙遊〉主意，只在『至人無己』，無己所以爲逍遙遊也」、〔註129〕「神人無功、聖人無名，都是陪客」。〔註130〕故可知，宣穎之所以以「至人無己」爲〈逍遙遊〉全篇之主意，乃在於「無己」二字，此「無己」正是憨山所強調之「忘我」，不同的是，憨山以爲「至人、聖人、神人」並無明顯高下之分，三者乃收攝於「全體之大聖」之一箇「聖人」，宣穎卻以「至人」爲首要。兩者對「至人、聖人、神人」之定義雖不相同，然於立意上皆以「忘我」爲首要。

〔註126〕《莊子內七篇註》〈逍遙遊〉，頁172。

〔註127〕晉・郭象注、唐・成玄英疏；曹礎基、黃蘭發點校，《南華眞經注疏》，（北京：中華書局，民國87年7月，北京第一次印刷），頁9。

〔註128〕清・宣穎，《莊子南華經解》，（臺北市：廣文書局有限公司，民國67年7月，初版），卷一頁10。

〔註129〕清・宣穎，《莊子南華經解》，（臺北市：廣文書局有限公司，民國67年7月，初版），卷一頁10。

〔註130〕清・宣穎，《莊子南華經解》，（臺北市：廣文書局有限公司，民國67年7月，初版），卷一頁11。

　　唐君毅云：「逍遙遊篇，要旨在說其理想之人，爲無己之至人、無功之神人、無名之聖人。必無己、無功、無名，人乃至無待之境，而可言逍遙」，〔註131〕其以「理想之人」必「無己、無功、無名」收攝三者之主張，則較近於憨山；至於方東美之「至人哲學」，〔註132〕進一步開展支道林「明至人之心」之說，以「至人無己」爲首要之主張，則較接近於宣穎。

　　既釐清憨山「至人無己，神人無功，聖人無名」之關係，那麼，憨山所論之逍遙義又當爲何？憨山云：「唯大而化之之聖人，忘我、忘功、忘名，超脫生死而遊大道之鄉，故得廣大逍遙自在，快樂無窮」，〔註133〕故可知，唯「大而化之」之聖人才得以「逍遙」，此「聖人」所指乃「全體之大聖」之「大宗師」，其云：

> 逍遙者，廣大自在之意；即如佛經無礙解脫，佛以斷盡煩惱爲解脫。
> 莊子以超脫形骸，泯絕知巧，不以生人一身功名爲累爲解脫；蓋指
> 虛無自然爲大道之鄉，爲逍遙之境。如下云：『無何有之鄉，廣漠之
> 野』等語是也。意謂唯有眞人能遊於此廣大自在之場者，即下所謂
> 大宗師即其人也。〔註134〕

由以上可知，憨山論逍遙義之意旨全然明白！其以佛之「無礙解脫」論「逍遙」境界，並以「斷盡煩惱爲解脫」；其將莊子之「逍遙」以「無礙解脫」釋之，此義與成玄英〈南華眞經疏序〉所引三釋言「逍遙遊」者乃不相同，成玄英云：

> 所言〈逍遙遊〉者，古今解釋不同。今汎舉紘綱，略爲三釋。所言
> 三者：
> 第一，顧桐柏云：「逍者，銷也。遙者，遠也。銷盡有爲累，遠見無

〔註131〕唐君毅，《中國哲學原論・原道篇》（卷一），（臺北市：臺灣學生書局，民國81年3月，全集修訂版第二刷），頁351。

〔註132〕請參考：葉海煙，《老莊哲學新論》〈方東美的新道家哲學〉，（臺北：文津出版社，民國86年9月，一刷），頁244～246：「『四、至人哲學』爲了消解郭象注『逍遙遊』所引發的問題，方東美乃以支道林對莊子哲學的深度詮釋爲例，認爲支道林才勉強可以瞭解莊子超脫解放的精神……逍遙的主要意義應足以建立莊子的至人哲學，而至人體道踐道的實際表現（也可以說是最高的表現）即是逍遙之遊。可以說，至人之逍遙是在『至人無己』的自我超越之後展開的……」。

〔註133〕《莊子內七篇註》〈逍遙遊〉，頁173。

〔註134〕《莊子內七篇註》〈逍遙遊〉，頁154～155。

為理。以斯而遊，故曰逍遙。」

第二，支道林云：「物物而不物於物，故逍然不我待；玄感不疾而速，故遙然靡所不為。以斯而遊天下，故曰逍遙遊。」

第三，穆夜云：「逍遙者，蓋是放狂自得之名也。至德內充，无時不適；忘懷應物，何往不通。以斯而遊天下，故曰逍遙遊。」〔註135〕

以上文獻之解釋，高師柏園云：「此三義與上言之縱任自得、無為等義相合。由此看來，則逍遙僅只是無為，是以能自得自適而逍遙，初不重由小而大，由大而化之分解」。〔註136〕吾人順此解釋，則可進一步揭示憨山論「逍遙」義之特殊性，其以佛之「無礙解脫」論「逍遙」境界，顯然與以上三義相異；憨山以莊子「逍遙」境界，凸顯「無礙解脫」乃「斷盡煩惱」之境，其所言之「大宗師」乃「真人」，此「真人」與「至人、神人、聖人」為同一層次之意義，所指皆「忘我、忘功、忘名」之「全體之大聖」，此「全體之大聖」乃指「聖人」，而此「聖人」更指涉為「佛」！〔註137〕

憨山由「小大之辯」凸顯「世人」與「聖人」之殊相，此殊相乃在於世人未「忘我」。憨山以「忘我」為首要，進一步統攝「至人、神人、聖人」為同一義，乃「全體之大聖」之「大宗師」，亦即「真人」，此「真人、至人、神人、聖人」乃至於「全體之大聖」之「大宗師」，實際所指皆為「佛」。憨山以佛「註莊」之明顯進路不言而喻，其對於「逍遙」義之揭示，更可見其以佛統攝莊學之用心。

（二）憨山德清之泯是非

憨山以「三籟」發端，並強調「忘機之言」，而「泯是非」乃為〈齊物論〉立言之本旨，其所言之「天籟」，本人人說話出於「天機之妙」，然卻因人加入「我見」，而生出「機心」，由「機心」而發之聲響，此即憨山欲平齊之「物論」。然「齊物論」之讀法，歷來有兩種意見，根據黃錦鈜之注釋引述如下：

齊物論三字的讀法，歷來有兩種意見，唐以前大都「齊物」連讀，《文心雕龍》說：「莊周齊物，以論名篇。」自宋以後分為兩派，一為傳

〔註135〕晉・郭象注、唐・成玄英疏；曹礎基、黃蘭發點校，《南華真經注疏》〈南華真經疏序〉，（北京：中華書局，民國87年7月，北京第一次印刷），頁1～2。

〔註136〕高柏園，《莊子內七篇思想研究》，（臺北市：文津出版社，民國89年5月，初版二刷），頁44。

〔註137〕請參見第三章第一節〈莊子為老子之註疏〉之第二小節〈憨山德清註莊之立言本意〉之說明；或參照〈觀老莊影響論〉，頁17之原文。

統的認為「齊物」連讀，一為「物論」連讀。如王應麟說：「《莊子‧齊物論》，非欲齊物也，蓋謂物論之難齊。」但近人以為不可，引證辨明由晉至唐無有以物論二字連讀的。曹受坤也贊成這種說法。曹說：「物論，物議，乃漢魏間後起名詞，其意義是指世間之批評，與《莊子》本篇大旨無涉。」錢賓四氏也以莊子的人生觀、宇宙觀根本在於此篇，天地與我並生，而萬物與我為一，故必以「齊物」二字連讀，不能以「物論」二字連讀。不過「物論」連讀也有其片面的理由，因為「物論」也可以說是「人物之論」，猶言「眾論」。齊者一也，欲合眾論為一也。戰國之世，學問不同，更相是非，所以莊子以為不若是非兩忘而歸之自然。但「齊物」連讀，就是章太炎所說的喪我、物化、泯滅彼此。既然無己，何有是非，則物論自齊，這樣「物論」自包括其中了。所以「齊物」連讀可以包括「物論」，而「物論」不可以包括「齊物」。所以仍以「齊物」二字連讀，於義為長。〔註138〕

黃錦鋐以上之注釋，清楚明白地說明「齊物──論」與「齊──物論」之歷來不同見解，並說明自己以「齊物」二字連讀之立場，關乎此，吳怡亦持相同之意見，其云：「《莊子》書中明言『萬物一齊』，而且『論』字常單獨使用，可是『物論』兩字合言，卻沒有例子。就本文來說，談『喪我』，談『生死』，談『物化』，也不是物論兩字所能限。」〔註139〕故吳怡亦以「齊物」二字連讀。

　　唐君毅循郭象之旨則云：「循郭象之旨，以言莊子之齊物論，則必以『是非雖異，而彼我均』，『若失其配匹為宗，任動止之容之不一』；而『無心而自得』，不見其二，即是齊物以為一。」〔註140〕用以表達郭象「齊物」之主張。然郭象以「性分之適」之方式，來理解莊子之「齊物」，則「物論」勢不能齊之，故牟宗三有云：「向、郭注『逍遙遊』，大體皆恰當無誤，而注『齊物論』，則只能把握大旨，於原文各段之義理，則多不能相應，亦不能隨其發展恰當地予以解析。」〔註141〕牟宗三以為，〈齊物論〉乃為莊書中最豐富、最具理論

〔註138〕黃錦鋐，《新譯莊子讀本》，（臺北市：三民書局股份有限公司，民國90年5月，初版十六刷），頁23～24。

〔註139〕吳怡，《新譯莊子內篇解義》，（臺北市：三民書局股份有限公司，民國89年4月，初版），頁63。

〔註140〕唐君毅，《中國哲學原論‧原道篇》（卷二），（臺北市：臺灣學生書局，民國82年2月，全集校訂版第二刷），頁398。

〔註141〕牟宗三，《才性與玄理》，（臺北市：臺灣學生書局，民國86年8月，修訂八版臺八刷），頁196。

性之一篇，非向、郭之學力所能及，故郭象註解〈齊物論〉，必有其不及之處。然而，馮友蘭卻循郭象之註，以「人與物皆應有絕對的自由」〔註142〕來理解莊學，並以為「天下之物，皆無不好；天下之意見，皆無不對」。〔註143〕馮友蘭如是之主張，不僅無法消泯「物論」之不齊，反而欲生爭端，且「齊物」亦只是表面上之「齊」而已，人若皆以「絕對的自由」而行，天下「物論」反而紛擾，如此，勢必無法達到「齊物」之境。

根據以上之論述，除了主張以「齊物」二字連讀，並概括「物論」之意涵者，以及根據郭象「齊物」之解外，近代學者還有以「齊物」、「物論」兩者，解釋〈齊物論〉之說。陳鼓應云：「齊物論，包括齊、物論（即人物之論平等觀）與齊物、論（即申論萬物平等觀）」，〔註144〕其又云：

> 齊物（the equality of things），即主張萬物的平等。莊子從物性平等的立場，將人類從自我中心的局限性中提升出來，以開放的心靈觀照萬物，了解各物都有其獨特的意義內容。《齊物論》中，用了許多篇幅談物論（人物之論），即對各家的議識活動作批評，並提出平齊是非的方法。〔註145〕

而勞思光亦持相同之看法，其以為「『齊物論』一篇，要旨有二，一為『齊物』，一為『齊論』。齊物即破除對象之分別；『齊論』即將一切言論等視，亦即『泯是非』」。〔註146〕勞思光以「齊物」與「齊論」兩者，表示〈齊物論〉之要旨，與陳鼓應以「齊物、論」與「齊、物論」兩者表達〈齊物論〉之旨相同。而陶國璋於其整理重構牟宗三講述〈齊物論〉義理之《莊子齊物論義理演析》一書中，乃將「齊物論」之讀法，直接以「平齊物議」表示，其言：

> 莊子《齊物論》的主旨，本來就是要將經驗世間的美醜、善惡、是非、得失等等對比性的價值觀念，予以一律平等看待，以達泯生死、

〔註142〕馮友蘭，《中國哲學史》（上冊），（臺北：臺灣商務印書館有限公司，民國85年11月，增訂臺一版第三次印刷），頁288。

〔註143〕馮友蘭，《中國哲學史》（上冊），（臺北：臺灣商務印書館有限公司，民國85年11月，增訂臺一版第三次印刷），頁288。

〔註144〕陳鼓應註譯，《莊子今註今譯》（上冊），（臺北：臺灣商務印書館股份有限公司，民國88年11月，修訂版第一次印刷），頁37。

〔註145〕陳鼓應，《老莊新論》，（上海：上海古籍出版社，民國86年9月，二次印刷），頁131。

〔註146〕勞思光，《新編中國哲學史》（一），（臺北市：三民書局股份有限公司，民國86年10月），頁266。

> 齊是非的目標。所以我們以《齊物論》的意思，就直接說爲「平齊
> 物議」，平齊一切價值判斷的差異對比，悉化爲無相境界。「無相」
> 本爲佛家用語，此處借用以闡述平齊物議，就是剝落經驗對象的定
> 相、執相，故曰復歸無相。〔註147〕

透過以上論述，無論「齊物論」以「齊物——論」或「齊——物論」何者解
釋，皆可以「齊『物』與齊『物論』之爲一而無二」〔註148〕來統攝，亦即吾
人贊成以「齊物」、「物論」兩者解釋「齊物論」之說。然憨山解釋「齊物論」
卻爲何獨以「物論」釋之？其註〈齊物論〉卷首即云：

> 物論者，乃古今人物眾口之辯論也。蓋言世無眞知大覺之大聖，而
> 諸子各以小知小見爲自是，都是自執一己之我見；故各以己得爲必
> 是，既一人以己爲是，則天下人人皆非，竟無一人之眞是者。大者
> 則從儒墨兩家相是非，下則諸子眾口，各以己是而互相非，則終竟
> 無一人可正齊之者。故物論之難齊也久矣，皆不自明之過也。〔註149〕

由上可知，憨山註「齊物論」則以「物論」釋之。其以「忘我」爲首要，並
以「泯是非」爲要旨，以「三籟」發端，並將「籟」字以「機」解，言「天
籟」乃人人說話，本出於「天機」之妙，然卻因人有我見我執，故生「機心」，
以此「機心」爲主宰，則有是非。憨山清楚呈現其欲「泯是非」之主張，而
「忘機之言」正是其以爲〈齊物論〉之本旨。憨山註解「人籟」乃「簫管之
吹而有聲音」；〔註150〕「地籟」乃「即下文長風一鼓，萬竅怒號」；〔註151〕
「天籟」則爲「眾人之言論乃天機之自發」，〔註152〕是故，吾人可知，憨山以
「眾人之言論乃天機之自發」註解「天籟」，主要基於「泯是非」之立場，亦
即憨山以「忘機之言」爲「天籟」所發，卻因人執於己見，故是非起之，物
論亦無法平齊。

　　此「忘機之言」正是憨山以「忘我」爲首要之展現，憨山註莊子之「三
籟」，並由「三籟」發端，主意乃在於闡釋「齊——物論」之主旨！陸西星將

〔註147〕陶國璋，《莊子齊物論義理演析》〈本書的背景〉，（臺北市：書林出版有限公
　　　　司，民國88年4月，一版），頁vi。
〔註148〕高柏園，《莊子內七篇思想研究》，（臺北市：文津出版社，民國89年5月，
　　　　初版二刷），頁85。
〔註149〕《莊子內七篇註》〈齊物論〉，頁189～190。
〔註150〕《莊子內七篇註》〈齊物論〉，頁193。
〔註151〕《莊子內七篇註》〈齊物論〉，頁193。
〔註152〕《莊子內七篇註》〈齊物論〉，頁194。

「籟」字註解為「簫管」，雖與憨山以「機」字註解不同，然其以「物論」釋「齊物論」，則與憨山有異曲同工之妙，其言：

> 籟，簫管也。比竹而成，管有長短，聲有高下，吹萬不同，正以暗喻「物論」之不齊者，乃人所為，故曰，人籟；地籟，則木之眾竅感噫氣而成聲音；天籟，則無聲而能聲天下之聲，所謂若有真宰而特不得其朕，故歸之曰天。〔註153〕

然關於「天籟」的解釋，牟宗三云：「『天籟』義即『自然』義。明一切自生、自在、自己如此，並無『生之』者，並無『使之如此』者」；〔註154〕吳怡云：「天籟即自然的本體」；〔註155〕王煜云：「天籟的函義，直可引申至超脫實物，而獨指『天然』此意義或境界」；〔註156〕而鄭志明更云：

> 「天籟」不是一種具體的聲音，但任何具體的聲音都可能是「天籟」，即「天籟」包容了一切的聲音，但也超出了一切聲音之外。或者可以這麼說，「地籟」與「人籟」是有形世界的形而下聲音，「天籟」是無形境界的形而上聲音。很明顯的，莊子將聲音分成形而上的聲音與形而下的聲音，但這兩種聲音不是對立的，而是一體相承的。
>
> 〔註157〕

由上可知，「天籟」被解為「自然」義之展現，然憨山卻將「天籟」註解為「眾人之言論乃天機之自發」，足見其註解之用心及特殊性。其主要目的乃在於泯除是非，故以「機心」為眾人各執己見而發之是非；以「無心」為「天機之自發」之「天籟」，其云：「元無機心存於其間，則為『無心』之言，聖人之所說者是也；爭奈人人各執己見，言出於『機心』，不是無心，故有是非。」〔註158〕故吾人可知，憨山以為，「物論」之不齊，全出於「機心我見」。

〔註153〕明・陸西星真人，《莊子南華真經副墨》（上），（臺北市：自由出版社，民國63年3月，初版），頁75。

〔註154〕牟宗三，《才性與玄理》，（臺北市：臺灣學生書局，民國86年8月，修訂八版臺八刷），頁195。

〔註155〕吳怡，《新譯莊子內篇解義》，（臺北市：三民書局股份有限公司，民國89年4月，初版），頁67。

〔註156〕王煜，《老莊思想論集》，（臺北市：聯經出版事業公司，民國70年3月，第二次印行），頁115～116。

〔註157〕鄭志明，〈莊子〈齊物論〉的三籟說〉，（淡江大學：「《莊子齊物論》研究」學術研討會，民國91年5月9日），頁2。

〔註158〕《莊子內七篇註》〈齊物論〉，頁197。

憨山以「無心」、「機心」對舉之方式，乃與其「心同跡異之三教觀」以「心」、「跡」對舉之方式相同。其云：「是非齊泯，則己與物皆無跡矣，又從何而分別耶」，〔註159〕故吾人可知，其「心」乃相同，不同者在「跡」，當「是非齊泯」，則不見己與物之分別。故「無心」之「天籟」乃聖人所說者為是，而人卻因執於我見，亦即尚未「忘我」，故「機心」起之，此「機心」一起，則「跡」相異，是非亦不齊，唯有「泯是非」，己與物才得以齊之。此「心跡」對舉之方式，用於「無心」、「機心」之對舉，正是憨山「註莊」系統架構中「以華嚴為次的『平等法界觀』」之開展。

憨山之所以以「物論」釋「齊物論」，主要乃是站在三教融合之立場，以「無心之言」，統攝「機心我見」，亦即以聖人「無心之言」之「天籟」，進一步達到「泯除是非」、「齊──物論」之境界。而此「聖人」正指「佛」，〔註160〕是以其以佛家融攝道家，會歸於佛之用心則顯明！

（三）憨山德清之顯真宰

吾人透過以上兩小節，已然明白憨山所指「逍遙」乃佛之「無礙解脫」，以及憨山之「三籟」意義，及其「泯是非」、「齊──物論」之主張，那麼，憨山藉由以上之立場，所要凸顯者為何呢？其云：

> 齊物之意，最先以「忘我」為本指。今方說「天籟」，即要人返觀言語音聲之所自發，畢竟是誰為主宰；若悟此「真宰」，則外離人我言本無言，又何是非堅執之有哉？〔註161〕

透過以上文獻，可瞭解憨山指出「忘我」、「天籟」、「真宰」三個重點，而其言「畢竟是誰為主宰」，則拈出其欲凸顯之主題──「真宰」。

此「真宰」之顯現，乃由「吾喪我」而來，亦即「此齊物以喪我發端，要顯世人是非都是我見」〔註162〕，故可知，是非我見之泯除，必須透過「喪我」，而此「喪我」即是「忘我」，故「吾喪我」乃憨山註解〈齊物論〉之主旨。

關於「吾喪我」之解釋，歷來學者解釋雖有殊異，〔註163〕然本文順著憨

〔註159〕《夢遊集》卷二〈示本淨貴禪人〉，總0119。

〔註160〕請參見第三章第一節〈莊子為老子之註疏〉之第二小節〈憨山德清註莊之立言本意〉之說明：或參照〈觀老莊影響論〉，頁17之原文。

〔註161〕《莊子內七篇註》〈齊物論〉，頁199。

〔註162〕《莊子內七篇註》〈齊物論〉，頁193。

〔註163〕蕭振邦，〈莊子〈齊物論〉的三種解讀面相之釐清〉，（淡江大學中文系：莊子〈齊物論〉學術研討會，民國91年5月9日），頁3：「a.此一形像不只是『形

山之解釋而論，則陳鼓應云：「『喪我』即去除『成心』（成見）、揚棄我執、打破自我中心」，〔註 164〕其又接續解釋「吾」、「我」之意義：「吾喪我：摒棄我見。『喪我』的『我』，指偏執的我。『吾』，指眞我。由『喪我』而達到忘我、臻於萬物一體的境界。與篇末『物化』一節相對應」。〔註 165〕而方東美層次分明的解釋更加清楚，其云：

> 莊子在「齊物論」裏，要把眞正的自由精神，變做廣大性的平等，普遍的精神平等。然後對第一個必要條件，他說：「今日吾喪我」，這個「我」是什麼呢？它有不同的意義。一種是「小我」，乃是因爲在思想上或情操上，每個人都常以自我爲中心，同於己者就是之，異於己者就非之，所以造成許多隔閡，把和自己不同的看法排斥掉，或隔絕起來，而自以爲是！這點是道家認爲最忌諱的一件事。所以以莊子繼承老子的精神，第一步講精神平等就是要「喪我」，也就是要喪小我，忘小我，而成就大我。〔註 166〕

方東美將「小我」分爲三種意義，一爲「身體百官的我」、二爲「執行心靈功夫的我」、三爲「統一的我」。其以爲莊子所謂「吾喪我」之「喪我」，乃是要將「身體爲中心的自我」、「意識爲中心的自我」、「自己主觀思想爲中心的自我」三者通通去除，而產生第四種我，此第四種我乃莊子所稱之「靈臺」，亦即一種「自覺性的自我」，而莊子之「眞君」，方東美稱之爲「眞實的自我」，方東美層次分明的解釋可謂非常清楚！

然黃錦鋐卻直接以「吾」爲「精神」，「我」爲「形骸」來解釋；〔註 167〕

如槁木』，更令顏成子游驚異的是『心如死灰』。這種境況是伴隨『吾喪我』或『遊心於物之初』而呈現的。b.若就『心如死灰』揭其深意，則當指與意識、意志相關的意欲俱泯之意，若就一般常識區隔來看，也就是『自我』不再活動。果爾如是，則『吾喪我』意指的就是『吾喪失/失掉了『自我』』。如是，可進一步推想，『吾』若是喪失了『自我』，這個『吾』也就只剩下維繫存在的生理自然的活動了，此可謂之爲『自體活動』。c.是此……」。

〔註 164〕陳鼓應註譯，《莊子今註今譯》（上冊），（臺北：臺灣商務印書館股份有限公司，民國 88 年 11 月，修訂版第一次印刷），頁 37。

〔註 165〕陳鼓應註譯，《莊子今註今譯》（上冊），（臺北：臺灣商務印書館股份有限公司，民國 88 年 11 月，修訂版第一次印刷），頁 40。

〔註 166〕方東美，《原始儒家道家哲學》，（臺北市：黎明文化事業股份有限公司，民國 74 年 11 月，再版），頁 260～261。

〔註 167〕請參考：黃錦鋐，《新譯莊子讀本》，（臺北市：三民書局股份有限公司，民國 90 年 5 月，初版十六刷），頁 24～25「吾喪我」之說明。

葉海煙則以「吾」爲「眞我」,「我」爲「假我」解釋之;〔註168〕王邦雄直接以「吾」是「精神的我」,「我」是「形體的我」來解釋;〔註169〕高師柏園則云:「『吾』即眞宰、眞君,『我』、『耦』即爲成心」;〔註170〕而鄭志明更進一步解釋「吾喪我」之意涵,其云:「如人對形式『我』的重視,卻不知眞我的『吾』。『吾喪我』象徵著從外在的形式向內在的精神的回歸,從『人籟』、『地籟』的聲音超越出來,進入到無聲的『天籟』境界」。〔註171〕以上學者之解釋,雖用語不同,然以「吾」爲「眞我」,「我」爲「形軀」之解釋則大略一致,而憨山註解「吾喪我」亦云:「吾自指眞我。喪我,謂長忘其血肉之軀也」,〔註172〕吳怡則讚憨山此註解正替「南郭子綦的『吾』字畫龍點了睛」。〔註173〕

憨山「吾喪我」之註解,表面上看起來的確與以上學者之詮解大致相同,然吾人卻可由憨山註解「似喪其耦」,看出其不同於以上學者之特殊性。其註「似喪其耦」云:「此言色身,乃眞君之耦耳。今忽焉忘身,故言似喪其耦」,〔註174〕由憨山此句註解,能見兩端倪:其一,由「耦」字可見,憨山所言「色身」、「眞君」乃相對待之關係;其二,憨山以佛教之「色身」註解「似喪其耦」,必有其基本立場。亦即「憨山顯然是以佛教的生身和法身來理解『我』與『吾』」,〔註175〕故「吾喪我」之「吾」與「我」已被憨山賦予佛意,「我」已不僅僅是「形軀」的存在,還有「色身」之佛學意涵;「吾」所指的「眞我」,亦不僅僅只是「眞我」的存在,其中亦包含佛教「破執」之概念。

〔註168〕請參考:葉海煙,《莊子的生命哲學》,(臺北市:東大圖書股份有限公司,民國82年10月),頁125～128〈二、喪我與眞吾——認知生命的眞相〉之說明。

〔註169〕請參考:王邦雄、岑溢成、楊祖漢、高柏園,《中國哲學史》〈第八章·莊子〉,(臺北:國立空中大學,民國84年8月,初版),頁155～159〈第三節·天籟齊物之論〉之說明。

〔註170〕高柏園,《莊子內七篇思想研究》,(臺北市:文津出版社,民國89年5月,初版二刷),頁79。

〔註171〕鄭志明,〈莊子〈齊物論〉的三籟說〉,(淡江大學:「《莊子齊物論》研究」學術研討會,民國91年5月9日),頁3。

〔註172〕《莊子內七篇註》〈齊物論〉,頁193。

〔註173〕吳怡,《新譯莊子內篇解義》,(臺北市:三民書局股份有限公司,民國89年4月,初版),頁65。

〔註174〕《莊子內七篇註》〈齊物論〉,頁192。

〔註175〕《法藏文庫》碩博士學位論文——《中國佛教學術論典》第二十九冊:夏清瑕〈憨山大師佛學思想研究〉,(高雄:佛光山文教基金會,民國91年4月,初版一刷),頁168。

　　故可知，憨山透過「吾喪我」為發端，所欲凸顯的乃是「吾」之「真我」，此「真我」的呈現正是「忘」形軀我之展現。憨山藉此逼顯出箇「真宰」，然而，憨山又透過何種方式，將此「真宰」顯現出來呢？上一小節已說明憨山對於「三籟」之註解，其中，又以「天籟」之「無心之言」為「聖人」所說者為是，而此「三籟」乃以「咸其自取，怒者其誰耶」一語為功夫，為「忘言之境」。憨山由「天籟」「夫吹萬不同，而使其自己也」顯出箇「真宰」，其云：

> 言天籟者，乃人人發言之天機也。吹萬不同者，意謂大道本無形聲，托造物一氣，散而為萬靈，人各得之而為「真宰」者，如長風一氣而吹萬竅也。以人各以所稟形器之不一，故各各知見之不同，亦如眾竅之聲不一，故曰吹萬不同，使其自己者；謂人人迷其「真宰」之一體，但認血肉之軀為己身，以一偏知見為己是，故曰使其自己，謂從自己而發也，此物論不齊之病根也。〔註176〕

憨山由此顯現「真宰」，再由「咸其自取，怒者其誰耶」顯出「平齊——物論之功夫」與「忘言之境」，其云：

> 此一言直指齊物之功夫，直造忘言之境也。咸者，皆也；取，猶言看取，乃返觀內照之意也；怒者，鼓其發言之氣，乘氣而後方有言也；誰者，要看此言畢竟從誰而發也。但知言從己發，而不知有「真宰」主之，若不悟「真宰」，則其言皆是我見，非載道之言，由此是非之生，終竟而不悟也，要人識取「真宰」也。〔註177〕

由上可知，憨山「顯真宰」之用心全明白。其以「返觀內照」之禪門究竟功夫，比擬為齊物之功夫，並希望藉此凸顯「真宰」。憨山以「齊——物論」註解莊子之〈齊物論〉，乃希望人能悟此「真宰」，如此，則「是非自泯」，其中正是以「自取怒者其誰」為功夫，由此功夫返觀言語聲音之自發，悟此「真宰」，並達「天籟」「無心之言」之境。其又云：

> 此齊物論之下手工夫，直捷示人處，只在「自取怒者其誰」一語，此便是禪門參究之功夫；必如此看破，方得此老之真實學問處，殆不可以文字解之，則全不得其指歸矣！〔註178〕

〔註176〕《莊子內七篇註》〈齊物論〉，頁198。
〔註177〕《莊子內七篇註》〈齊物論〉，頁198～199。
〔註178〕《莊子內七篇註》〈齊物論〉，頁199～200。

憨山以「中峰云：『三界塵勞如海闊，無古無今鬧聒聒』，謂是故也」〔註179〕
來形容「物論」之不齊，是故，其以禪門「返觀內照」之參究功夫爲「齊──
─物論」之功夫，由此悟及「眞宰」，才能達到「泯是非」之境界。

　　蓋憨山又由註解《莊子》〈齊物論〉「旦暮得此，其所由以生乎」之「此」
字，暗點出箇「眞宰」。其以「旦暮」乃「死生晝夜之道」，故悟此「眞宰」，
乃「有生之主」；其接著註解《莊子》〈齊物論〉「非彼無我，非我無所」之「彼」
字，乃同於「旦暮得此」之「此」字──亦即直指「眞宰」。其云：

> 「彼」，即上「此」字，指「眞宰」也。謂非彼「眞宰」，則不能有
>
> 我之形，若非我之假形，而彼「眞宰」亦無所托。〔註180〕

憨山此處之「彼」字以「眞宰」註解，乃等同於憨山註解《莊子》〈齊物論〉
「而待『彼』也耶」句，其云：「『彼』字近指前文所待『大覺之聖人』；遠則
指前『非彼無我』之『彼』字，意指『眞宰』」。〔註181〕除此之外，憨山以「眞
宰」爲「彼」字之註解，則異於其於〈齊物論〉中註解之其他「彼」字，其
註解《莊子》〈齊物論〉：「物無非『彼』」、「『彼』出於是」、「是亦因『彼』」、
「『彼』是方生之說也」、「是亦『彼』也，『彼』亦是也」、「『彼』亦一是非，
此亦一是非」、「果且有『彼』是乎哉，果且無『彼』是乎哉」、「『彼』是莫得
其偶」等「彼」字，皆以「天下之人」爲「彼」，而此「彼」字亦皆涵蓋「彼
之非」之意，乃與「是」相對。那麼，憨山何以在「旦暮得此」後註解「非
彼無我」之「彼」字爲「眞宰」之意呢？憨山將「旦暮」解爲「死生晝夜之
道」，由此暗點「眞宰」，乃在於其以「旦暮之遇乃爲佛」之主張，亦即憨山
之「眞宰」，乃「聖人」得之，而此「聖人」乃爲「佛」。憨山在註解《莊子》
〈齊物論〉「萬世之後，而一遇大聖，知其解者，是旦暮遇之也」云：

> 言必待萬世之後，遇一大覺之聖人，知我此說，即我與之爲「旦暮
>
> 之遇」也。意此老胸中，早知有「佛」，後來必定印證其言不然，而
>
> 言大覺者其誰也耶？〔註182〕

憨山此處之「旦暮之遇」正拈出其註「旦暮得此」之「此」字意涵，亦即，「旦
暮之遇」乃大覺之聖人──「佛」，遇「佛」之後，則得「此」，此乃「眞宰」，

〔註179〕《莊子內七篇註》〈齊物論〉，頁203。
〔註180〕《莊子內七篇註》〈齊物論〉，頁204。
〔註181〕《莊子內七篇註》〈齊物論〉，頁264。
〔註182〕《莊子內七篇註》〈齊物論〉，頁261。

故可知，此「真宰」則非「聖人」而不得之。至於「非彼無我」，乃非「真宰」無我，此中隱含「待彼」之意，此等待之「彼」，乃爲「大覺之聖人」，亦即「待佛」之意。是故，憨山此處之「彼」字，應有兩層意義，一爲「大覺之聖人」、二爲「真宰」。憨山云：

> 謂既舉世之人，都在迷中，橫生是非之辯，如夢中諍論，誰能解而正之，除非是「大覺之聖人」出世，方能了然明白；若不待聖人，直須各人悟了本有「真宰」，則不由是非，而照之於天然大道，則是非亦泯絕矣！……此文橫說豎說，三千餘言，到此只一「彼」字結之，看是何等力量，但看發論之端，暗點出「真宰」，但云「非彼無我」，以一「彼」字爲主，到底猛然突出一句，曰「待彼」也耶！〔註183〕

由上之引文，吾人可清楚明白，憨山以「彼」字顯「真宰」，顯「大覺之聖人」——「佛」之用心，以及其以「待彼」顯示「待佛」之佛門立場。其中「若不待聖人，直須各人悟了本有『真宰』」之意，正是憨山所言「返觀內照」之禪門參究功夫，亦即唯有透過「返觀內照」之功夫，眾生才能悟了「真宰」，否則，必待「大覺之聖人」——「佛」之出世。此乃憨山欲「藉莊子以突顯佛陀在娑婆現身因緣，以及佛教在震旦應運傳教之殊勝」〔註184〕的立場。

吾人既明白憨山所指「非彼無我」之「彼」字有「真宰」及「大覺之聖人」兩層意義，那麼，以憨山佛教之立場，其所顯之「真宰」，除了「真知」、〔註185〕「真君」〔註186〕之意涵外，是否還有進一步之註解？憨山註《莊子》〈齊物論〉「百骸、九竅、六藏，賅而存焉，吾誰與爲親」云：

> 賅，猶該也。言該盡一身，若俱存之而爲我，不知此中那一件是我最親者，若以一件爲親，則餘者皆不屬我矣；若件件都親，則有多

〔註183〕《莊子內七篇註》〈齊物論〉，頁 264～265。

〔註184〕陳運星，《儒道佛三教調合論之研究——以憨山德清的會通思想爲例》，（中央大學哲學研究所碩士論文，民國 80 年 6 月），頁 255。

〔註185〕《莊子內七篇註》〈齊物論〉，頁 205；憨山註莊子〈齊物論〉「若有真宰」曰：「到此方拈出『真宰』二字，要人悟此，則爲『真知』矣」。

〔註186〕《莊子內七篇註》〈齊物論〉，頁 207～208；憨山註莊子〈齊物論〉「其有真君存焉」曰：「若件件無主，乃假我耳，其必有『真君』存焉；既有『真君』在我，而人何不自求之耶」，憨山接著註莊子〈齊物論〉「如求得其情與不得，無益損乎其真」曰：「言此『真君』，本來不屬形骸，天然具足；人若求之而得其實體，在『真君』亦無有增益，即求之而不得，而『真君』亦無所損。即所謂不增不減，迷之不減，悟之不增，乃本然之性真者。此語甚正，有似內教之說，但彼認有箇『真宰』，即佛所說『識神』是也」。

我，畢竟其中誰爲我者。此即佛說小乘析色明空觀法，又即《圓覺經》云：「四大各離。」今者妄身當在何處？此破我執之第一觀也。
〔註187〕

憨山以「觀」爲功夫，而「『觀』是指『返觀內照』而言，其目的在要人識取眞宰」，〔註188〕其以爲破「我執」之第一「觀」，即是小乘「析色明空觀法」，此觀法亦稱爲「析空觀」，乃「分析諸法而入空」之觀法，此乃貶小乘及成實論所說空觀之語。故吾人可推知，憨山以「小乘析色明空觀法」爲註，則有貶抑莊子所言「百骸、九竅、六藏，賅而存焉，吾誰與爲親」之意，亦即有道家不及佛家之立場。然其對莊子「罔兩問景」乃至於「莊周夢蝶」，則有以「即色明空」乃至於「物我兩忘」而歸於「佛」之主張，其云：

蓋前百骸九竅，一一而觀，乃初心觀法，如內教小乘之「析色明空觀」；今即觀身如影之不實，如蛇蚹之假借，乃「即色明空」，更不假費工夫也。雖觀假我，而未能忘物，故如蝶夢之喻，則物我兩忘，物我忘，則是非泯，此「聖人」大而化之成功也。〔註189〕

憨山此處所言之「即色明空」，所指乃「體空觀」，亦即「析空觀」之對稱，兩者觀法皆從假入空觀，乃憨山所言「觀假我」，兩者同樣能破界內之見、思二惑，然兩者觀法之差別相，則在於有巧、拙之別，「體空觀」爲「巧度觀」，「析空觀」爲「拙度觀」。憨山以莊子之功夫，由「百骸、九竅、六藏，賅而存焉，吾誰與爲親」至「罔兩問景」，最終到達「莊周夢蝶」、「物我兩忘」之境界，而此亦由「析空觀」至「體空觀」，最後到達「物我忘、是非泯」之境，而此境界之最終，憨山指出乃「聖人大而化之成功也」，此「聖人」所指爲「佛」，故可知，憨山「註莊」最終境界之歸結，依然會歸於「佛」！

　　憨山以「觀」爲工夫，其目的乃要人識取「眞宰」，故其進一步註解「眞宰」之意涵爲「即佛所說『識神』是也」。〔註190〕憨山所言之「識神」，乃「心識之主體」，而於禪宗而言，則專指「精神作用」，亦即能起意識作用者，憨山以佛教之「識神」註解莊子之「眞宰」，其以佛解莊之用意已明白。而此「眞

〔註187〕《莊子內七篇註》〈齊物論〉，頁206～207。
〔註188〕陳榮波，《哲學、語言與管理》，(桃園：逸龍出版社，民國81年2月，初版)，頁72。
〔註189〕《莊子內七篇註》〈齊物論〉，頁276～277。
〔註190〕《莊子內七篇註》〈齊物論〉，頁208。

宰」，正是《楞嚴經》所謂的「唯一精眞」，〔註191〕憨山解《老子》的「窈兮冥兮，其中有精」爲《楞嚴經》之「唯一精眞」，此「唯一精眞」則爲「識神」，且憨山以爲「莊子爲老子之註疏」，其又以「識神」爲莊子之「眞宰」，故可知，憨山以「楞嚴爲首」〔註192〕作爲「註莊」之思想則呈顯出來。至於「華嚴爲次」〔註193〕則展現於以上所言之「無心」、「機心」之對舉，以及憨山所言「若不待聖人，直須各人悟了本有『眞宰』」，此乃因「心佛眾生本來平等」，故眾生皆可悟及「眞宰」，此亦即憨山「以華嚴爲次的『平等法界觀』」之展現。

透過以上之論述，憨山「註莊」以「楞嚴爲首、華嚴爲次」之「唯心識觀」則充分展現。是故，憨山所言之「眞宰」，亦可以「唯心識觀」之「三界唯心，萬法唯識」之「一心」統攝，亦即憨山所言之「眞宰」已被賦予佛學概念，而非莊子本然之「眞宰」。其〈齊物論〉篇末立論「眞宰」云：

> 大概此論立意，若要齊物，必先破我執爲第一，故首以「吾喪我」發端，然「吾」指「眞宰」，「我」即「形骸」，初且說忘我，未說工夫；次則忘我工夫，須要觀形骸是假，將百骸九竅六藏，一一看破散了，於中畢竟誰爲我者，方才披剝出一箇「眞君」面目；意謂若悟「眞君」，則形骸可外，形骸外，則我自忘，我忘，則是非泯矣。
> 此其中大主意也，重重立論返覆發揚者此耳。〔註194〕

故可知，〈齊物論〉以「吾喪我」發端，「忘我」爲工夫，再經由「析空觀」至「體空觀」，最後到達「物我忘、是非泯」之境界。此「眞宰」正是憨山經由「逍遙遊」、「齊——物論」之「立言」所突顯之大旨，亦即憨山用以貫穿內七篇之主軸。

〔註191〕陳運星，《儒道佛三教調合論之研究——以憨山德清的會通思想爲例》，(中央大學哲學研究所碩士論文，民國80年6月)，頁258：「德清認爲莊子之眞宰，仍是『識神』、『中陰身』，仍是小乘佛教或近婆羅門教的原因。[亦如德清認爲老子『恍惚窈冥之精眞』者，乃正是《楞嚴經》所謂的『唯一精眞』(即『中陰身』或『識神』)]，其境界稱爲『識陰區宇』」。
關於《楞嚴經》之「唯一精眞」部分，請參見第四章第一節〈憨山德清註莊之系統架構〉之第一小節〈以楞嚴爲首的《老子道德經解》〉之說明。
〔註192〕請參見第四章第一節〈憨山德清註莊之系統架構〉之第一小節〈以楞嚴爲首的《老子道德經解》〉之說明。
〔註193〕請參見第四章第一節〈憨山德清註莊之系統架構〉之第二小節〈以華嚴爲次的「平等法界觀」〉之說明。
〔註194〕《莊子內七篇註》〈齊物論〉，頁274～275。

二、《莊子內七篇註》之〈養生主〉、〈人間世〉乃發明體用

　　吾人透過「憨山德清之顯眞宰」此一小節，已然明白憨山「註莊」乃以「眞宰」貫穿內七篇，而本章第三節始亦有言之，憨山「有體有用」、「內聖外王」之學，首要則展現於憨山註解〈大宗師〉、〈應帝王〉中；次要則展現於憨山註解〈養生主〉、〈人間世〉裡。憨山以爲，〈養生主〉、〈人間世〉乃「互相發明」，其註〈人間世〉云：

> 故篇終以不才爲究竟，苟涉世無患，方見善能養生之主，時與前篇
> （〈養生主〉）互相發明也。〔註195〕

其中，憨山所言之「養生之主」，所指乃其貫穿內七篇之「眞宰」，其註〈大宗師〉篇，論及內七篇之「相因次第」時，即明言此「眞宰」，其云：

> 〈養生主〉，謂世人迷卻「眞宰」，妄執「血肉之軀」爲我，人人只
> 知爲一己之謀，所求功名利祿以養其形，戕賊其「眞宰」而不悟，
> 此舉世古今之迷，皆不知所養耳！若能養其生之主，則超然脫其物
> 欲之害，乃可不虛生矣。果能知養生之主，則天眞可復，道體可全，
> 此得「聖人之體」也。〔註196〕

又云：

> 〈人間世〉，乃「涉世」之學問，謂世事不可以有心要爲，不是輕易
> 可涉，若有心要名干譽，恃才妄作，未有不傷生戕性者；若顏子葉
> 公，皆不安命，不自知而強行者也。必若聖人忘己虛心以遊世，迫
> 不得已而應，乃免患耳！其涉世之難，委曲畢見，能涉世無患，乃
> 「聖人之大用」也。〔註197〕

由上可知，憨山以爲〈養生主〉、〈人間世〉兩篇「互相發明」之意，乃以〈養生主〉爲「聖人之體」，〈人間世〉爲「聖人之大用」。故憨山所指之「體用」，乃〈養生主〉以「眞宰」爲「體」，〈人間世〉以「涉世」爲「用」，故〈養生主〉、〈人間世〉所「互相發明」者，乃在於「發明體用」一語而已。是故，此節以「《莊子內七篇註》之〈養生主〉、〈人間世〉乃發明體用」爲標題，將〈養生主〉、〈人間世〉置於同一小節下討論。

　　以下分爲兩小節：第一小節「憨山德清之養性全生」，說明憨山〈養生主〉

〔註195〕《莊子內七篇註》〈人間世〉，頁294。
〔註196〕《莊子內七篇註》〈大宗師〉，頁370～371。
〔註197〕《莊子內七篇註》〈大宗師〉，頁371～372。

以「眞宰」爲「體」,「養性全生」之概念;第二小節「憨山德清之虛己涉世」,
說明憨山以「涉世」爲「用」,聖人「虛己」之處世之道。

(一)憨山德清之養性全生

憨山註〈養生主〉卷首即說明〈養生主〉此篇乃在於教人「養性全生」、
且「以性乃生之主」之概念,其所言之「性」乃「養生之主」,亦即「眞宰」。
其云:

> 此篇教人養性全生,以性乃生之主也。意謂世人爲一身口體之謀,
> 逐逐於功名利祿,以爲養生之策,殘生傷性,終身役役而不知止,
> 即所謂迷失「眞宰」,與物相刃相靡,形盡如馳,而不知歸者,可不
> 爲之大哀耶!故教人安時處順,不必貪求以養形,但以「清靜離欲」
> 以養性,此示入道之功夫也。〔註198〕

由上可知,憨山所言「養性全生」之「性」,乃「養生主」之「主」,亦即「眞
宰」。憨山以爲,世人所求者乃在於養「形軀」,而非養「性」,此「性」即是
主宰「形軀」之「主」,故其以爲,世人不應只是貪求「養形」而忘卻「眞宰」
之重要;其以「清靜離欲」爲「養性」之功夫,此功夫正是憨山以佛教語所
揭露之方式。

陳榮波以爲,憨山以〈養生主〉爲「入道之功夫」,〔註199〕而此「入道
之功夫」,憨山以「清淨離欲以養性」揭示,然此「清淨離欲」於〈養生主〉
中,則只在於「緣督以爲經」一語而已,憨山云:

> 逍遙之聖人,則忘己、忘功、忘名,故得超然於物外;齊物之愚夫,
> 競名好辯,迷「眞宰」而不悟,此聖凡之辯也。故今示之以「入聖之
> 功夫」,以養生主爲首務也;然養生之主,只在「緣督爲經」一語而
> 已,苟安命適時,順乎天理之自然,則遇物忘懷,絕無意於人世,則
> 若己若功若名,不待忘而自忘矣。此所以爲養生主之妙術也。〔註200〕

憨山此語即明白揭示,此〈養生主〉乃「入聖之功夫」,而所養之「體」,則
爲「眞宰」,之所以要「養生之主」——「眞宰」,乃在於冀求達到「忘己、
忘功、忘名」之聖人境界。憨山以「聖凡之辯」,揭示聖人、凡人之差別相,

〔註198〕《莊子內七篇註》〈養生主〉,頁277~278。
〔註199〕請參見本章第二節〈憨山德清註莊之次第脈絡〉之第二小節《莊子內七篇註》
　　　　之內聖外王〉之說明。
〔註200〕《莊子內七篇註》〈養生主〉,頁279~280。

此差別相乃在於「忘我」與否，若通過「忘我」之首要，則可「忘功、忘名」。
是故，憨山以註解〈養生主〉，揭示一條通往成聖之大道，而此大道之涵養，
依然以「眞宰」爲中心，「緣督爲經」正是其揭示「成聖」之方法。憨山以「緣
督爲經」一語揭示「養生之主」，與宣穎以「緣督」一句揭示「養生之妙」相
似，宣穎以爲養生之主，乃爲「眞君」、「眞宰」，其云：「誰爲生主，無可指
也，『眞宰』、『眞君』」，〔註201〕而「養生之妙」只在於「緣督」一語，其云：

> 養生之妙止在「緣督」一句，引「庖丁」一段止發明「緣督」一句。
> 夫中央爲督，督豈有一定之處乎哉？又豈有件物事可指之爲督乎
> 哉？凡兩物相際之處，謂之中，無此中則此與彼無相麗之用，然而
> 稍移一分，則爲此物矣；稍移一分，則又第爲彼物矣。然則中固無
> 有物也，遊於無有物而傷之者誰哉！此「緣督」之義固無踰於解牛
> 者也。〔註202〕

宣穎以爲「庖丁解牛」之「解牛」之喻，全在於「緣督」二字，其與憨山皆
以爲「緣督」一語乃〈養生主〉之首要，然其以「緣督」爲養生之主，主要
乃在於揭示「養生之妙」；而憨山之「緣督爲經」，其中卻包括「入道之功夫」
的工夫意涵，亦即其中含有涵養「成聖」之工夫理路。而關於「緣督以爲經」，
郭象注：「順中以爲常也」，〔註203〕成玄英疏云：「緣，順也。督，中也。經，
常也。夫善惡兩忘，刑名雙遣，故能順一中之道，處眞常之德，虛夷任物，
與世推遷。養生之妙，在乎茲矣！」〔註204〕而陳鼓應則解釋爲「順守自然的
的根本原理」，〔註205〕憨山之解亦不出乎於外，其云：「緣，順也。督，理也。
經，常也。言但安心順天理之自然以爲常，而無過求馳逐之心也」。〔註206〕
然憨山以「順天理自然以爲常」爲註解，其中卻隱含藉由「緣督爲經」一語，

〔註201〕清・宣穎，《莊子南華經解》，（臺北市：廣文書局有限公司，民國67年7月，
　　　　初版），卷一頁50。
〔註202〕清・宣穎，《莊子南華經解》，（臺北市：廣文書局有限公司，民國67年7月，
　　　　初版），卷一頁53。
〔註203〕晉・郭象注、唐・成玄英疏；曹礎基、黃蘭發點校，《南華眞經注疏》〈南華
　　　　眞經疏序〉，（北京：中華書局，民國87年7月，北京第一次印刷），頁67。
〔註204〕晉・郭象注、唐・成玄英疏；曹礎基、黃蘭發點校，《南華眞經注疏》〈南華
　　　　眞經疏序〉，（北京：中華書局，民國87年7月，北京第一次印刷），頁67。
〔註205〕陳鼓應，《老莊新論》，（上海：上海古籍出版社，民國86年9月，二次印刷），
　　　　頁148。
〔註206〕《莊子內七篇註》〈養生主〉，頁279。

援引出「庖丁解牛」為「聖人處世間之事」之用心！

憨山由「緣督為經」一語，援引出〈養生主〉之立義——「庖丁解牛」，再進一步由「庖丁解牛」展現其「有體有用」、「內聖外王」之學，其云：

> 此〈養生主〉一篇立義，只一「庖丁解牛」之事，則盡養生主之妙，以此乃一大譬喻耳！若一一合之，乃見其妙。「庖丁」喻「聖人」；「牛」喻「世間之事」，大而天下國家，小而日用常行，皆目前之事也。解牛之技，乃治天下國家，用世之術智也。〔註207〕

憨山以「庖丁解牛」比喻聖人治天下國家之事，此即是憨山「有體有用」、「內聖外王」之展現；其以「庖丁」比喻「聖人」，而「牛」則為「世間大事」，用以展現「聖人」除了有「眞宰」之「體」外，其用世之心，則展現於「天下國家」，此為「用」也。憨山此比喻甚妙，其又以「刀」喻人之「本性」，乃「生之主」，亦即「眞宰」，其云：

> 「刀」喻「本性」，即生之主，率性而行，如以刀解牛也。言「聖人」學道，妙悟性眞，推其緒餘以治天下國家，如庖丁先學道而後用於解牛之技也。〔註208〕

憨山以「刀」比喻「本性」，所指即〈養生主〉之「體」——「眞宰」，此喻與陸西星以「神」喻「刃」相似。陸西星云：「夫物各有理，順其理而處之，則雖應萬變而神不勞，故以庖丁寓言。『事』譬，則『牛』也；『神』譬，則『刃』也，所以不至於勞，且傷者則何故哉？各得其理而已矣！」〔註209〕陸西星之「神」相通於憨山所言之「性」，亦即「養生之主」，所指同為「眞宰」。陸西星以「牛」喻「事」，而憨山則以「牛」比喻小大之事，小則為「日用常行」，大則為「天下國家」，憨山進一步將「牛」擴展為「天下國家」，乃在於其以「庖丁」為「聖人」之故，唯有「聖人」才能以「本性」——「眞宰」治理「天下國家」，而達「庖丁解牛」之境界。

再者，憨山乃是以「未悟」、「看破」兩個階段，來比喻「庖丁解牛」由「漸」而「悟」之層次。首先，「未悟」之階段，憨山云：

> 初「未悟」時，則見與世齟齬難行，如庖丁初，則滿眼只見一牛耳；

〔註207〕《莊子內七篇註》〈養生主〉，頁284～285。。
〔註208〕《莊子內七篇註》〈養生主〉，頁285。
〔註209〕明・陸西星眞人，《莊子南華眞經副墨》（上），（臺北市：自由出版社，民國63年3月，初版），頁149。

　　既而入道已深，性智日明，則看破世間之事，件件自有一定天然之

　　理，如此則不見一事當前，如此則目無全牛矣！〔註210〕

剛開始由「未悟」之階段，漸漸入道，待入道已深，則可到達「目無全牛」
之境，如此即可進入「看破」之階段；其次，「看破」之階段，憨山云：

　　既「看破」世事，則一味順乎天理而行，則不見有一毫難處之事，

　　所謂「技經肯綮」之未嘗也；以順理而行，則無奔競馳逐以傷性眞，

　　故如刀刃之十九年，若新發於硎，全無一毫傷缺也。〔註211〕

透過以上論述，吾人既明白憨山「未悟」、「看破」兩階段，那麼，其又如何
比喻「聖人」應用於世呢？其云：

　　以「聖人」明利之智，以應有理之事務，則事小而智鉅，故如游刃

　　其間，恢恢有餘地矣。若遇難處沒理之事，如筋骨之盤錯者，不妨

　　小心戒惕，緩緩斟酌於其間，則亦易可解，亦不見其難者。「至人」

　　如此應世，又何役役疲勞，以取殘生傷性之患哉！故結之曰：『聞庖

　　丁之言，得養生焉』，而意在「至人」率性順理而無過中之行，則性

　　自全而形不傷耳！〔註212〕

憨山此處的「至人」，所指與「聖人、神人」同一義，〔註213〕而「率性順理而
無過中之行」乃養生之大道，亦即「性」乃自全而無所傷，如此「眞宰」即
顯明。吾人既明白憨山「有體有用」及「聖人」應用之學，那麼，憨山如何
將一切指歸於「佛經」？其註「庖丁解牛」段末云：「善體會其意，妙超言外，
此等譬喻，唯佛經有之，世典絕無而僅有者，最宜詳玩，有深旨哉！」〔註214〕
「佛經」二字，正是憨山拈出「庖丁解牛」所指歸之處；而陳壽昌註「庖丁
解牛」段，亦有佛學思想涵蓋其中，其云：

　　此借「庖丁解牛」，曲示「緣督爲經」之義，言人當善惡兩忘，由「定」

　　生「慧」，則元關發現，自有門徑可尋，於此看得分明，從容下手，

　　即偶有扞格之處，亦勿忘物助，純任自然，盤錯迭經，虛靈自耀；

　　及至積「漸」成「頓」，六通不礙，四大皆空，仍須存養眞元，葆光

〔註210〕《莊子內七篇註》〈養生主〉，頁285。

〔註211〕《莊子內七篇註》〈養生主〉，頁285～286。

〔註212〕《莊子內七篇註》〈養生主〉，頁286～287。

〔註213〕請參見本章第三節〈憨山德清註莊之內容特色〉之第一小節《莊子內七篇註》
　　　　之〈逍遙遊〉、〈齊物論〉乃立言眞宰〉之〈憨山德清之論逍遙〉部分。

〔註214〕《莊子內七篇註》〈養生主〉，頁287。

> 塗卻，以妙鍊神還虛之用。蓋神爲人心之主，庖人之用刃，與道家
> 之存神，其義一也；悟得此旨，即謂「放下屠刀，立地成佛」亦無
> 不可。〔註215〕

陳壽昌此段之註，乃由「漸」而「頓」，最後以「放下屠刀，立地成佛」爲悟
得此喻之旨；而憨山「未悟」、「看破」兩階段，亦由「漸」而「悟」，然其最
後則將此喻會歸於「佛經」。憨山此等譬喻，雖已遠離莊子原意，然其中以「佛
經」統攝「聖人」之道，正如其以「聖人」喻「佛」一般，皆有其用心及立
場，如此，其以「佛」會歸三教之說，則展現的淋漓盡致！

（二）憨山德清之虛己涉世

憨山註〈養生主〉、〈人間世〉爲互相發明者，其註〈養生主〉末亦云：

> 故「至人」遊世，形雖同人，而性超物外，不爲生死變遷者，實由
> 得其所養耳，能養性復眞，所以爲「眞人」。故後〈人間世〉，即言
> 「眞人」無心而遊世，以實「庖丁解牛」之譬，以見〈養生主〉之
> 效也；篇雖各別，而意實貫之。〔註216〕

由上可見兩點端倪：其一，憨山以「至人」爲「眞人」，兩者皆「性超物外」、
「養性復眞」，且以「無心」而遊世；其二，〈人間世〉爲〈養生主〉之效用，
亦即〈人間世〉爲實現「眞宰」之「體」的效用，乃爲體用之「用」。既明白
憨山此兩點立場，那麼，其以〈人間世〉爲「聖人處世之道」之主張即可明
白！其云：

> 此篇蓋言「聖人處世之道」也，然〈養生主〉，乃不以世務傷生者，
> 而其所以養生之功夫，又從經涉世故以體驗之；謂果能自有所養，即
> 處世自無伐才求名，無事強行之過，其於輔君奉命，自無誇功溢美之
> 嫌。而其功夫又從「心齋」、「坐忘」，虛己涉世，可無患矣！〔註217〕

憨山以爲，〈人間世〉此篇主要乃言「聖人處世之道」，亦即〈養生主〉之功
夫，由「虛己涉世」而體驗，並以「心齋」、「坐忘」爲功夫，其以爲〈人間
世〉終篇乃以「不才」以「自全」，且與〈養生主〉「互相發明」。憨山如是主
張，黃錦鋐亦云：「〈人間世〉不外論述處人與自處的道理，處人之道，在不

〔註215〕清・陳壽昌，《南華眞經正義》（附識餘）（上），（臺北市：廣文書局有限公司，
　　　　民國67年7月，初版），頁24。
〔註216〕《莊子內七篇註》〈養生主〉，頁291。
〔註217〕《莊子內七篇註》〈人間世〉，頁293～294。

見有人，自處之道，在不見有己，無人無己，則無往而不可了，可與〈養生主〉參看」，〔註218〕故可推之，〈養生主〉、〈人間世〉不僅可互相參看，其中亦包含憨山所附與之「體用」關係。

　　而關於〈人間世〉之解釋，大抵皆以「人處亂世，故以處人及自處之道」釋之，王先謙解曰：「人間世，謂當世也。事暴君，處汙世，出與人接，無爭其名，而晦其德，此善全之道」；〔註219〕王夫之解曰：「此篇爲涉亂世以自全而全人之妙術，君子深有取焉」；〔註220〕宣穎解曰：「人間世，不過有二端：處人與自處是已」；〔註221〕而陳鼓應亦云：「人間世篇，主旨在描述人際關係的紛爭糾結，以及處人與自處之道」。〔註222〕〈人間世〉篇旨之解釋大抵相似，而憨山卻賦予了「聖人」處世之道之「體用關係」於其中，亦即憨山以爲人間世所處世者，乃爲「聖人」，唯有「聖人」才得以「虛己涉世」，達到「無患於世」之用。

　　吾人既明白〈人間世〉之主旨，以下即順著憨山之解，分爲「材能之累」與「不才以全生」兩部分討論：關於「材能之累」部分，憨山主要以「輔君之難」與「使命之難」兩者言之，論述之重點則在於「心齋」、「三術」以及「忠孝」三者，關於「心齋」部分，乃爲憨山「註莊」之功夫論，故將於第五章第二節討論，此不再贅述，以下僅討論「三術」及「忠孝」兩者。而關於「不才以全生」部分，主要論述憨山以「不才」而「自全」，以此總結「聖人處世之道」之「人間世」。以下分別論述。

　　憨山雖以〈人間世〉爲〈養生主〉之「用」，然其中卻仍強調有才有能所帶來之累患，其以爲涉世之大患，乃以「諫君」爲第一，即使是以「忠言」練之，亦恐遭殺身之禍，唯有「聖人」才得以遠害。憨山以爲「孔子乃用世之聖人，顏子乃聖門之高弟，故借以爲重，使其信然也」，〔註223〕由憨山言「三

〔註218〕黃錦鋐，《新譯莊子讀本》，（臺北市：三民書局股份有限公司，民國90年5月，初版十六刷），頁53。

〔註219〕清・王先謙、民國・劉武，《莊子集解、莊子集解內篇補正》，（臺北縣：漢京文化事業有限公司，民國77年12月30日，初版），頁85。

〔註220〕清・王夫之，《莊子解》，（臺北市：河洛圖書出版社，民國67年9月，臺影印初版），頁34。

〔註221〕清・宣穎，《莊子南華經解》，（臺北市：廣文書局有限公司，民國67年7月，初版），卷二頁2。

〔註222〕陳鼓應註譯，《莊子今註今譯》（上冊），（臺北：臺灣商務印書館股份有限公司，民國88年11月，修訂版第一次印刷），頁115。

〔註223〕《莊子內七篇註》〈人間世〉，頁294。

術」，即可知憨山仍將孔子置於「用世」之聖人而已，其地位仍不如老莊與佛，
〔註224〕其註「然則我內直而外曲至猶師心者也」段云：

> 此一節，言「三術」，從孔子「君子有三畏」中變化來：「與天爲徒」，
> 畏天也；「與人爲徒」，畏大人也；「與古爲徒」，畏聖人之言也。但
> 議論渾然無跡，言此三事，亦非聖人大化之境界，止於世俗之常耳！
> 意在言外。〔註225〕

憨山以莊子之「與天爲徒」、「與人爲徒」、「與古爲徒」爲「三術」，再將此「三
術」類比於孔子之「君子有三畏」——「畏天命」、「畏大人」、「畏聖人之言」，
然卻又言「此三事，亦非聖人大化之境界，止於世俗之常耳」。由憨山此句話，
吾人可推斷，憨山以孔子之學爲「世俗」之學問，而尚未到達「聖人大化」之
境界，亦即孔子之學問乃「涉世」之學，其地位仍低於老莊之「忘世」、佛之「出
世」。且「意在言外」此句話，正透露出憨山以〈人間世〉爲「用」爲「涉世」
之學問，其以爲涉世之難在於「輔君之難」與「使命之難」兩者，其云：

> 涉世，先於事君，此言「輔君之難」也。苟非物我兩忘，虛心御物，
> 不得已而應之，決不能感君而離患；若固執我見，持必然之志而強
> 諫之，不但無補於君，且致殺身之禍。此龍逢、比干之死，皆是之
> 過也。〔註226〕

又云：

> 人臣以使命爲難也。以爲人臣者，但以一己功名爲心，故事必求可，
> 功必求成，以此橫慮交錯於胸中，勞神焦思之若此，乃舉世人臣「使
> 命之難」，絕不知有所處之道，故不免其患耳！故夫子教以處之之
> 方，意有一定之命，一定之理，安順處之，自無患耳；若持必可之
> 心，固所不免也。〔註227〕

由以上兩段文獻，吾人可知，唯有「物我兩忘」、「虛心御物」、「安順處之」，
才能免於「輔君之難」與「使命之難」所帶來之禍患。憨山以爲「龍逢」、「比
干」之死，乃因「居臣下之位，而偪拊人君之民」，〔註228〕乃因「要名」而拂

〔註224〕請參見第五章〈憨山德清註莊之工夫論及其境界說〉之第一節〈憨山德清三
　　　　教之判教觀〉之說明。
〔註225〕《莊子內七篇註》〈人間世〉，頁305～306。
〔註226〕《莊子內七篇註》〈人間世〉，頁311。
〔註227〕《莊子內七篇註》〈人間世〉，頁314～315。
〔註228〕《莊子內七篇註》〈人間世〉，頁300。

逆人主之心，才遭致禍患，此乃「好名」而致死。故唯有「忘名」乃至於「物我兩忘」，才能免其禍患；而「使命之難」亦如此，乃須「順一定之理」、「安順處之」，才能免於其患。此乃〈養生主〉之「緣督爲經」一語之發揮，亦即憨山以〈養生主〉、〈人間世〉兩者「發明體用」之展現！

　　蓋憨山又以〈人間世〉一篇，極盡「忠孝」之實而言之，其云：

> 莊子全書，皆以「忠孝」爲要名譽，喪失天眞之不可尚者，獨〈人間世〉一篇，則極盡其「忠孝」之實，一字不可易者；誰言其人不達世故，而恣肆其志耶？且借重孔子之言者，曷嘗侮聖人哉？〔註229〕

憨山此段言論，明白揭示其以爲〈人間世〉一篇乃極盡「忠孝」之實之展現，其將學問分爲「方內」、「方外」，而「方外」之學，亦即人所應遵守之道以外的學問，故以「放曠爲高，特要歸大道也」〔註230〕視之；而「方內」之學，亦即涉世之學問，則「於君臣父子之分，一毫不敢假借者，以世之大經大法不可犯也」〔註231〕視之，憨山以莊子之學問爲「世出世間之道，無不包羅，無不盡理」。〔註232〕其以〈人間世〉極盡「忠孝」之實之展現，葉海煙云：

> 憨山大師以大乘佛理解莊，頗能發明莊子兼容儒、道的生命精神。莊子的道確是世出世間之道，出入無礙，因道遍在，因道已然涵蓋生命的各種向度，故當生命的各種向度一一展開之時，生命精神實已浹化於天地之間，而人間世即在此天地中。〔註233〕

葉海煙以爲莊子在批判儒家之際，依然保有儒家的生命精神，亦即其以爲莊子在批判儒家的道德規範時，乃在於以「成全道德」爲眞正目的，並且進一步以實現道德爲最終目的。葉海煙將莊子之學融攝儒、道二家之說法，放置在憨山學問之脈絡下討論，恐不適當，且仍有一問題尚待解決。亦即在憨山三教之判教中，儒家的學問顯然不及道家，孔子之「涉世」與莊子之「忘世」，在憨山判攝脈絡下，境界已有高低之分，最後兩者皆由「佛」之「出世」所統攝。〔註234〕憨山之立場，在於以「佛」會歸儒、道二家，而非在於將莊子

〔註229〕《莊子內七篇註》〈人間世〉，頁317。
〔註230〕《莊子內七篇註》〈人間世〉，頁317。
〔註231〕《莊子內七篇註》〈人間世〉，頁317。
〔註232〕《莊子內七篇註》〈人間世〉，頁317～318。
〔註233〕葉海煙，《莊子的生命哲學》，（臺北市：東大圖書股份有限公司，民國82年10月，再版），頁16。
〔註234〕請參見第五章〈憨山德清註莊之工夫論及其境界說〉之第一節〈憨山德清三教之判教觀〉之說明。

學問注入儒家色彩，是以葉海煙此說，尚待商榷。且憨山於〈人間世〉中亦明白揭示，莊子以孔子之學問言之，乃在於「借以爲重，使其信然」，〔註235〕亦即「托言以發其端」〔註236〕而已。是故，憨山以〈人間世〉盡「忠孝」之實之展現，乃在於其以〈養生主〉、〈人間世〉爲「發明體用」之脈絡下所展開之「涉世」之道，亦即「忠孝」二字乃憨山以爲「涉世」所必須，此乃〈養生主〉以「眞宰」爲「體」，而〈人間世〉以「虛己涉世」爲「用」之展現。況且，憨山以「此老披肝露膽，眞情發現，眞見處世之難如此；故超然物外，以道自全，以貧賤自處，故遯世無悶，著書以見志，此立言之本意也」〔註237〕總結〈人間世〉之大意，吾人則可明白，憨山註〈人間世〉，乃以「超然物外」、「以道自全」爲首要。若眞要「處世」，即使困難，然於人間世中，卻仍須以盡「忠孝」之實爲展現，此乃「聖人」處世之道；而非如葉海煙所說，憨山「註莊」，頗能發明莊子兼容儒、道之生命精神。

　　憨山既以「材能之累」爲患，那麼，其以「不才以全生」之境，又當如何？其云：

> 不材之自全，甚明材美之自害也。唯神人知其材之爲患，故絕聖棄智，昏昏悶悶，而無意於人間者；此其所以無用得以全身養生，以盡其天年也，此警世之意深矣！〔註238〕

憨山以「無用」爲「全身養生」之境界，亦即以「不才」爲境，其強調「全生遠害」、「全身養生」，正呼應其以〈養生主〉爲「體」，〈人間世〉爲「用」之「體用」之學，此正是憨山「有體有用」之學的展現。而其以「絕聖棄智」、「昏昏悶悶」乃至於「無意於人間者」，正是其總結〈人間世〉之大旨，唯有「聖人」能夠成就，此亦即「聖人處世之大道」！

三、《莊子內七篇註》之〈德充符〉乃體用兩全

　　憨山註〈德充符〉言及「學道之成效」，此「學道之成效」正是其「體用兩全」之展現，其云：「蓋實德內充，形骸可外，而安命自得，以道相忘，則了無人我之相，此學道之成效也」。〔註239〕憨山以「實德內充，形骸可外」

〔註235〕《莊子內七篇註》〈人間世〉，頁294。
〔註236〕《莊子內七篇註》〈人間世〉，頁339。
〔註237〕《莊子內七篇註》〈人間世〉，頁340。
〔註238〕《莊子內七篇註》〈人間世〉，頁335。
〔註239〕《莊子內七篇註》〈德充符〉，頁351。

註〈德充符〉，並以「德充實於內者，必能遊於形骸之外」〔註240〕為此篇立意。而關於〈德充符〉之註解，郭象注曰：「德充於內，物應於外，外內玄和，信若符命，而遺其形骸也。」；〔註241〕王叔岷順其解釋曰：「『德充符』，謂德充於內之符驗也。德充於內者形忘於外，忘形然後能應化，此其符驗矣。」〔註242〕；吳怡則以：「莊子所謂的德充符。這是指德性充於內，而自然地符應於外。這與儒家的內重德性，外重德行不同。『德充符』只有內在的德性，而外在沒有任何德行的痕跡。」〔註243〕解之。以上註解，表面上看起來與憨山以「德充實於內者，必能遊於形骸之外」註解〈德充符〉並無相異，然憨山此註，卻隱含「體用兩全」之「學道成效」於其中，其云：「聖人之德，必須忘形全性，體用不二，內外一如，平等湛一，方為全功」，〔註244〕透過〈德充符〉之「忘形全性」，此「體用不二」正是展現憨山註解〈德充符〉為「體用兩全」之用心。

　　吾人既瞭解憨山註〈德充符〉乃「體用不二」，那麼，其〈德充符〉乃「體用兩全」又如何展現於其中？憨山註〈德充符〉乃「體用兩全」，只在於「才全而德不形」一句而已，要識得憨山註「才全而德不形」一句，則必須透過憨山對於「才」、「德」之理解，才能透徹。關於「才全而德不形」之理解，高師柏園云：「『才』字在〈德充符〉僅出現在『才全而德不形』一處，而細觀『才全』之說明，則才全顯然是在描述聖人之境界，而與『德不形』義相通」，〔註245〕高師柏園透過郭象以「才全」之「才」無獨立意義並與「德」字相通、成玄英疏未將「才」字做獨立概念而以至人境界加以描述，以及鐘泰於《莊子發微》「『才全』即德全」之主張，〔註246〕則云：

　　　　無論是郭象、成玄英或鐘泰，其將才字之獨立性取消，而代之境界

〔註240〕《莊子內七篇註》〈德充符〉，頁340。
〔註241〕晉・郭象注、唐・成玄英疏；曹礎基、黃蘭發點校，《南華真經注疏》〈南華真經疏序〉，（北京：中華書局，民國87年7月，北京第一次印刷），頁110。
〔註242〕王叔岷，《莊子校詮》（上冊），（臺北市：中央研究院歷史語言研究所，民國88年6月，影印三版），頁171。
〔註243〕吳怡，《新譯莊子內篇解義》，（臺北市：三民書局股份有限公司，民國89年4月，初版），頁190～191。
〔註244〕《莊子內七篇註》〈德充符〉，頁362。
〔註245〕高柏園，《莊子內七篇思想研究》，（臺北市：文津出版社，民國89年5月，初版二刷），頁154。
〔註246〕關於此段論述，請參考：高柏園，《莊子內七篇思想研究》，（臺北市：文津出版社，民國89年5月，初版二刷），頁154～156。

或直接等同於德，在義理上自是可行。然而在文獻之脈絡中則顯然又有過份簡單化之嫌。〔註247〕

其又進一步論曰：

蓋〈德充符〉之論才全德不形，乃是直接承著哀公論惡人哀駘它而來，今既以「惡人」稱哀駘它，則其形與才必與常人異，以常人觀點言之，哀駘它甚至是才不全之惡人。是以孔子以才德不形描述哀駘它則顯然有意對治常人對才的偏執，而以才全賦與常人之所謂才不全之惡人。〔註248〕

高師柏園此段論述，正補足郭象、成玄英與鐘泰註解之不足，且進一步以「惡人」發端，以此對治常人之俗見，可謂論述莊子「才全而德不形」之高見。而黃錦鋐亦以「才全而德不形」為境界，其云：

什麼是「德」呢？據莊子的意思是得之於天，也就是自然的「德」，我能保全其所得於天而不失，就是德充於中。不是求外在行為的道德。所以說，愛，並非愛其形，愛使其形者也。使其形就是「真君」、「精神」，它的境界是才全而德不形。簡單的說就是忘形而無情。〔註249〕

透過以上論述，吾人可得知，關於「才」之解釋大都同於「德」字，而關於「德」之理解，黃錦鋐以「才全而德不形」為「真宰」之境界，並以「得之於天」為「德」之意涵。陳鼓應則云：「能體現宇宙人生的根源性與整體性的謂之『德』」；〔註250〕徐復觀則以《莊子內七篇》中之「德」字為「性」字。〔註251〕然憨山之解釋，顯然沒有如此單一，其對於「德」字，乃賦予「體用」

〔註247〕高柏園，《莊子內七篇思想研究》，（臺北市：文津出版社，民國89年5月，初版二刷），頁156。

〔註248〕高柏園，《莊子內七篇思想研究》，（臺北市：文津出版社，民國89年5月，初版二刷），頁156。

〔註249〕黃錦鋐，《新譯莊子讀本》，（臺北市：三民書局股份有限公司，民國90年5月，初版十六刷），頁70。

〔註250〕陳鼓應註譯，《莊子今註今譯》（上冊），（臺北：臺灣商務印書館股份有限公司，民國88年11月，修訂版第一次印刷），頁153。

〔註251〕徐復觀，《中國人性論史》（先秦篇），（臺北：臺灣商務印書館股份有限公司，民國83年4月，初版第十一次印刷），頁369：「道由分化、凝聚而為物；此時超越之道的一部份，即內在於物之中；此內在於物中的道，莊子即稱之為德。此亦係繼承老子『道生之，德畜之』的觀念。由此不難了解，《莊子內七篇》雖然沒有性字，但正與老子相同，《內七篇》中的德字，實際便是性字。因為

之「用」義，其以爲：「德者，謂性之德用也」，〔註252〕此「性之德用」一語，即揭示憨山乃以〈德充符〉爲「有體有用」之學；然而，憨山所言之「性」所指又爲何呢？其註解「才全」云：

> 言「才」者，謂天賦良能，即所謂「性眞」，莊子指爲「眞宰」是也。
>
> 言「才全」者，謂不以外物傷戕其性，乃天性全然未壞，故曰「全」。
>
> 〔註253〕

憨山此段註解，清楚揭示所謂「才」乃指「性眞」，即爲「眞宰」，而此「天賦良能」，正是其所主張「心佛眾生本來平等」之說，〔註254〕亦即所謂「性」字。而「德」字爲「性之德用」，亦即「才」之「用」也，兩者爲「體用」關係，故憨山主張〈德充符〉爲「體用不二」，乃「體用兩全」！

　　然吳怡卻云：「所謂才全是指應變之才的完美，也就是德性之用」，〔註255〕吳怡以「才全」爲「德性之用」，乃將「德」解爲「性」，此解顯然與憨山相反；而張玲芳卻以爲憨山所指「〈德充符〉的『德』，實指人人本有之『眞宰』也」，〔註256〕此說法顯然忽略憨山以〈德充符〉乃「體用兩全」之「學道成效」之說。蓋憨山進一步解釋「德」爲「用」乃「性德之用」，其云：

> 以性德之用，難以言語形容，故以水平爲喻。蓋言水之平者，乃停之盛，謂湛淵澄靜之至，故可以取法爲準；言性體湛淵澄淳，寂然不動，則虛明朗鑑，乃內保之而外境不蕩，爲守宗保始之喻，謂性靜虛明，則可以鑑物爲用也。〔註257〕

由以上文獻，則清楚揭露憨山以「才」爲「性」爲「體」爲「眞宰」，且以「德」爲「性之用」、「才之用」之「體用」關係，其中「才全」更是「天性全然未壞」。是故，憨山以「才全德不形，爲聖人之極致」，〔註258〕此爲境界，更隱

德是道由分化而內在於人與物之中，所以德實際還是道；因此……正因爲如此，他在〈德充符〉中，便常常表示德與形的距離，以彰顯德的理性地性質」。

〔註252〕《莊子內七篇註》〈德充符〉，頁360。

〔註253〕《莊子內七篇註》〈德充符〉，頁358～359。

〔註254〕請參見第四章第一節〈憨山德清註莊之系統架構〉之第二小節〈以華嚴爲次的「平等法界觀」〉之〈心佛眾生本來平等〉部分。

〔註255〕吳怡，《逍遙的莊子》，（臺北市：東大圖書有限公司，民國73年10月，初版），頁170。

〔註256〕張玲芳，《釋德清以佛解老莊思想之研究》，（中興大學中國文學系碩士論文，民國88年6月15日），頁161。

〔註257〕《莊子內七篇註》〈德充符〉，頁360～361。

〔註258〕《莊子內七篇註》〈德充符〉，頁362。

含「體用不二」之說，故其云：「蓋才全，則內外不二；德不形，則物我一如。此聖人之成功，所以德充之符也」，〔註259〕此乃憨山註解〈德充符〉，用以揭示「體用兩全」之極致表現。

四、《莊子內七篇註》之〈大宗師〉、〈應帝王〉乃內聖外王

憨山註〈大宗師〉卷首，即明白指出莊子著書，乃「內聖外王」、「有體有用」之學，其云：

> 莊子著書，自謂「言有宗，事有君」，蓋言有所主，非漫談也。其篇分內外者，以其所學，乃「內聖外王」之道。謂得此大道於心，則內爲聖人；迫不得已而應世，則外爲帝、爲王，乃「有體有用」之學，非空言也。〔註260〕

而此「內聖」之學，指的正是「大宗師」；「外王」之學，則爲「應帝王」，其云：「大宗師，是爲全體之大聖，意謂內聖之學，必至此爲極則，所謂得其體也」。〔註261〕故可知，〈大宗師〉則爲「全體之大聖」，亦即「內聖」之學，乃「有體有用」之「體」；而〈應帝王〉則「迫不得已而應世，則可爲聖帝明王矣」，〔註262〕故〈應帝王〉爲「外王」之學，乃「有體有用」之「用」。王叔岷亦以「〈大宗師〉，窮內聖之道，〈應帝王〉，盡外王之理」，〔註263〕來詮釋〈大宗師〉、〈應帝王〉乃內聖外王之學！

蓋憨山註解〈應帝王〉，於卷首亦進一步說明「大宗師」、「應帝王」之關係，其云：「莊子之學，以『內聖外王』爲『體用』」〔註264〕且「『大宗師』，乃得道之人，是聖人之全體已得乎己也；有體必有用，故此『應帝王』，以顯大道之用，若聖人時運將出，迫不得已而應命，則爲聖帝明王」。〔註265〕吾人透過以上論述，即可清楚明白，憨山以〈大宗師〉、〈應帝王〉爲「有體有用」、「內聖外王」之學。

〔註259〕《莊子內七篇註》〈德充符〉，頁362。
〔註260〕《莊子內七篇註》〈大宗師〉，頁369。
〔註261〕《莊子內七篇註》〈大宗師〉，頁372。
〔註262〕《莊子內七篇註》〈大宗師〉，頁372。
〔註263〕王叔岷，《莊子校詮》（上冊），（臺北市：中央研究院歷史語言研究所，民國88年6月，影印三版），頁275。
〔註264〕《莊子內七篇註》〈應帝王〉，頁431。
〔註265〕《莊子內七篇註》〈應帝王〉，頁432。

　　是故，以下分為兩小節：第一小節以〈大宗師〉之「體」為主軸，論述「憨山德清之全體大聖」；第二小節以〈應帝王〉之「用」為主軸，論述「憨山德清之聖帝明王」，以此總結憨山「註莊」之內容特色。

（一）憨山德清之全體大聖

　　憨山以為「大宗師」乃為「總上六義（此六義乃指〈逍遙遊〉至〈大宗師〉六篇之義），道全德備，渾然大化，忘己、忘功、忘名，其所以稱至人、神人、聖人者；必若此乃可為萬世之所宗而師之者，故稱之曰大宗師」，〔註266〕故可知，憨山所指之「大宗師」乃「萬世之所宗而師之者」，亦即為「忘己忘功忘名」之「至人神人聖人」，而此「至人神人聖人」者，憨山以為乃「真人」，其云：

> 其必有「真知」，然後為「真人」，必若子來之順化而遊，死生無變，無生可戀，無死可拒；要學人必造到如此超然獨得之妙，純一無疵，方為學問能事之究竟處，是可稱為「大宗師」矣！〔註267〕

是故，憨山所言之「大宗師」，乃「全體之大聖」，乃「必有真知之真人」，而「真人」二字，正是憨山所註解之「大宗師」，此「真人，是可宗而師之者也」，〔註268〕亦即「大宗師」也。王夫之亦以「真人」註解「大宗師」，其云：

> 真人真知，一知其所知，休于天均，而且無全人。以關虛生白者，所師者此也，故唯忘生死而無能出乎宗；此七篇之大指，歸于一宗者也。〔註269〕

憨山與王夫之皆以「真人」解「大宗師」，然「大宗師」之另一註解，則為「道」，陸西星註解〈大宗師〉卷首即云：

> 大宗師，言「道」也。道者，自然而已，乃天所為；故老子云：「天法道，道法自然」，知天之所為之自然也，而不以人為參之，斯得謂知之盛矣！〔註270〕

〔註266〕《莊子內七篇註》〈大宗師〉，頁372。
〔註267〕《莊子內七篇註》〈大宗師〉，頁412。
〔註268〕《莊子內七篇註》〈大宗師〉，頁409。
〔註269〕清‧王夫之，《莊子解》，（臺北市：河洛圖書出版社，民國67年9月，臺影印初版），頁56。
〔註270〕明‧陸西星真人，《莊子南華真經副墨》（上），（臺北市：自由出版社，民國63年3月，初版），頁241。

而宣穎亦曰：「老子曰：『人法地，地法天，天法道，道法自然』，可以知大師矣。此莊子所以有大宗師之說也」；〔註271〕王先謙亦以「以『道』為師」〔註272〕為「大宗師」之註解，劉武則進一步補正曰：「莊子何故謂天為宗，而謂道為大宗？則《老子》曰『人法地，地法天，天法道』，法者，師也，即人師地，地師天，天師道也」。〔註273〕故吾人可知，以「道」註解「大宗師」者，乃由《老子》：「人法地，地法天，天法道，道法自然」此句而來，然憨山為何不以「道」釋「大宗師」？憨山以「莊子為老子之註疏」，其註解《老子》「人法地，地法天，天法道，道法自然」一句，皆引《莊子》〈齊物論〉篇註之，〔註274〕而未見其以〈大宗師〉為註解，故憨山對於《老子》「人法地，地法天，天法道，道法自然」一句之註解，乃根據〈齊物論〉而來，並非〈大宗師〉。是故，憨山註解〈大宗師〉，勢必不以「道」言之，而憨山又以〈大宗師〉為「全體之大聖」，乃「至人神人聖人」，則其以「真人」註解「大宗師」之意則顯明！

透過以上論述，吾人既明白「大宗師」有「真人」與「道」二解，那麼此兩解可否並行解釋，黃錦鋐云：

> 大宗師：大，稱讚之詞。謂宇宙中可以做為宗主師法的，唯有大道，所以稱為大宗師。但本篇所論述的，不單是論道體，而尤致意於生命的認識。所以大宗師兼有兩層意思，一是論道，謂大宗師就是道，就是天地萬物之所宗，為天地萬物的主宰。一是論得道，即真人自覺地以道為師，也就是與道同體。其實「論道」和「論得道」在本篇中是不可分割的，所以這篇可以說是莊子「論道」和「論得道」的綜合。〔註275〕

黃錦鋐以〈大宗師〉為「論道」和「論得道」的綜合，亦即以「道」與「真人」二解釋之；而陳鼓應亦云：「〈大宗師〉是描述宗大『道』為師的真人的

〔註271〕清・宣穎，《莊子南華經解》，（臺北市：廣文書局有限公司，民國67年7月，初版），卷二頁30。

〔註272〕清・王先謙、民國・劉武，《莊子集解、莊子集解內篇補正》，（臺北縣：漢京文化事業有限公司，民國77年12月30日，初版），頁144。

〔註273〕清・王先謙、民國・劉武，《莊子集解、莊子集解內篇補正》，（臺北縣：漢京文化事業有限公司，民國77年12月30日，初版），頁144。

〔註274〕請參見「附錄」之「對照表」。

〔註275〕黃錦鋐，《新譯莊子讀本》，（臺北市：三民書局股份有限公司，民國90年5月，初版十六刷），頁85～86。

人生境界」，〔註276〕其亦以「道」與「真人」釋之；然高師柏園則云：

> 莊子所謂之大宗師實乃是指涉真人。由於道的內容乃是由真人之境
> 界所證成，亦即是真人境界之客觀化，因此，也可方便說大宗師即
> 是道，唯此中畢竟以真人為大宗師較為優先。〔註277〕

吾人順此解釋，則可明瞭，「道」的內容乃是「真人」境界所成，故「道」為
「真人」境界之客觀化，而「大宗師」之所指仍須回歸於主觀本體──「真
人」，故「大宗師」以「真人」註解之優先順序則可明白。

　　吾人既明白「大宗師」之註解，那麼憨山以「真人」註解之著眼點又該
歸於何處？憨山註《莊子》「知天之所為，知人之所為者，至矣」云：

> 知天知人之「知」，乃指「真知」，為「妙悟」也；「天」，乃天然大
> 道，即萬物之所宗者；「所為」，謂天地萬物乃大道全體之變，故曰
> 「天之所為」。蓋天然無為而曲成萬物，非有心也。「人之所為」，謂
> 人稟大道，乃萬物之一數……以主其形，即所謂「真宰」者，故人
> 之見聞知覺，皆「真宰」以主之。……苟知「天人合德」乃知之至
> 也。〔註278〕

由上可知，憨山註解「真人」之著眼點則在一「知」字，其以「真知」為「知」，
而此「真知」乃「真宰」主之，亦即憨山以為世人向來「妄知」，依恃「妄知」，
而強「不知」為「知」，殊不知返觀人人本有之「真宰」，進一步悟及「真知」，
此乃眾人之患，亦即眾人「返傷其性」之表現，故悟及人人本有之「真宰」，
透徹「真知」，此乃「天人合德，本來無二，乃可為真知」〔註279〕之意。而憨
山以「真知」乃可稱為「真人」，其云：

> 此一節，乃一篇立言之主意，以一「知」字為眼目。古人所云：「知
> 之一字，眾妙之門；知之一字，眾禍之門」。蓋「妙悟」後，方是「真
> 知」，有「真知」者，乃稱「真人」，即可宗而師之也。〔註280〕

憨山以「妙悟」為「真知」之途徑，並以「知」字為〈大宗師〉全篇之眼目，

〔註276〕陳鼓應，《老莊新論》，（上海：上海古籍出版社，民國86年9月，二次印刷），
　　　　頁167。
〔註277〕高柏園，《莊子內七篇思想研究》，（臺北市：文津出版社，民國89年5月，
　　　　初版二刷），頁196～197。
〔註278〕《莊子內七篇註》〈大宗師〉，頁373。
〔註279〕《莊子內七篇註》〈大宗師〉，頁374。
〔註280〕《莊子內七篇註》〈大宗師〉，頁375。

而陸西星亦云：「此篇以自然爲宗，其旨意則在於以其知之所知，養其知之所不知」，〔註281〕亦以「知」字爲眼目。然憨山卻進一步言：「知天知人工夫，做到渾然一體，天人一際，然後任其天眞，則在天而天，在人而人，天地同根，萬物一體，故天與人，兩不相勝，必如此眞知妙悟渾化之極，乃可名爲眞人」，〔註282〕此乃憨山將「眞人」比爲「聖人」之展現，亦即此「眞人」必須達到「眞知」妙悟渾化之極，才可稱之；而此「眞知」乃由「眞宰」主之，此「眞宰」等同於憨山所以爲之「眞性乃眞常之性」。〔註283〕是故，憨山所言之「眞宰」，乃指「眞性」——「眞常之性」，亦即所謂「三界唯心，萬法唯識」之「唯心」。

憨山以「眞知」之「眞人」爲「大宗師」，而此「大宗師」正是悟及「眞宰」，看破天地萬物，物我合一之「全體大聖」，亦即「大而化之謂聖者也」。〔註284〕而憨山即以此「全體大聖」總結〈逍遙遊〉至〈德充符〉五篇未說破者，亦即全體之「大宗師」也，其云：

> 此大宗師，即逍遙所稱神人聖人至人，所言有情有信，即齊物之眞宰，及養生篇生之主，若不悟此而涉人世，必有形骸之大患，顏子心齋，教其悟之之方，既悟性眞，則形骸可外，故德充符前，一往皆敷演其古今迷悟之狀，到此方分明說破，一路說來，方才吐露，所以云「言有宗，事有君」，正此意也。〔註285〕

憨山註〈大宗師〉之意旨，至今全然看破。亦即憨山以「大宗師」爲：〈逍遙遊〉之「至人神人聖人」、〈齊物論〉之「眞宰」、〈養生主〉之「主」、〈人間世〉之「心齋」、〈德充符〉之「才全」以及〈大宗師〉之「眞人」。憨山以「大宗師」統攝以上爲「全體之大聖」，此亦即其「總上諸意，而歸結於大宗師，以全內聖之學也」〔註286〕之展現！

（二）憨山德清之聖帝明王

憨山以〈大宗師〉、〈應帝王〉爲「內聖外王」，其又以〈應帝王〉顯大道

〔註281〕明・陸西星眞人，《莊子南華眞經副墨》（上），（臺北市：自由出版社，民國63年3月，初版），頁241。
〔註282〕《莊子內七篇註》〈大宗師〉，頁385～386。
〔註283〕《莊子內七篇註》〈大宗師〉，頁387～388：「此言眞性在我，而不屬生死者，乃眞常之性也；而人迷之而不悟，嗜欲傷之，而不知所養，豈非至愚也哉」。
〔註284〕《莊子內七篇註》〈大宗師〉，頁392。
〔註285〕《莊子內七篇註》〈大宗師〉，頁396～397。
〔註286〕《莊子內七篇註》〈大宗師〉，頁431。

之「用」，以及迫不得已而應命，則爲「聖帝明王」，〔註287〕而鍾泰亦以「〈大宗師〉，明內聖也」、〔註288〕「〈應帝王〉，明外王也」〔註289〕揭露〈大宗師〉、〈應帝王〉之旨，此解釋與憨山相同，則憨山以〈應帝王〉爲「聖帝明王」之「外王」之「用」則全然揭示！

　　吾人既明白憨山註〈應帝王〉爲「聖帝明王」，那麼，〈應帝王〉之「應」字該如何解之？根據歷來解釋，可分爲三解，其一爲「應該」之「應」；其二爲「應之」之「應」；其三爲「應合」之「應」。以「應該」解之者有：宣穎以「乃由古及今，德合天人者，幾帝幾王耶？然則亦居帝位而謂之帝，備王數而謂之王耳，未可謂之應帝應王者也」〔註290〕言之，其以「應該」爲帝王解之。然郭象注：「夫無心而任乎自化者，應爲帝王也」，〔註291〕則有二解，吳怡將其解爲「應該」的「應」，〔註292〕鍾泰則將其解爲「因應」之「應」，亦即「應之」之意。〔註293〕以上兩解，當以鍾泰所說爲是，因郭象注已明言「無心而任乎自化」，故「帝王」之「應」乃「應之」而生者，而非「應該」而生之！

　　吾人若順鍾泰之解，將郭象注解爲「因應」之「應」，則此解與憨山「聖人時運將出，迫不得已而應命，則爲聖帝明王」〔註294〕之「應」爲「應之」的解釋相同，亦即王夫之云：「應者，物適至而我應之也」〔註295〕之「應」也，

〔註287〕請參見本章第三節〈憨山德清註莊之內容特色〉之第四小節《莊子內七篇註》之〈大宗師〉〈應帝王〉乃內聖外王〉之說明。

〔註288〕鍾泰，《莊學發微》，（上海：上海古籍出版社，民國91年4月，第一次印刷），頁128。

〔註289〕鍾泰，《莊學發微》，（上海：上海古籍出版社，民國91年4月，第一次印刷），頁167。

〔註290〕清・宣穎，《莊子南華經解》，（臺北市：廣文書局有限公司，民國67年7月，初版），卷二頁53。

〔註291〕晉・郭象注、唐・成玄英疏；曹礎基、黃蘭發點校，《南華眞經注疏》〈南華眞經疏序〉，（北京：中華書局，民國87年7月，北京第一次印刷），頁169。

〔註292〕吳怡，《新譯莊子內篇解義》，（臺北市：三民書局股份有限公司，民國89年4月，初版），頁276：「應帝王的應可以有三種解釋：一是應該的應，如郭象《注》：『夫無心而任乎自化者，應爲帝王也』」。

〔註293〕鍾泰，《莊學發微》，（上海：上海古籍出版社，民國91年4月，第一次印刷），頁167：「郭注：『夫無心而任乎自化者，應爲帝王也。』曰『無心』，曰『任乎自化』，推其意，『應』亦當爲因應之應，非謂如是當爲帝王也。後之解者不察，或讀『應』爲平聲，以爲惟聖人當居帝王之位。（清・宣穎《南華經解》說即如是）不獨失本書之旨，亦違子玄注《莊》之意矣」。

〔註294〕《莊子內七篇註》〈應帝王〉，頁432。

〔註295〕清・王夫之，《莊子解》，（臺北市：河洛圖書出版社，民國67年9月，臺影

其皆以〈應帝王〉之聖人乃迫不得已而「應之」爲解。至於第三解爲「應合」之意，乃「符合」的意思，陸西星云：「此篇以應帝王名者，言帝王之治，天下其道相應如此」，〔註296〕此「相應」兩字，即「應合」之意，亦即「天下其道皆符合帝王之治」之意。

　　吾人既明白〈應帝王〉之「應」字三解，則吳怡則以「應之」與「應合」兩義合解，其云：

　　　第一義（應該）作應當，就標題來說，似無深意。因本篇之主旨，
　　　無從凸顯。至於第二義（應合）和第三義（因應、應之）可以融合，
　　　證之於本篇內容。本題可解爲「因應無心乃帝王之德」，而本篇的主
　　　旨就在於無心之德。〔註297〕

然高師柏園則以「應該」與「應之」兩義合解，其云：

　　　莊子「應帝王」之意，初當是以「應之以無心」解之，然吾人亦可
　　　允許將之引伸而爲應該由聖人居王位也。〔註298〕

無論是以「應之」與「應合」合解，抑或以「應該」與「應之」合解，其強調之重點皆在於「應之以無心」一句而已，亦即無論聖人是否「應該」居於王位，或「應合」帝王之德，皆以「無心」之治爲首要。故兩者皆可以相通，亦即「聖人『應該』居於王位，而『應之』以無心，其道則『應合』帝王之德也」。

　　〈應帝王〉之「應」字既明白，那麼，憨山註〈應帝王〉爲「聖帝明王」，其主旨又當爲何？憨山註解〈應帝王〉爲「聖帝明王」，則在於「未始入於非人」一句而已，而此句之揭示，則必須透過憨山解「非人」一句爲進路，憨山註解「未始出於非人」云：

　　　言有虞氏以仁要人，雖亦得人，且不能忘其功名，但是世俗之行，
　　　而未能超出人世，而悟眞人之道妙，以造非人之境也。〔註299〕

其又註解「未始入於非人」云：

　　　印初版），頁70。
〔註296〕明‧陸西星眞人，《莊子南華眞經副墨》（上），（臺北市：自由出版社，民國
　　　63年3月，初版），頁299。
〔註297〕吳怡，《新譯莊子內篇解義》，（臺北市：三民書局股份有限公司，民國89年
　　　4月，初版），頁276。
〔註298〕高柏園，《莊子內七篇思想研究》，（臺北市：文津出版社，民國89年5月，
　　　初版二刷），頁206。
〔註299〕《莊子內七篇註》〈應帝王〉，頁433。

此言泰氏超越有虞，虛懷以遊世，心閒而自得，且物我兼忘；人呼
以爲牛，則以牛應之；人呼以爲馬，則以馬應之，未嘗堅執我見，
與物俱化；其知則非妄知，而悟其性眞，然情信，指道體而言。前
云「有情有信」是也，此其體也；至其德用甚眞，不以人僞，即已
超凡情，安於大道非人之境，而不墮於虛無，且能和光同塵，而未
始拘拘自隘，此泰氏之妙也。〔註300〕

以上兩段文獻，乃憨山註「有虞氏」不及「泰氏」之說，其中提到兩次「非
人之境」，此「非人」應當何解？憨山並未明言，然根據其前後脈絡而言，
憨山所指之「非人」，應爲「天」，故其以「非人之境」爲境界，亦即以「天」
爲境界之意。而以「非人」爲「天」解釋者，則有林希逸「非人即天也」、〔註
301〕鍾泰亦以「『非人』，謂天也」〔註302〕釋之，而陸西星以「天」解「非人」
則進一步釋曰：

有虞氏，藏仁以要人，雖得人矣，而未始出於非人。非人，則天也；
不出於天，則非無爲自然可知矣！泰氏，其臥徐徐，其覺于于。徐，
紆徐也；于于，自得之貌。一以己爲馬牛者，從人呼馬呼牛，更不
分別也。泰氏其知道乎，道有情有信，故曰，其知情信。情信，只
是箇混沌未分，故其德甚眞而未始入於非人。蓋使知有所入，則亦
不得，謂之自然矣！〔註303〕

陸西星此解甚明，故憨山之「非人」所指爲「天」、爲「自然」也。然「非人」
另有三解，其一乃是將「非人」解爲「物」者，以宣穎、〔註304〕陳壽昌〔註305〕
爲代表；其二解爲「人性」者，則以王叔岷云：「『非人』，謂失去人性。『未

〔註300〕《莊子內七篇註》〈應帝王〉，頁 433～434。
〔註301〕嚴靈峰編輯，《無求備齋莊子集成初編》（七）：宋・林希逸，《南華眞經口義》，
　　　　（臺北：藝文印書館，民國 61 年 5 月，初版），頁 308。
〔註302〕鍾泰，《莊學發微》，（上海：上海古籍出版社，民國 91 年 4 月，第一次印刷），
　　　　頁 168。
〔註303〕明・陸西星眞人，《莊子南華眞經副墨》（上），（臺北市：自由出版社，民國
　　　　63 年 3 月，初版），頁 300。
〔註304〕清・宣穎，《莊子南華經解》，（臺北市：廣文書局有限公司，民國 67 年 7 月，
　　　　初版），卷二頁 55：「非人者，物也。有心要人，則猶繫於物，是未能超然出
　　　　於物之外也」。
〔註305〕清・陳壽昌，《南華眞經正義》（附識餘）（上），（臺北市：廣文書局有限公司，
　　　　民國 67 年 7 月，初版），頁 59：「非人者，物也。有心要人，則猶繫於物，
　　　　是未能超然出於物之外也」。

始出於非人」，謂未曾超出於失去人性也」〔註306〕爲特殊之說；至於其三以「非人」解爲「有我」者，則以王夫之云：「非人者，有我也」〔註307〕之解釋爲主。根據以上所言，「非人」共有四解，而高師柏園則以「天」爲正解，其云：

> 「非人」應以「天」爲正解，而所謂「未始入於非人」，乃指泰氏之自然相忘，而不以入於天爲念也。至於「未始出於非人」，則指有虞氏尚只是用心著力於人，而不能如天道自然之和光同塵，任物無染也。〔註308〕

高師柏園此段見解，乃比陸西星更進一步闡明憨山「未始入於非人」之解，站在憨山之立場，「未始入於非人」乃〈大宗師〉、〈應帝王〉「體用」之展現，其云：「蓋已得大宗師之體，而應用世間，特推緒餘以度世，故云『未始入於非人』」〔註309〕，是故，高師柏園以「不以入於天爲念也」解泰氏之自然相忘，正合於憨山「得大宗師之體而應用於世間」之「未始入於非人」，此亦即憨山「內聖外王」之展現。

吾人既明白憨山〈應帝王〉之主旨，乃在於「推緒餘以度世」，亦即「未始入於非人」，那麼，其「聖帝明王」之展現，又以何結之？憨山註《莊子》〈應帝王〉末段「南海之帝爲儵」云：

> 此儵忽一章，不獨結〈應帝王〉一篇，其實總結內七篇之大意，前言逍遙，則總歸大宗師，前頻言小知傷生，養形而忘生之主，以物傷生，種種不得逍遙，皆知巧之過，蓋都爲鑿破渾沌，喪失天眞者；即古今宇宙兩間之人，自堯舜以來，未有一人而不是鑿破渾沌之人也。此特寓言，大地皆凡夫愚迷之人，概若此耳，以俗眼觀之，似乎不經，其實所言無一字不是救世愍迷之心也。豈可以文字視之哉？讀者當見其心可也。〔註310〕

故可知，憨山以「儵忽」一章總結內七篇之大意，而此內七篇所注重之重心，乃在於憨山所言「讀者當見其心可也」之「心」字，亦即憨山「註莊」乃以

〔註306〕王叔岷，《莊子校詮》（上冊），（臺北市：中央研究院歷史語言研究所，民國88年6月，影印三版），頁276。

〔註307〕清·王夫之，《莊子解》，（臺北市：河洛圖書出版社，民國67年9月，臺影印初版），頁70。

〔註308〕高柏園，《莊子內七篇思想研究》，（臺北市：文津出版社，民國89年5月，初版二刷），頁210。

〔註309〕《莊子內七篇註》〈應帝王〉，頁434。

〔註310〕《莊子內七篇註》〈應帝王〉，頁451～452。

「眞宰」貫穿內七篇，而此「眞宰」正是其所言之「唯心識觀」之「唯心」，亦即「三界唯心，萬法唯識」之「唯心」，乃其所指之「一心」。此「一心」，正是其於〈逍遙遊〉中強調之「至人眞人聖人」所持有之「心」；〈齊物論〉中所註解之「眞宰」；〈養生主〉所言之「主」；〈人間世〉之「虛己」；〈德充符〉之「才全」，將此五篇歸於〈大宗師〉之「全體大聖」統攝，再由此「全體大聖」之〈大宗師〉「迫不得已而應世」，是故「聖帝明王」則推緒餘而用於世！憨山反覆論說，只顯一「聖人」救世之「心」，而此「聖人」，乃其指涉爲「佛」，憨山將一切會歸於「佛」之用心至此則全然揭示！

第五章　憨山德清註莊之工夫論及其境界說

　　第四章已論述憨山「註莊」之系統架構及其內容特色，本章則接續上一章，針對其「註莊」之工夫論及境界說作一闡述；然憨山「註莊」之工夫論及境界說，無法單由其《莊子內七篇註》中見出端倪，則必須透過其對於儒、釋、道三教之判攝，才能清楚瞭解憨山「註莊」之工夫論及境界說之定位。此三教之判攝標準，正取決於憨山欲「三教合一」之立場，亦即憨山乃本著「三教合一」之立場，對於儒、釋、道三教進行判攝，其進行此判攝之最終目的，亦即以佛家為本之立場，將儒、道二家會歸於佛！是故，以下先闡述憨山對於三教之判教觀，藉此揭示憨山「註莊」之判攝地位。之後，再透過憨山對於三教之工夫論及境界說之主張，以此揭露其「註莊」之工夫論及境界說。

　　本章分為三節：第一節「憨山德清三教之判教觀」，由憨山對三教之判攝為進路探討，進而揭示其將老莊判攝於「天乘之聖」之定位；第二節「憨山德清註莊之工夫論」，由憨山對三教工夫論之判攝，進而揭示其「註莊」之工夫論；第三節「憨山德清註莊之境界說」，由憨山對三教境界說之判攝，進而揭露其「註莊」之境界說。以下分別述之。

第一節　憨山德清三教之判教觀

　　憨山對於三教之判攝，主要展現於〈觀老莊影響論〉之「論教乘」中，其於「論學問」末言「不知春秋，不能涉世；不知老莊，不能忘世；不參禪，

不能出世」〔註1〕，以此論述三教「涉世」、「忘世」、「出世」之差別相，此差別相正是其判教之論點，亦即其以「儒家涉世」、「道家忘世」、「佛家出世」三者，為三教之定位作一判攝與標準。憨山以「春秋」、「老莊」、「參禪」代表儒、道、釋三家，陳松柏則云：

> 從看待現實人世的角度言，憨山認為：儒家是以經世意識為擅長，在《春秋經》中最足以令人體會，所以「不知春秋不能涉世」；而老莊濁世清流一般的智慧，既能合塵同流又能立地超越，若非親身領略亦不能得知，所以「不知老莊不能忘世」。至於憨山所熟悉之禪學，則被意許為可以出離人世間的一種途徑，所以有「不參禪不能出世」之說。整個統合觀之，憨山事實上乃是以「通達之謂」自期，他的重點是在於凸出三教各自擅長的優越處，並希望三方面都可以相安共存，他認為這才是看待事件學問的正確心態。〔註2〕

陳松柏由看待現實人世的角度出發，將憨山以「春秋」、「老莊」、「參禪」三者，代表儒、道、釋三家之說法作一解釋，並且透過儒、釋、道三教之不同，突顯其差別相，由此差別相論述憨山欲「三教合一」之立場。憨山的確是以三教各有所長、包容三教之方式，作「涉世」、「忘世」、「出世」之判攝，然其中之判攝卻不僅止於陳松柏所言之「希望三方面都可以相安共存」而已；其中亦包括其對三教地位高低之判攝，以及三教之修行進程；而此修行進程，乃由儒家之「涉世」至道家之「忘世」，最終歸結於佛家之「出世」，亦即由「儒」至「道」，最終會歸於「佛」！

　　吾人既明白憨山對儒、道、釋三教，以「涉世」、「忘世」、「出世」為判攝立場，那麼，其又如何以「三教本來一理」、「三聖本來一體」，而三教所施設之「圓融行布」、「人法權實」之不同來判教呢？憨山判教之理論基礎，正建立在華嚴的「平等法界」觀上，此中心思想正是第四章所論述，「以華嚴為次的『平等法界觀』」中的「心同跡異之三教觀」。〔註3〕憨山透過「三界唯心，萬法唯識」而觀之，則「三教本來一理，無有一事一法，不從此心之所建立」，

〔註1〕〈觀老莊影響論〉，頁10。

〔註2〕陳松柏，〈憨山老學之思考方式與世間特質〉，（華梵大學哲學系《第六次儒佛會通論文集》下冊，民國91年7月），頁337。

〔註3〕請參見第四章第一節〈憨山德清註莊之系統架構〉之第二小節〈以華嚴為次的「平等法界觀」〉之〈心同跡異之三教觀〉部分。

此「心」正是「心同跡異」之「心」，三教之「一心」乃相同；其中所不同者，乃在於行於外之「跡」相異，亦即三教所施設之「圓融行布」、「人法權實」之差異。故憨山云：

> 曰：「若以三界唯心，萬法唯識而觀，不獨三教本來一理，無有一事一法，不從此心之所建立；若以平等法界而觀，不獨三聖本來一體，無有一人一物，不是昆盧遮那海印三味威神所現。」故曰：不壞相而緣起，染淨恆殊，不捨緣而即真，聖凡平等，但所施設有圓融行布、人法權實之異耳。〔註4〕

憨山所指之「圓融」，乃是「一切諸法」，然「一心」卻是染淨融通，無障無礙的；此亦即憨山「心同跡異」之「心」，乃「唯心識觀」之「唯心」，三教聖人皆同此「心」，異者乃「行布」之不同。憨山所謂「行布」者，其云：

> 行布者，十界、五乘、五教、理事因果淺深不同。所言十界，謂四聖六凡也。所言五教，謂小、始、終、頓、圓也。所言五乘，謂人、天、聲聞、緣覺、菩薩也，佛則最上一乘矣。然此五乘，各有修進，因果階差，條然不紊。〔註5〕

故可知，所謂三教「行布」不同，乃在於「十界、五乘、五教、理事因果淺深」之不同，而憨山此處更清楚指出，所謂「十界」乃「四聖六凡」；「五教」乃「小、始、終、頓、圓」；「五乘」乃「人、天、聲聞、緣覺、菩薩」，「佛」為最上一乘，其中憨山云「此五乘，各有修進，因果階差，條然不紊」此句話，正拈出其以佛教之「五乘」判攝「三教」之標準，「佛」則為最上一乘，以此揭示佛乃超越人、天乘之聖，亦即直指「圓悟一心」之聖人。然憨山如何以佛教之「五乘」判別儒、釋、道三教？佛教中的「五乘」，其中「人乘」、「天乘」乃為佛教之「世間法」，而「聲聞乘」、「緣覺乘」、「菩薩乘」則為「出世間法」。憨山於〈觀老莊影響論〉「論教乘」中亦說明，「人乘」、「天乘」乃「界內之因果」，「聲聞乘」、「緣覺乘」、「菩薩乘」三者乃「界外之因果」，其對佛教「五乘」修行工夫之說明，吾人製表如下：

〔註4〕〈觀老莊影響論〉，頁11。
〔註5〕〈觀老莊影響論〉，頁11。

表 5-1 憨山德清對「五乘」修行工夫之說明表〔註6〕

	五　乘		修　　行　　工　　夫
界內之因果	人　乘	人者	即蓋載兩間，四海之內，君長所統者是已，原其所修，以五戒為本。
	天　乘	天者	欲界諸天，帝釋所統，原其所修，以上品十善為本。
			色界諸天，梵王所統。
			無色界諸天，空定所持，原其所修，上品十善，以有漏禪、九次第定為本。
界外之因果	聲聞乘	聲聞	所修，以四諦為本。
	緣覺乘	緣覺	所修，以十二因緣為本。
	菩薩乘	菩薩	所修，以六度為本。

透過憨山對「五乘」修行工夫之說明，其對於「佛」之定位則更加明確，其云：

佛則圓悟一心、妙契三德，攝而為一，故曰圓融；散而為五，故曰
行布。然此理趣，諸經備載。由是觀之，則五乘之法，皆是佛法；
五乘之行，皆是佛行。良由眾生根器大小不同，故聖人設教淺深不
一，無非應機施設，所謂教不躐等之意也。〔註7〕

憨山透過佛教「五乘」修行工夫之說明，將孔子判教於「人乘之聖」，老莊判
教於「天乘之聖」，兩者皆為「界內之因果」。至於「佛」乃「圓悟一心」、「散
而為五」，此「五」正是「五乘」之「五」。故可知，「五乘之法皆是佛法，五
乘之行皆是佛行」，「五乘」之所以有所差別相，乃是因為眾生根器不同，故
聖人設教之深淺亦不一。憨山進一步以此「五乘」判攝儒、釋、道三教，吾
人製表如下：

表 5-2 憨山德清之判教觀〔註8〕

	五　乘	憨　山　德　清　之　判　教
界內之因果	人　乘	孔子：人乘之聖也——故奉天以治人。
	天　乘	老子：天乘之聖也——故清淨無欲，離人而入天。
界外之因果	聲聞乘　緣覺乘	聲聞、緣覺：超人天之聖也——故高超三界、遠越四生、棄人天而不入。
	菩薩乘	菩薩：超二乘之聖也——出人天而入人天，故往來三界、救度四生、出真而入俗。

〔註6〕〈觀老莊影響論〉，頁 11～12。
〔註7〕〈觀老莊影響論〉，頁 12。
〔註8〕〈觀老莊影響論〉，頁 12～13。

由上表，可清楚窺知憨山將孔子判於「人乘之聖」、老子判於「天乘之聖」之用心，其以孔子「奉天以治人」，故判攝於「人乘」；老子「離人而入天」，故判攝於「天乘」，兩者皆屬於「界內之因果」。至於「界外之因果」──「聲聞」、「緣覺」、「菩薩」三乘，境界雖高於人、天二乘，然此五乘皆不及「佛」之境界，其云：

> 佛則超聖凡之聖也，故能聖能凡，在天而天，在人而人，乃至異類分形，無往而不入，且夫能聖能凡者，豈聖凡所能哉？據實而觀，則一切無非佛法，三教無非聖人。若人若法，統屬一心，若事若理，無障無礙，是名爲佛。故圓融不礙行布，十界森然，行布不礙圓融，一際平等，又何彼此之分、是非之辯哉？〔註9〕

憨山此處清楚呈顯「佛」之境界及其「圓融」、「行布」並不相礙之觀念；而其中「三教」無非聖人，一切無非「佛法」，更是將「三教」──「儒」、「道」、「釋」，統歸於「聖人」，亦即「佛」之下。此乃憨山「三教合一」之用心，由佛之「心」相同，故一切「圓融」，至若「行布」於外，則散於「五」，分爲「五乘」。故可知，此「五乘」之「心」乃相同，所不同者乃在於「跡」而已，此亦即憨山所主張之「心同跡異」之三教觀。故其云：「原彼二聖，豈非吾佛密遣二人而爲佛法前導者耶？」〔註10〕此句正拈出「儒」、「道」二聖，雖歸於「人乘之聖」、「天乘之聖」，然此二聖不過是佛法之前導者而已，此亦即所謂「三教之學皆防學者之心，緣淺以及深，由近以至遠」。〔註11〕憨山判攝三教，由「儒」至「道」至「釋」之次第，至此其架構已然展現！

　　透過以上論述，吾人既然明白憨山對三教之教相判釋，以下即順此三教之判教觀，分爲三小節討論：第一小節「人乘之聖的孔子定位及其判攝」，對於憨山將孔子判攝爲「人乘之聖」作進一步說明；第二小節「天乘之聖的老莊定位及其判攝」，對於憨山將老莊判攝爲「天乘之聖」作進一步說明；第三小節「超聖凡之聖的佛定位及其判攝」，以此收攝憨山對三教歸於「佛」之判教觀。

一、人乘之聖的孔子定位及其判攝

　　吾人由表5-1、5-2可知，憨山將孔子判攝爲「人乘之聖」，而「人乘」之

〔註9〕　〈觀老莊影響論〉，頁13。
〔註10〕　〈觀老莊影響論〉，頁14。
〔註11〕　〈觀老莊影響論〉，頁14。

修行工夫乃「原其所修，以五戒爲本」，此「五戒」正是憨山以爲「人乘」所應修行之本。其融通儒、佛二家之法，乃是將「人乘」所修之「五戒」等同於儒家之「五常」；〔註12〕佛家之「五戒」爲「不殺生、不偷盜、不邪淫、不妄語、不飲酒」，而儒家之「五常」爲「仁、義、禮、智、信」。兩者對憨山而言，意義皆相同，其雖透過此種類比之關係，將兩者意義等同，然其最終依然以儒家歸命於佛爲主張，其云：

> 在家有能持此五戒者，即五常備矣。謂不殺，仁也、不盜，義也、不邪婬，禮也、不妄語，信也、不飲酒，智也，儒門能此者，即成德之君子矣，持齋豈分外事耶！其中有上智高明之士，既持此戒，復念人事無常，如風中燭，怕生死苦，一失人身，萬劫難復，如此思惟，念生死苦，求出離心切，更宜發心，持念阿彌陀佛，將此一句佛，橫在胸中，心心不斷、念念不忘，朝暮禮佛誦經，回向西方，求生淨土。〔註13〕

故可知，憨山以儒家能持「五常」者，即可爲成德之君子。孔子正是持「五常」之君子，且作《春秋》，故其言「不知《春秋》，不能涉世」，乃是針對孔子而言，故將孔子判爲「人乘之聖」。憨山對於三教之判攝，亦有其次第深淺之進路，其云：

> 孔子欲人不爲虎狼禽獸之行也。故以仁義禮智援之。姑使捨惡以從善，由物而入人，修先王之教，明賞罰之權，作春秋以明治亂之跡，正人心、定上下、以立君臣父子之分，以定人倫之節，其法嚴，其教切，近人情而易行，但當人欲橫流之際，故在彼汲汲猶難之。吾意中國非孔氏，而人不爲禽獸者幾希矣！〔註14〕

由上可知，孔子乃是「由物而入人」，故爲佛教之「人乘」。且孔子作《春秋》，修先王之教，以仁、義、禮、智爲教化，「正人心、定上下、以立君臣父子之分，以定人倫之節」，若非孔子，則「人不爲禽獸幾希矣」；故憨山稱之爲「聖」，判攝孔子爲「人乘之聖」，即是如此憨山卻云：

> 雖然孔氏之跡固然耳，其心豈盡然耶？況彼明言之曰：毋意、毋必、

〔註12〕請參見第二章第三節〈憨山德清融攝儒道以會歸於佛〉之第一小節〈憨山德清融攝儒家會歸於佛〉中關於佛教「五戒」與儒家「五常」之說明。

〔註13〕《夢遊集》卷十〈示陳善人〉，總0480～0481。

〔註14〕〈觀老莊影響論〉，頁14。

　　毋固、毋我。觀其濟世之心，豈非據菩薩乘，而說治世之法者耶？
經稱儒童，良有以也，而學者不見聖人之心，將謂其道如此而已矣。
故執先王之跡以挂功名，堅固我執，肆貪欲而爲生累，至操仁義而
爲盜賊之資，啓攻鬥之禍者有之矣！〔註15〕

此「儒童」二字，正是憨山將孔子置於三教脈絡下，所作高低之分的表現，
其以「儒童」之「童」稱呼孔子，乃是將「儒」置於「道」、「釋」之下的高
低分別。其中「觀其濟世之心，豈非據菩薩乘，而說治世之法者耶？」乃是
憨山「心同跡異」三教觀之展現，其以「濟世之心」相同，將孔子之行比擬
爲據菩薩乘而治世之法，藉此達到歸儒入佛且融攝儒佛之目的，其將孔子判
攝於「人乘之聖」之用心至此全然展現！

二、天乘之聖的老莊定位及其判攝

　　吾人由表 5-1、5-2 可知，憨山將老子判攝於「天乘之聖」，且「清淨無欲，
離人而入天」，而「天」乃分爲「欲界」、「色界」、「無色界」三界，此「三界」
乃迷妄之有情在生滅變化中流轉，依其境界所分之三種階級，亦即迷於生死
輪迴等生存界之分類。其中「欲界」：乃是具有「婬欲」、「情欲」、「色欲」、「食
欲」等有情所居之世界；「色界」：乃遠離「欲界」之「婬欲」、「食欲」二欲，
而仍具有清淨色質等有情所居之世界，此界乃在於「欲界」之上；「無色界」：
則有「受」、「想」、「行」、「識」四心，而無物質之有情所住之世界，此界乃
在於「色界」之上。此「三界」之境界有其次第層次之分別，「欲界」爲最低
層次，其次爲「色界」，「無色界」則在「色界」之上。透過表 5-1 可得知，「欲
界」主要以修「上品十善」爲本，故憨山判攝老子爲「天乘之聖」，亦須以「上
品十善」爲修行之本，而此「十善」正是人天之因果，乃「離人而入天」之
法，其云：

　　所言十善者，一身三惡業，謂殺、盜、淫，若斷此三惡，則名三善
道；二口四惡業，謂妄言、綺語、兩舌、惡口，若斷此四，名四善
道；三意三惡業，謂貪、瞋、癡，若斷此三，名三善道。如上十惡，
乃常人日用而不知者，今若能斷此十惡，則名十善，爲生天之因，
是爲純善之人，此十善法，即儒門正心、誠意、修身之道也，若果

能修此，則現世爲聖爲賢，則定感來世生在天宮，受勝妙樂，此萬
萬眞實之行。〔註16〕

憨山以「十善」作爲老子「天乘」之修行根本，以此比擬「道家」之行，與
其以「五戒」比擬「儒家」之行的用心相同。其判攝「儒」、「道」爲「人乘」、
「天乘」，再藉以佛教「五戒十善」爲「儒」、「道」二家之修行根本，其最終
目的仍在於將「儒」、「道」二家會歸於「佛」，而「五戒十善」正是其判攝「儒」、
「道」二家於「人乘」、「天乘」的修行根本。

　　吾人既瞭解憨山以「十善」作爲老子判攝「天乘之聖」的修行根本，而
「天乘之聖」乃在於「離人而入天」，其進一步闡釋老子云：

> 老氏憫之曰：斯尊聖用智之過也，若絕聖棄智，則民利百倍，剖斗
> 折衡，則民不爭矣！甚矣！貪欲之害也，故曰：不見可欲，使心不
> 亂，故其爲教也，離欲清淨。以靜定持心，不事於物，澹泊無爲，
> 此天之行也。使人學此，離人而入於天，由其言深沈，學者難明，
> 故得莊子起而大發揚之。〔註17〕

由上可知，憨山以爲老子其言深沈，學者難以明白，故其「離欲清淨」、「離
人而入於天」等思想，必得「莊子起而大發揚之」，此句正拈出莊子與老子相
同，皆以「離人而入天」爲本，乃屬「天乘之聖」。憨山進一步闡明莊子乃「固
執也深」，而其詆毀堯舜、湯武等語，乃非大言，其主要目的乃在於「絕聖棄
智」，至於詆訾孔子，乃只是詆毀孔子之「跡」而已。〔註18〕憨山在此以其「心
同跡異」之三教觀，來看待莊子詆訾孔子之學一事，三教聖人之「心」相同，
所詆者乃在於「行跡」不同而已；故其以爲，莊子如此詆訾孔子，並非實言，
乃「破執之言」而已。其云：

> 故曰：寓言十九、重言十七，詞教勸離，隳形泯智。意使離人入天，
> 去貪欲之累故耳。至若精研世故，曲盡人情，破我執之牢關，去生
> 人之大累，寓言曼衍，比事類辭，精切著明，微妙玄通，深不可識。
> 此其說人天法，而具無礙之辯者也。非夫現婆羅門身而說法者耶，

〔註16〕《夢遊集》卷四十六〈化生儀軌〉，總 2496～2497。
〔註17〕〈觀老莊影響論〉，頁 15。
〔註18〕〈觀老莊影響論〉，頁 15～16：「故得莊子起而大發揚之。因人之固執也深，
　　　　故其言之也切。至於誹堯舜、薄湯武，非大言也，絕聖棄智之謂也。治推上
　　　　古，道越羲皇，非漫言也，甚言有爲之害也。詆訾孔子，非詆孔子，詆學孔
　　　　子之迹者也」。

何其遊戲廣大之若此也。秕糠塵世，幻化死生、解脫物累、逍遙自
在，其超世之量何如哉？〔註19〕

憨山此處點出「破我執」乃莊子之首要，而其以「現婆羅門身而說法」比擬
莊子，正是讚此老、莊之學，乃深究「離人而入天」的天人之道。其又接著
讚揚莊子云：

嘗謂五伯僭竊之餘，處士橫議、充塞仁義之途。若非孟氏起而大闢之。
吾意天下後世難言矣。況當群雄吞噬之劇，舉世顛瞑，亡生於物欲，
「火馳而不返者」（《莊子‧外物》）眾矣。若非此老（指莊子）崛起，
攘臂其間，後世縱有高潔之士，將亦不知軒冕爲桎梏矣。〔註20〕

由上可知，憨山對莊子之讚賞，其以爲莊子不僅繼老子之後，且將老子思想
大而發揚之。故莊子在憨山之判攝下，亦應與老子同歸於「天乘之聖」。而工
夫乃由「靜定」入手，文字則從「三昧」而出，其將老莊判攝定位於「天乘
之聖」則全然明白！

三、超聖凡之聖的佛定位及其判攝

吾人既明瞭憨山判攝孔子於「人乘之聖」、老莊於「天乘之聖」之定位，
那麼，其判攝「佛」之定位則不言而喻。根據表 5-2 末之論述，已對憨山理解
之「佛」爲「超聖凡之聖」作一釐清，且此「佛」乃超越「人」、「天」二乘，
以及「聲聞」、「緣覺」、「菩薩」三乘之「界外之因果」者。

憨山註解〈齊物論〉「萬世之後，而一遇大聖知其解者，是旦暮遇之也」
段云：「言必待萬世之後，遇一大覺之聖人。知我此說，即我與之爲旦暮之遇
也。亦此老胸中早知有佛，後來必定印證其言，不然，而言大覺者其誰也耶？」
〔註21〕此句正拈出判攝於「天乘之聖」之老莊，其所遇之之「聖人」乃指涉
爲「佛」。憨山針對此句進一步揭示云：

且彼亦曰：「萬世之後，而一遇大聖知其解者，是旦暮遇之也。」（《莊
子‧齊物論》）然彼所求之大聖，非佛而又其誰耶？吾意彼爲吾佛破
執之前矛，斯言信之矣。世人於彼尚不入，安能入於佛法乎？〔註22〕

〔註19〕〈觀老莊影響論〉，頁 16。
〔註20〕〈觀老莊影響論〉，頁 16～17。
〔註21〕《莊子內七篇註》〈齊物論〉，頁 261。
〔註22〕〈觀老莊影響論〉，頁 17。

以上之「彼」字，所指乃「莊子」，故此句則爲，「莊子」所求之「大聖」，除了「佛」之外又有誰呢？憨山會歸於「佛」之用心，至此全然顯現。其中「彼爲吾佛破執之前矛」，正與其以「吾佛密遣二人而爲佛法前導者」之說法相同，「儒」、「道」二家，皆只是佛法之「前矛」、「前導」。「孔子」根據菩薩乘而說治世之法，乃「涉世」之道，故經稱「儒童」；老莊「離欲清淨」、「離人而入天」，乃「忘世」之道，故「現婆羅門身而說法」；至於「佛」則爲「出世」之道。三者「心」同而「跡」異，然「儒」、「道」二者最終仍須會歸於「佛」，此乃憨山判攝三教，以「佛」爲最終指歸之立場。進一步言之，憨山判攝「儒」、「道」二家爲「人乘」、「天乘」之定位乃得以證成，亦即其判攝「孔子」爲「人乘之聖」、「老莊」爲「天乘之聖」，「佛」則爲「超聖凡之聖」之判攝用心則全然展現！

第二節　憨山德清註莊之工夫論

透過上一節之論述，吾人已然清楚憨山判攝三教之立場，而其又如何闡發三教之工夫？其於「註莊」底下，又如何進一步展現其特殊之工夫論？本節首先論述憨山對三教工夫論之立場，之後，再透過此立場，進一步針對憨山「註莊」之工夫論作一釐清，由此突顯其「註莊」工夫論之特殊性。

蓋透過表 5-1 與上一節之論述，吾人已然清楚憨山對五乘修行工夫之理解，乃「人者」以「五戒」爲本；「天者」以「上品十善」爲基礎；「聲聞」以修「四諦」爲本；「緣覺」以修「十二因緣」爲本；「菩薩」以修「六度」爲本。此「五乘」修行工夫雖不相同，然而，憨山卻以爲「五乘進修工夫，雖各事行不同，然其修心，皆以止觀爲本」，〔註23〕此「止觀」二字，正拈出三教修養工夫，皆以「止觀」爲基礎之相同處，換言之，其以爲三教工夫論皆以「止觀」爲入道工夫。其云：「吾教止觀，有大乘、有小乘、有人天乘、四禪八定、九通明禪。孔氏亦曰：『知止而後有定。』又曰：『自誠明。』此人乘止觀也」，〔註24〕憨山將孔子判攝爲「人乘之聖」，而其工夫則爲「人乘止觀」，其以儒家的「知止而後有定」與「自誠明」爲「人乘止觀」之工夫論，其云：

定字乃指自性本體，寂然不動，湛然常定，不待習而后定者。但學

〔註23〕〈觀老莊影響論〉，頁 18。
〔註24〕〈觀老莊影響論〉，頁 18。

人不達本體，本來常定，乃去修習，強要去定，只管將生平所習知
見，在善惡兩頭，生滅心上求定，如猢猻入布袋，水上按葫蘆，似
此求定，窮年也不得定。何以故？病在用生滅心，存善惡見，不達
本體，專與妄想打交滾，所謂認賊為子，大不知止耳。〔註25〕

憨山於〈大學決疑〉中，以「自性本體」為中心思想，對儒家《大學》之「定、
靜、安、慮、得」之「定」字做出定義。其又以六祖慧能之「不思善、不思
惡，如何是上座本來面目」〔註26〕這段話來說明「定」的義理，而「定」字
所指乃「自性本體」，而「知止」則為「汝但善惡都莫思量，自然得見心體」，
〔註27〕故「學人當下一刀兩段，立地便見自性，狂心頓歇，此後再不別求，
始悟自家一向原不曾動，此便是知止而后有定的樣子」，〔註28〕至此，憨山已
然揭示儒家《大學》之「知止而後有定」之理。此乃憨山以禪學思想融攝儒
家思想之表現，亦即憨山將孔子判攝為「人乘之聖」，而此「人乘止觀」工夫
之展現，乃是經由禪學思想而開展，換言之，憨山乃藉由佛學思想統攝儒家
思想，其所理解之儒家思想，已非儒家本然之面目！

　　吾人既瞭解憨山判攝儒家工夫論於「人乘止觀」，那麼，其對老莊之工夫
論又如何以佛教之「止觀」為說？其云：

老子曰：「常無欲以觀其妙，常有欲以觀其徼。」又曰：「萬物並作，
吾以觀其復。」莊子亦曰：「莫若以明。」又曰：「聖人不由而照之
於天。」又曰：「人莫鑑於流水，而鑑於止水。惟止，能止眾止也。」
又曰：「大定持之。至若百骸九竅，賅而存焉，吾誰與為親？」又曰：
「咸其自取，怒者其誰耶？」至若黃帝之退居，顏子之心齋，丈人
承蜩之喻，仲尼夢覺之論，此其靜定工夫，舉皆釋形去智，離欲清
淨。所謂厭下若麤障，欣上淨妙離，冀去人而入天。按教所明，乃
捨欲界生，而生初禪者。故曰：「宇泰定者，發乎天光。」此天乘止
觀也。〔註29〕

由上可知，憨山將老莊之工夫論判攝於「天乘止觀」，而「靜定工夫」正是其
工夫論之重點，其以老子之「常無欲以觀其妙，常有欲以觀其徼」、「萬物並

〔註25〕　《夢遊集》卷四十四〈大學綱目決疑題辭〉，總2381。
〔註26〕　《夢遊集》卷四十四〈大學綱目決疑題辭〉，總2382。
〔註27〕　《夢遊集》卷四十四〈大學綱目決疑題辭〉，總2382。
〔註28〕　《夢遊集》卷四十四〈大學綱目決疑題辭〉，總2382。
〔註29〕　〈觀老莊影響論〉，頁18～19。

作，吾以觀其復」爲「止觀」之工夫論；而莊子則以「莫若以明」、「聖人不由而照之於天」、「人莫鑑於流水，而鑑於止水。惟止，能止眾止也」、「大定持之。至若百骸九竅，賅而存焉，吾誰與爲親」、「咸其自取，怒者其誰耶」，以及「心齋」、「坐忘」等爲工夫論。然而，憨山所拈出之重心，只在於「靜定」之工夫；亦即藉此「釋形去智」、「離欲清淨」，而達「離人而入天」之境而已，故其以老莊之工夫爲「天乘止觀」。憨山以爲「人天乘精修梵行而入空定者是也」，〔註30〕故此「天乘止觀」乃「離欲而爲清淨行，已出欲界而進入色界之初禪天，正是所謂『精修梵行而入空定者』。」〔註31〕此「天乘止觀」出「欲界」而進入「色界」初禪天之工夫論，憨山接著以《楞嚴經》之修行方法印證之，其云：

> 《首楞嚴》曰：「一切世間所修心人，愛染不生，無留欲界，是人應
> 念身爲梵侶。」又曰：「欲習既除，離欲心現。是人應時能行梵德，
> 名爲梵輔。」又曰：「清淨禁戒，加以明悟，是人應時能統梵眾，爲
> 大梵王。」又曰：「此三勝流，一切煩惱所不能逼。雖非正修眞三摩
> 地，清淨心中，諸漏不動，名爲初禪。至於澄心不動，湛寂生光，
> 倍倍增勝，以歷二三四禪，精見現前，陶鑄無礙。以至究竟群幾，
> 窮色性性，入無邊際，名色究竟天。」此其證也。〔註32〕

其以《楞嚴經》之修行方法印證「天乘止觀」之境界。由「初禪」至「二、三、四禪」，然「天乘止觀」之修行，乃只在於出「欲界」而入「色界」之「初禪天」。「按佛教的修正次第，孔、老的修行果德還停留在三界內，這是佛教和外道都可以達到的階段，孔、老的離欲清淨可以說是教內教外修行的共法」，〔註33〕故可知，憨山將儒家、道家之工夫論，判攝於「人乘止觀」、「天乘止觀」，乃有其境界次第之分；而其以佛教之「止觀」工夫，統攝「儒」、「道」二家，更有將兩者歸攝於「佛」之用心。

憨山以佛教之「止觀」工夫統攝三教，顯然以佛家工夫論比附於儒、道二家，已然失去儒、道二家本然之工夫面貌，然針對於此，張學智卻云：

〔註30〕〈觀老莊影響論〉，頁20。
〔註31〕林文彬，〈釋德清《觀老莊影響論》初探〉，（國立中興大學《文史學報》第三十一期，民國90年6月），頁22。
〔註32〕〈觀老莊影響論〉，頁19。
〔註33〕林文彬，〈釋德清《觀老莊影響論》初探〉，（國立中興大學《文史學報》第三十一期，民國90年6月），頁22。

佛家最重觀照，因為佛家宗旨在於眾有中觀照其虛無。觀是一種洞
識，不是經驗中的直接照察。洞識需要不同於常情的覺解和一種與
本體冥契的精神境界。德清以佛家的觀照來比擬道家、儒家之「觀」。
《老子》說：「夫物芸芸，吾以觀復。」即在眾有中觀照、洞察其循
環往復。在《老子》，循環往復是萬有的根本性質，對這種根本性質
的認識是一種洞觀。也是一種胸懷和境界……德清把佛家道家的體
認方式的最主要之點概括為「觀」，表明他抓住了佛道識認方式的本
質。但德清把儒家的識認方式也歸入「觀」，則失之偏頗。〔註34〕

張學智將佛、道二家之「觀」，同時理解為「直覺」、「冥契」、「觀想」，並且
以為兩者之「觀」，皆附有「神祕性」與「直覺性」之性質。其持此論點以為，
憨山以「觀」統攝「道」家，乃揭露出憨山對於「佛」、「道」兩家，皆能掌
握其本質，及其一定之識認方式。至於憨山以「觀」統攝「儒」家，則與儒
家之道德修養、實地履行之「體認性認識」相差甚遠，故失之偏頗。然而，
憨山以佛教之「止觀」工夫統攝「儒」、「道」二家，並不在於其識認「儒」、
「道」二家之本質為何，亦非執著於「觀」之「神祕性」、「直覺性」與否。
其主要目的乃在於以「止觀」收攝兩家，達到其修行之次第層次；對於「儒」、
「道」二家本質面貌之瞭解，已非憨山用心之處。是故，憨山以「止觀」統
攝「儒」、「道」二家，應皆有所偏頗。

　　吾人若站在憨山之立場而言，其以「止觀」統攝「儒」、「道」二家之工
夫論，將兩者收攝於「佛」，則足以賦予同情之理解。除此之外，憨山以「止
觀」為三教之工夫論，主要目的又為何？其於〈道德經解卷首〉「發明工夫」
中先闡明道家以「觀」為首要工夫之論點，其云：「老子一書，向來解者例以
虛無為宗，及至求其入道工夫，茫然不知下手處。故予於首篇，將觀無觀有
一『觀』字，為入道之要，使學者易入」，〔註35〕之後，憨山再接續論述，其
以「止觀」統攝「三教」之重點為何？其云：

　　然觀照之功最大，三教聖人，皆以此示人。孔子則曰「知止而后有
　　定」，又曰「明明德」，然「知」「明」，即了悟之意。佛言「止觀」，
　　則有「三乘止觀」，人、天止觀，淺深之不同。若孔子，乃「人乘止

〔註34〕陳鼓應主編，《道家文化研究》第八輯〈憨山德清的以佛解老莊〉，（上海：上
　　　　海古籍出版社，民國 84 年 11 月，初版），頁 342。
〔註35〕《老子道德經解》〈卷首〉，頁 43。

觀」也；老子，乃「天乘止觀」也。然雖三教止觀淺深不同，要其
所治之病，俱以先破我執爲第一步工夫。〔註36〕

透過以上，吾人得知，憨山「止觀」工夫有兩個重點：其一，「止觀」乃有淺深
次第之層次，亦即「人乘止觀」低於「天乘止觀」，乃淺深之不同相，而此兩者
之工夫論，最終乃在於會歸於「佛」；其二，雖然「止觀」有淺深之相異相，然
三教所治之病，皆在於「破我執」而已，亦即「破我執」乃三教「止觀」工夫
之共同目的。憨山「破我執」一語，正拈出其以「止觀」統攝三教之重心，亦
即三教「皆以破我執爲主，工夫皆由『止觀』而入」。〔註37〕憨山雖以「破我執」
爲三教之主要目的，然而，其所欲破者爲何，三教所破之執是否一致？憨山云：

以其世人盡以「我」之一字爲病根，即智愚賢不肖，汲汲功名利祿
之場，圖爲百世子孫之計，用盡機智總之皆爲一身之謀。如佛言諸
苦所因，貪欲爲本，皆爲我故。老子亦曰「貴大患若身」。以孔聖爲
名教宗主，故對中下學人，不敢輕言破我執，唯對顏子，則曰克己。
其餘但言正心、誠意、修身而已。然心既正，意既誠，身既修，以
此施於君臣父子之間，各盡其誠，即此是道，所謂爲名教設也。至
若絕聖棄置，無我之旨，乃自受用地，亦不敢輕易舉以於人。唯引
而不發，所謂「若聖與仁，則吾豈敢？」〔註38〕

又云

以聖人虛懷遊世，寂然不動，物來順應，感而遂通。用心如鏡，不
將不迎，來無所粘，去無蹤跡。身心兩忘，與物無競，此聖人之心
也。世人所以不能如聖人者，但有意必固我四者之病，故不自在，
動即是苦。孔子觀見世人病根在此，故使痛絕之。即此之教，便是
佛老以無我爲宗也。且毋字便是斬截工夫，下手最毒。即如法家禁
令之言毋得者，使其絕不可有犯，一犯便罪不容赦，只是學者不知
耳。至若吾佛説法，雖浩瀚廣大，要之不出破眾生麤細我法二執而
已。二執既破便登佛地。〔註39〕

由上可知，憨山所言三教之「破我執」，乃在於破「我」、「法」二執而已，

〔註36〕《老子道德經解》〈卷首〉，頁43。
〔註37〕《老子道德經解》〈卷首〉，頁46。
〔註38〕《老子道德經解》〈卷首〉，頁43～44。
〔註39〕《老子道德經解》〈卷首〉，頁44～45。

而破「我」正是「破我執」之根本。孔子所破之執，主要在於「我」執，然孔子對「我執」之破，卻只對顏子等少數人言之「克己」而已，其餘中下等人則以「正心」、「誠意」、「修身」為教；然老莊之所以超越孔子，超出「世人」一步，乃在於其專以「破執」立言，而非只對少數人言「破執」之論，故其要人「釋智遺形」、「離欲清淨」，其「所釋之智，乃私智也，即意必也；所遺之形，即固我也；所離之欲，即己私也；清淨則廓然無礙，如太虛空，即孔子之大公也」。〔註40〕故可知，儒、道二家「心法」乃是一致，亦即「心同」；所不同者，乃在於聖人施設之教相異，亦即「跡異」。是以老莊所破之執，亦以「我」執為主，然其工夫則較孔子更進一步；至於佛則一切皆破，故其言「二執既破便登佛地」。是故，「孔子專於經世，老子專於忘世，佛專於出世。然究竟雖不同，其實最初一步，皆以破我執為主，工夫皆由止觀而入」，〔註41〕其中「經世」、「忘世」、「出世」與「究竟雖不同」等語，已充分展現出三者之淺深次第層次的不同！

　　吾人既瞭解憨山以「止觀」為三教之工夫論，判攝於儒家則為「人乘止觀」，判攝於道家則為「天乘止觀」，而「止觀」之工夫論又以「破我執」為首要。那麼，憨山「註莊」之工夫論，亦應以「止觀」為工夫論，以「破我執」為首要。憨山「破我執」若展現於其「註莊」之系統下，則為「忘」我之「忘」字，亦即憨山展現於其註解〈逍遙遊〉中，則為「忘己、忘功、忘名」之「忘」的工夫論；展現於其註解〈齊物論〉中，則為「自取怒者其誰」的「禪門參究」之工夫論；展現於其註解〈養生主〉中，則為「庖丁解牛」之「緣督以為經」之工夫論；展現於其註解〈人間世〉中，則為「心齋」之工夫論；展現於其註解〈德充符〉中，則為「忘形全性」之「忘」的工夫論；展現於其註解〈大宗師〉中，則為「坐忘」之工夫論；展現於其註解〈應帝王〉中，則為「四門示相」之工夫論。以上所言憨山「註莊」之工夫論，皆由其統攝三教之「止觀」工夫論的「忘」字為首要而展開。然而，關於憨山註解〈逍遙遊〉中的「忘己、忘功、忘名」之「至人、神人、聖人」，〔註42〕與其註解〈養生主〉中的「緣督以為經」，〔註43〕以及其註解〈德充符〉中的

〔註40〕《老子道德經解》〈卷首〉，頁45。
〔註41〕《老子道德經解》〈卷首〉，頁45～46。
〔註42〕請參見第四章第三節〈憨山德清註莊之內容特色〉之第一小節《莊子內七篇註》之〈逍遙遊〉、〈齊物論〉乃立言真宰〉之〈憨山德清之論逍遙〉部分。
〔註43〕請參見第四章第三節〈憨山德清註莊之內容特色〉之第二小節《莊子內七篇

「忘形全性」〔註44〕之部分，已於第四章論述過，故此節不再贅述。

此節僅針對憨山「註莊」「工夫論」中的特殊性展開論述，以下以主題式之方式處理，分為三小節討論：第一小節「『自取怒者其誰』——『禪門參究』之工夫論」，由「工夫論」之角度出發，探討憨山註解莊子之「咸其自取，怒者其誰耶」為工夫論之展現；第二小節「『攖寧』——『漸漸開悟』之工夫論」，探討憨山註解莊子之「心齋」、「坐忘」，乃至於「攖寧」境界之工夫論；第三小節「『四門示相』——『止觀』之工夫論」，探討憨山以佛教之「止觀」法門，所揭示出「四門示相」之工夫論。以下分別述之。

一、「自取怒者其誰」——「禪門參究」之工夫論

在第四章〈憨山德清之顯眞宰〉此一小節〔註45〕中，已論述過憨山註解《莊子》〈齊物論〉「咸其自取，怒者其誰耶」之「禪門參究」之工夫，藉此立場突顯憨山貫穿內七篇之主軸——「眞宰」。然此一小節，並不以「眞宰」為主軸論述，乃是由「工夫論」之角度出發；亦即由「工夫論」之脈絡，切入探討憨山「註莊」之「自取怒者其誰」——「禪門參究」之工夫論。

憨山註解莊子之「三籟」，乃是以「咸其自取，怒者其誰耶」一語為工夫，亦即其以「忘言之境」之「忘」字為工夫主軸。其由註解《莊子》〈齊物論〉「咸其自取，怒者其誰耶」顯出「齊物論」之工夫與「忘言之境」，其云：

> 此一言直指齊物之功夫，直造忘言之境也。咸者，皆也；取，猶言看取，乃返觀內照之意也；怒者，鼓其發言之氣，乘氣而後方有言也；誰者，要看此言畢竟從誰而發也。但知言從己發，而不知有「眞宰」主之，若不悟「眞宰」，則其言皆是我見，非載道之言，由此是非之生，終竟而不悟也，要人識取「眞宰」也。〔註46〕

由上可知，憨山以「返觀內照」之禪門究竟工夫，比擬為「齊物論」之工夫，並希望藉此突顯「眞宰」。憨山註解《莊子》〈齊物論〉「咸其自取，怒者其誰耶」句，以「咸」字為「皆」意；「取」字為「看取」意，其中「自取」則可

〔註44〕請參見第四章第三節〈憨山德清註莊之內容特色〉之第三小節《《莊子內七篇註》之〈德充符〉乃體用兩全〉之部分。

〔註45〕請參見第四章第三節〈憨山德清註莊之內容特色〉之第一小節《《莊子內七篇註》之〈逍遙遊〉、〈齊物論〉乃立言眞宰〉之〈憨山德清之顯眞宰〉部分。

〔註46〕《莊子內七篇註》〈齊物論〉，頁198～199。

解爲「自己看取」，亦即「從誰而發則爲誰聲」，「自己看取」則從自己發之而返觀於己，故此工夫論乃在於告誡吾人返觀言語、聲音自發之重要性。若不悟此「眞宰」，則言語皆成爲我見，亦即爲「我執」，而「破我執」又爲憨山三教工夫論之主軸，是故，唯有悟此「眞宰」，才能達到「天籟」、「無心之言」之境，如此才能破除「我執」之障。是以憨山「註莊」以註解《莊子》〈齊物論〉「咸其自取，怒者其誰耶」此句爲工夫論之基點則全然展現！以下，憨山又更明白指出「自取怒者其誰」一語爲下手之工夫，其云：

> 此齊物論之下手工夫，直捷示人處，只在「自取怒者其誰」一語，此便是禪門參究之功夫；必如此看破，方得此老之眞實學問處，殆不可以文字解之，則全不得其指歸矣！〔註47〕

憨山以禪門「返觀內照」之參究工夫爲「齊──物論」之工夫，其中「必如此看破」之「破」字，可以與「破我執」之「破」字相通，兩者皆在「破」返觀自取者爲誰。吾人若知曉語言、聲音所發者爲誰，並且識得此工夫，返觀內照顯本有之「眞宰」，如此則得以瞭解莊子之旨歸。

蓋吾人瞭解憨山以「自取怒者其誰」爲「禪門參究」之工夫論，那麼，憨山又如何以「破我執」爲第一「觀」，展現其工夫論呢？其註解《莊子》〈齊物論〉「百骸、九竅、六藏，賅而存焉，吾誰與爲親」云：

> 賅，猶該也。言該盡一身，若俱存之而爲我，不知此中那一件是我最親者，若以一件爲親，則餘者皆不屬我矣；若件件都親，則有多我，畢竟其中誰爲我者。此即佛說小乘析色明空觀法，又即《圓覺經》云：「四大各離。」今者妄身當在何處？此破我執之第一觀也。〔註48〕

憨山以「觀」爲工夫，而「『觀』是指『返觀內照』而言，其目的在要人識取眞宰」，〔註49〕其以爲破「我執」之第一「觀」，即是小乘「析色明空觀法」，此觀法亦稱爲「析空觀」，乃「分析諸法而入空」之觀法，此乃貶小乘及成實論所說空觀之語。故可推知，憨山以「小乘析色明空觀法」爲註，則有貶抑莊子所言「百骸、九竅、六藏，賅而存焉，吾誰與爲親」之意，亦即有道家不及佛家之立場。然其對莊子「罔兩問景」乃至於「莊周夢蝶」，則有以「即

〔註47〕《莊子內七篇註》〈齊物論〉，頁199～200。
〔註48〕《莊子內七篇註》〈齊物論〉，頁206～207。
〔註49〕陳榮波，《哲學、語言與管理》，（桃園：逸龍出版社，民國81年2月，初版），頁72。

色明空」乃至於「物我兩忘」而歸於「佛」之主張，其云：

> 蓋前百骸九竅，一一而觀，乃初心觀法，如內教小乘之「析色明空
> 觀」；今即觀身如影之不實，如蛇蚹之假借，乃「即色明空」，更不
> 假費工夫也。雖觀假我，而未能忘物，故如蝶夢之喻，則物我兩忘，
> 物我忘，則是非泯，此「聖人」大而化之成功也。〔註50〕

憨山此處所言之「即色明空」，所指乃「體空觀」，亦即「析空觀」之對稱，
兩者觀法皆從假入空觀，乃憨山所言「觀假我」，兩者同樣能破界內之見、思
二惑，然兩者觀法之差別相，則在於有巧、拙之別，「體空觀」為「巧度觀」，
「析空觀」為「拙度觀」。憨山以莊子之工夫論，由「百骸、九竅、六藏，賅
而存焉，吾誰與為親」至「罔兩問景」，最終到達「莊周夢蝶」、「物我兩忘」
之境界，此亦即由「析空觀」至「體空觀」，最後到達「物我忘、是非泯」之
境；而其中乃以「破我執」為第一「觀」，亦即憨山「註莊」工夫論之出發點，
仍以「破我執」為首要。然而，通過工夫論所到達之最終境界，憨山指出乃
「聖人大而化之成功也」，其「聖人」所指乃為「佛」，故可知，憨山「註莊」
之工夫論，最終境界的歸結，依然是會歸於「佛」！

　　透過以上論述可知，憨山註解莊子之「自取怒者其誰」為「禪門參究」
之工夫論，主要在於「返觀內照」，而此「返觀內照」乃在於返觀吾人本有之
「真宰」，此「真宰」一顯，則「我執」即「破」，亦即到達「忘言」之境，
此「忘」字正是憨山統攝三教之工夫論。而「破我執」之第一「觀」，又以小
乘之「析色明空觀法」為主，經由此「析空觀」之「破我執」，進一步至「體
空觀」之境，最後到達「物我兩忘、是非自泯」之最終境界，此正是憨山經
由「註莊」工夫論所要達至之最高境界！

二、「攖寧」——「漸漸開悟」之工夫論

　　憨山註解《莊子》〈人間世〉卷首即言：「而其功夫又從心齋、坐忘，虛
己涉世，可無患矣。極言世故人情之難處，苟非虛而待物，少有才情求名之
心，則不免於患矣！」〔註51〕其註解《莊子》以「心齋」、「坐忘」為工夫，
而「心齋」於《莊子》〈人間世〉裡，「坐忘」則於《莊子》〈大宗師〉中。然
憨山註解〈大宗師〉，又先以「攖寧」——「漸漸開悟」為入道之工夫，最後

〔註50〕《莊子內七篇註》〈齊物論〉，頁276～277。
〔註51〕《莊子內七篇註》〈人間世〉，頁293～294。

再以「坐忘」爲工夫之極則，故以下先論述「心齋」之工夫論，繼而探討「攖寧」之境，乃由「漸漸開悟」爲入道之工夫論，最後再論述「坐忘」之工夫極則，由此次第，揭示憨山「註莊」之工夫論。

　　憨山註解《莊子》〈人間世〉「顏回曰：『吾無以進矣』」至「虛者，心齋也」段云：

> 顏子多方，皆未離有心。凡有心之言，未忘機也，機不忘則己不
> 化，故教之以「心齋」，以虛爲極，虛則物我兩忘，已化而物自化
> 耳。〔註52〕

憨山以「心齋」爲「虛之極」，主要乃在於破「有心」之「心」，此「有心」之「心」乃其所欲破除之「成心」，此「成心」亦即其註解〈齊物論〉所言，因「我見」而生出之「機心」。憨山以「顏子多方，皆未離有心」一語，已顯露出其將儒家判攝於「人乘」定位之用心，其以孔子獨對顏子等少數人言及「克己」，才能企求達到「破我執」之境界，然顏子仍舊未離「有心」，是故，憨山以爲儒家之「破我執」，並非眞正已達「破我執」之境，其實儒家仍在於「人乘止觀」之修行工夫而已。故憨山所解釋之「心齋」意義，則云：「專一汝之心志，言返聞於心性，心尙未忘形，氣則虛而形與化之矣。謂心冥於理也，言心虛至極，以虛而待物。虛乃道之體也。教顏子之心齋以主於虛也」，〔註53〕由上引文可清楚得知，憨山所理解之「心齋」，其中「虛乃道之體」之應用，與郭象注「心齋」云：「去異端而任獨（者）也（乎）。遺耳目，去心意，而（符）（付）氣性之自得，此虛以待物者也。虛其心，則至道集於懷也」〔註54〕中的「虛其心，則至道集於懷也」之應用類似。

　　然而，憨山所註之「心齋」卻早已跳脫郭象之外，其以「專一汝之心志，言返聞於心性」註解，已蘊含其「返觀內照」之修行工夫，亦即其所註之「返聞其心性」，已被賦予禪門參究之工夫論，而其中「返聞」之「心性」，所指正是憨山用以貫穿內七篇之「眞宰」，故此「眞宰」已被賦予佛意。憨山以「心齋」破除「有我」之「成心」，其首要工夫乃在於「返觀心性」，此亦即禪門「返觀內照」之工夫論，而破除「有我」正是其主張三教統攝以「破我執」

────────────────

〔註52〕《莊子內七篇註》〈人間世〉，頁307～308。
〔註53〕《莊子內七篇註》〈人間世〉，頁307。
〔註54〕晉・郭象注、唐・成玄英疏；曹礎基、黃蘭發點校，《南華眞經注疏》〈南華
　　　眞經疏序〉，（北京：中華書局，民國87年7月，北京第一次印刷），頁82。

為首之工夫論，是故，其註解「心齋」以「破我執」為首則不言而喻。

吾人既瞭解憨山註解之「心齋」，已雜揉禪門「返觀內照」之工夫論，並以破除「有我」為首要，那麼，其註解《莊子》「無聽之以耳，而聽之以心」、「無聽之以心，而聽之以氣」及「聽止於耳，心止於符」是否有其層次之分別？憨山註解《莊子》「無聽之以耳，而聽之以心」為「言返聞於心性」，〔註55〕此「返聞於心性」，正是由有「形」之「耳」，改而以「心」去體會。其註解《莊子》「無聽之以心，而聽之以氣」為「心尚未忘形，氣則虛而形與化之矣」，〔註56〕乃由「心」的體會，進一步以「氣」去感應，此乃「心」尚未「忘形」，仍舊「有心」之故。是以吾人可知，此「形」正是憨山所欲破除之物。至於《莊子》「聽止於耳，心止於符」，憨山則言「謂心冥於理也。」〔註57〕其又以「言心虛至極，以虛而待物」〔註58〕來註解《莊子》「氣也者，虛而待物者也」之層次。憨山註解《莊子》「氣也者，虛而待物者也」乃更趨近於「心齋」之工夫進程；此層次乃由憨山所註「心虛至極」以致於「以虛待物」而來。所謂「心虛至極」乃「忘我」之工夫，亦即「忘我」之工夫達至，則「虛」為「極」，如此便能「以虛待物」，到達「物我兩忘」之境界。憨山此層次分明之工夫論與王夫之註釋「心齋」以「至一則生虛」、〔註59〕「不與物相隔」〔註60〕等語來註釋相似。王夫之云：「心齋之要無他，虛而已矣」，〔註61〕其中突顯「虛」字之重要性，而憨山亦以「虛為極」，此「虛」乃「道之體」，亦即陳壽昌云：「惟道集虛，虛者齋心之要義，亦化物之極則也。」〔註62〕憨山亦以「物我兩化」為「虛」，故此「虛」字乃憨山註解「心齋」由「心虛至極」以致於「以虛待物」，最終到達「物我兩忘」之境界。而吳怡更進一步以佛家「禪定」的境界說明「心齋」之工夫，其云：

　　所謂「虛而待物」，是指心齋雖然是使心虛，但此心虛並不是心的斷

〔註55〕《莊子內七篇註》〈人間世〉，頁307。

〔註56〕《莊子內七篇註》〈人間世〉，頁307。

〔註57〕《莊子內七篇註》〈人間世〉，頁307。

〔註58〕《莊子內七篇註》〈人間世〉，頁307。

〔註59〕清・王夫之，《莊子解》，（臺北市：河洛圖書出版社，民國67年9月，臺影印初版），頁38。

〔註60〕清・王夫之，《莊子解》，（臺北市：河洛圖書出版社，民國67年9月，臺影印初版），頁38。

〔註61〕清・王夫之，《莊子解》，（臺北市：河洛圖書出版社，民國67年9月，臺影印初版），頁38。

〔註62〕清・陳壽昌，《南華真經正義》（附識餘）（上），（臺北市：廣文書局有限公司，民國67年7月，初版），頁30。

滅，而是在心中的欲念空了之後，這個心反而更能反應外物的眞實。

這種心齋的工夫相當於佛家禪定的境界。禪定也是使心中沒有欲念。等到沒有欲念之後，心中定而生慧，莊子的心齋也是如此。他說：「虛室生白，吉祥止止。夫且不止，是之謂坐馳。」〈人間世〉虛室就是指的虛心。心中欲念虛了之後並不是漆黑一片，相反的，卻產生光亮，這光亮就是智慧之光。所謂「吉祥止止」就是指智慧的產生。如果只有定而沒有慧，只有虛而不能應物，便是坐馳，也就是精神散失，了無生機的枯坐。〔註63〕

吳怡此段話，正解釋了憨山「心虛至極」以致於「以虛待物」工夫論之層次，雖然其以佛家「禪定」之境界註解莊子之「心齋」，不甚恰當；然而，此段話用以註解憨山所理解之「心齋」可謂適宜。且憨山註解「坐馳」亦云：「言人心皆本虛明，第人不安心止此，私慾萌發，則身坐於此，而心馳於彼，是之謂坐馳」，〔註64〕亦以「私慾萌發」爲解。是故，憨山以「心齋」爲「註莊」之工夫論，其中以「虛」爲極則，在於破除「我執」，由「心虛至極」乃至於「以虛待物」，而達到「物我兩忘」之境的工夫論則顯明！

　　透過以上論述，吾人已然瞭解憨山「註莊」以「心齋」爲工夫論之後。吾人再進一步探討憨山「註莊」入道之眞實工夫：「攖寧」——乃「漸漸開悟」之「漸悟」工夫論與「坐忘」之工夫極則。憨山註解〈大宗師〉云：「此上已發揮大道，明白了然，但未說進道工夫，故此下乃說入道眞實工夫」，〔註65〕憨山即是順此進路，揭露其「註莊」之「眞實工夫」——「攖寧」之境，乃「漸漸開悟」之工夫論，及其「坐忘」之工夫極則。

　　憨山註解莊子之「攖寧」爲進道眞實工夫之境界，而此進道工夫之過程乃一「漸漸開悟」之進程，其註解《莊子》〈大宗師〉「南伯子葵問乎女偊」至「攖而後成者也」段云：

> 此前論大道，雖是可宗可師，猶漫言無要。此一節方指出學道之方，意謂此道雖是人人本有，既無生知之聖，必要學而後成。今要學者，須要根器全美，方堪授受，授受之際，又非草率，須要耳提面命，

〔註63〕吳怡，《逍遙的莊子》，（臺北市：東大圖書有限公司，民國73年10月，初版），頁164～165。

〔註64〕《莊子內七篇註》〈人間世〉，頁310。

〔註65〕《莊子內七篇註》〈大宗師〉，頁397。

守而教之，其教之之方，又不可速成，須有漸次而入，故使漸漸開悟。〔註66〕

又云：

其三日外天下，七日外物，九日外生死，而後見獨、朝徹，此悟之之效也。既悟此道，則一切處日用頭頭，觸處現成，縱橫無礙，雖在塵勞之中，其心泰定常寧，天君泰然，湛然不動，工夫到此，名曰攖寧。何謂攖寧，蓋從雜亂境緣中做出，故曰攖而後成者也。觀此老言雖蔓衍，其所造道工夫，皆從刻苦中做來，非苟然也。今人讀其言者，豈可概以文字視之哉！〔註67〕

由上可知，憨山註解「攖寧」之境的學道工夫，乃是一「漸漸開悟」之「漸悟」工夫，其中「外天下」、「外物」、「外生」，乃「漸悟」之工夫；至於「見獨」、「朝徹」，則為「悟道」之成效。憨山註解「朝徹」云：「朝，平旦也。徹，朗徹也。謂已外生，則忽然朗悟，如睡夢覺，故曰朝徹」，〔註68〕其中「忽然朗悟」乃有禪宗「頓悟」之意涵；至於「見獨」，憨山則曰：「獨，謂悟一真之性，不屬形骸，故曰見獨」。〔註69〕故可知，憨山註解之「見獨」，乃是悟得自己本有之「真性」，而此「一真之性」，亦即「真宰」；至於「朝徹」、「見獨」之後，則能「無古今」，之後再進入「不死不生」、「殺生者不死」、「生生者不生」，最終進入「無不將也、無不迎也、無不毀也、無不成也」之「攖寧」境界。此亦即憨山所言：「攖者，塵勞雜亂，困橫拂鬱，撓動其心，曰攖。言學道之人，全從逆順境界中做出，只到一切境界不動其心，寧定湛然，故曰攖寧」，〔註70〕而此「攖寧」正是從「刻苦境界中做出」之工夫，故曰「攖而後成者也」，此「成」字正是憨山用以「攖寧」為「漸漸開悟」之工夫論的展現。

易言之，憨山註解「攖寧」之境，乃是透過此一「漸漸開悟」之工夫論，刻苦所成之境界，其以「攖寧」為工夫論之展現與境界之描寫乃展現無疑。至於「攖寧」之境界，杜保瑞則云：

「朝徹見獨」的運作之後，求道者已成為得道者，得道者的生命活動

〔註66〕《莊子內七篇註》〈大宗師〉，頁401。
〔註67〕《莊子內七篇註》〈大宗師〉，頁401～402。
〔註68〕《莊子內七篇註》〈大宗師〉，頁399。
〔註69〕《莊子內七篇註》〈大宗師〉，頁399。
〔註70〕《莊子內七篇註》〈大宗師〉，頁400～401。

是在時間上超越古今，在空間上躍動於諸世界，故不入死生。觀念的進行透徹著天地造化之奧妙，存在的領域已是在道之中，道妙無始無終，觀念的領解也在於無始無終之中，死生何存，古今何在，得道者的心胸之中早已超越，道妙的境界自然映現，而得道者所映現出的這個道的情境，則與自然的妙道的情境一致。道妙無死無生卻造化著生生死死，道妙不自作展現，故而不將不迎，但是卻從不止息地經營著天地自然的一切，故無不毀無不成，是爲「攖寧」，安繫於本始的凝鍊之中，達到入道的超越境界，成就得道的活動。〔註71〕

吾人若以此爲觀點，詮解憨山「攖寧」乃「漸漸開悟」之工夫論，則可明瞭，憨山所以爲之「漸漸開悟」之工夫論，乃是建立於「求道者」之工夫階段，亦即「須有漸次而入」，才能「漸悟」。至於「朝徹」、「見獨」忽然朗悟的「頓悟」，則儼然成一「得道者」，此「得道者」仍須在「刻苦境界中做出」，才能成就其「攖寧」之工夫論與境界。是故，憨山隱而未發者，乃在於無論「求道者」或「得道者」，其都必須經由「漸漸開悟」之工夫論，一步步由刻苦中做來，如此才能眞正到達「攖寧」之超越境界，故此入道之工夫，至此則全然朗現！憨山接著以「聞道」乃從「文字中悟來」論之，其云：

> 聖人得此大道，不無所聞，蓋從文字語言中有所發明，以至動用周旋謳吟咳唾之間，以合於玄冥，參於寥廓，以極於無始，至不可知之地；必如此深造實證而後已，如此，殆非口耳而可得也，是乃可稱大宗師。前來發明大道可宗，悟此大道者，可稱宗師。〔註72〕

故可知，無論入道之工夫，抑或由文字中悟來之聞道工夫，其所可成者皆爲「大宗師」，亦即憨山以爲之「大宗師」，乃一工夫表現之最高境界。

　　蓋明白憨山「攖寧」之境乃「漸漸開悟」之工夫論，以下接續則論述憨山「註莊」「坐忘」之工夫論。憨山註解「坐忘」有兩個層次：其一爲其註解《莊子》「墮支體，黜聰明」云：「壞也，言忘形也。泯知見也」；〔註73〕其二爲其註解《莊子》「離行去知，同於大通」云：「言身知俱泯，物我兩忘，浩然空洞，內外一如，曰大通」。〔註74〕以上兩個層次，乃憨山註解「坐忘」

〔註71〕杜保瑞，《莊周夢蝶》，（臺北市：書泉出版社，民國84年2月，初版一刷），頁238。
〔註72〕《莊子內七篇註》〈大宗師〉，頁404。
〔註73〕《莊子內七篇註》〈大宗師〉，頁428。
〔註74〕《莊子內七篇註》〈大宗師〉，頁428。

之工夫次第,亦即其以「忘形去知」為首要工夫,之後,再進以「身知俱泯,物我兩忘」為次要工夫與境界,此乃名之曰「大通」。王夫之解「坐忘」則曰:「坐忘,則非但忘物,而先自忘其吾。坐可忘,則坐可馳,安驅以遊于生死,大通以一其所不一,而不死不生之真與寥天一矣」,〔註75〕此次第較憨山更明白揭示兩層之工夫進程,乃以「自忘」為首、「忘物」為次,最終到達「任天之化,無往不可」〔註76〕之境界。至於「大通」之解釋,陳壽昌則註曰:「大通,則一切放下」,〔註77〕宣穎亦曰:「大通,則一切放下矣」,〔註78〕兩者皆以「大通」為「放下」,此乃憨山所言「物我兩忘」之境界,亦即憨山註解《莊子》「此謂坐忘,仲尼曰,同則無好也,化則無常也」句之最終境界,其云:

> 言身世兩忘,物我俱空,則取捨情盡,故無所好也。

> 言物我兩忘,則形神俱化,化則無己,則物無非己,故不常「執我」、

> 「為我」也。〔註79〕

由憨山此兩句註釋,吾人已清楚明白,其以「坐忘」為工夫之極則,乃在於「破我執」一句而已,亦即吾人所言,憨山「註莊」之工夫論,乃以「破我執」為首要,而此「破我執」,展現於憨山「註莊」中,正是「忘我」之「忘」字。故憨山以「物我兩忘」、「形神俱化」為境界,主要工夫則以破「執我」、「為我」之執著為首要,而其註解「坐忘」之兩層次第,正是其工夫論之展現,此亦通於其以「漸漸開悟」之工夫論,達至「物我兩忘」之境界!

綜合以上論述,吾人可知,憨山「註莊」以「心齋」、「坐忘」為工夫論,其中皆包含修養工夫之次第與層次,此與「攖寧」之境由「漸漸開悟」之工夫所成,乃相同之修養方式。換言之,憨山「註莊」之工夫論,乃在於透過「漸漸開悟」之方法,一步步引領吾人進入「物我兩忘」之境界,並且達到「破我執」之最終目的。

〔註75〕清・王夫之,《莊子解》,(臺北市:河洛圖書出版社,民國67年9月,臺影印初版),頁69。

〔註76〕清・王夫之,《莊子解》,(臺北市:河洛圖書出版社,民國67年9月,臺影印初版),頁69。

〔註77〕清・陳壽昌,《南華真經正義》(附識餘)(上),(臺北市:廣文書局有限公司,民國67年7月,初版),頁57。

〔註78〕清・宣穎,《莊子南華經解》,(臺北市:廣文書局有限公司,民國67年7月,初版),卷二頁51。

〔註79〕《莊子內七篇註》〈大宗師〉,頁428。

三、「四門示相」──「止觀」之工夫論

　　憨山註解《莊子》〈應帝王〉，揭示出其「註莊」「止觀」之工夫論，此乃其用佛教之「止觀」，貫穿三教之工夫論，故以下即針對〈應帝王〉中的「四門示相」，揭露憨山「註莊」之「止觀」工夫論。

　　蓋〈應帝王〉中，以壺子「四門示相」為工夫論與境界說，而「四門示相」所示者乃為：一、「示之以地文」──「杜德機」；二、「示之以天壤」──「善者機」；三、「示之以太沖莫勝」──「衡氣機」；四、「示之以未始出吾宗」──「波隨機」。〔註80〕一、「示之以地文」──「杜德機」，郭象以「萌然不動，亦不自正，與枯木同其不華，濕灰均於寂魄，此乃至人無感之時也」〔註81〕等語為解，而將「杜德機」解為「德機不發曰杜」；〔註82〕二、「示之以天壤」──「善者機」，郭象以「天壤之中，覆載之功見矣。比之地文，不猶（卵）（外）乎！此應感之容也」為解，而將「善者機」解為「機發而善於彼，彼乃見之」；〔註83〕三、「示之以太沖莫勝」──「衡氣機」，郭象以「居太沖之極，浩然泊心而玄同萬方，故勝負莫得措其間也」為解，而將「衡氣機」解為「無往不平，混然一之。以管窺天者，莫見其涯，故似不齊」；〔註84〕四、「示之以未始出吾宗」──「波隨機」，郭象以「雖變化無常，而常深根冥極也」為解，而「波隨機」：「因以為波流，故逃也」，郭象則解為「變化頹靡，世事波流，無往而不因也。夫至人一耳，然應世變而時動，故相者無所措其目，自失而走。此明應帝王者，無方也」。〔註85〕郭象以上之註解，牟

〔註80〕根據：王叔岷，《莊子校詮》（上冊），（臺北市：中央研究院歷史語言研究所，民國88年6月，影印三版），頁299：「郭《注》：『變化頹靡，世事波流，无往而不因也。』《釋文》：『弟，徐音頹。弟靡，不窮之貌。崔云：『猶遜伏也。』『波流』崔本作『波隨，』云：『常隨從之』郭氏《集釋》引王念孫曰：『《釋文》曰：『波流』崔本作『波隨，』』案作『波隨』者是也。」以下之「波流」，承牟宗三之說，皆以「波隨機」稱之。

〔註81〕晉・郭象注、唐・成玄英疏；曹礎基、黃蘭發點校，《南華真經注疏》〈南華真經疏序〉，（北京：中華書局，民國87年7月，北京第一次印刷），頁174。

〔註82〕晉・郭象注、唐・成玄英疏；曹礎基、黃蘭發點校，《南華真經注疏》〈南華真經疏序〉，（北京：中華書局，民國87年7月，北京第一次印刷），頁175。

〔註83〕晉・郭象注、唐・成玄英疏；曹礎基、黃蘭發點校，《南華真經注疏》〈南華真經疏序〉，（北京：中華書局，民國87年7月，北京第一次印刷），頁175。

〔註84〕晉・郭象注、唐・成玄英疏；曹礎基、黃蘭發點校，《南華真經注疏》〈南華真經疏序〉，（北京：中華書局，民國87年7月，北京第一次印刷），頁176。

〔註85〕晉・郭象注、唐・成玄英疏；曹礎基、黃蘭發點校，《南華真經注疏》〈南華真經疏序〉，（北京：中華書局，民國87年7月，北京第一次印刷），頁177。

宗三以「向、郭之時，猶未能意識及此也」這句話，來說明郭象之註解，尚未明瞭莊子「四門示相」之佛意，其云：

> 四門訣固出於佛教。成玄英處於佛教鼎盛之後，故隨手拈來，左右逢源。向、郭之時，猶未能意識及此也。然而其意俱備，而莊子本以四義示相。理之所在，固應如此。非比附也。四門亦可縮爲三觀。玄理自爾，亦非比附也。〔註86〕

故可知，牟宗三以爲，莊子「四門示相」之「四門訣」乃出自於佛教，而莊子以「四義示相」，與成玄英以佛家「四門」之義來疏解，兩者皆非比附之意；至於郭象之註，則意俱備，卻尚未能意識到莊子以佛家四門訣示相之用心。以下根據牟宗三之理解，將成玄英之疏與憨山之註，作一表格示之：

表 5-3「四門示相」：莊子原意、成玄英疏解及憨山註解之比較表〔註87〕

四門示相		莊　　子	成　玄　英	憨　　山
		「四門示相」之原意	佛家「四門」疏解之義	佛家「止觀」註解之義
四門示相	一	「示之以地文」——「杜德機」	妙本虛凝，寂而不動。	「止觀」：示之安心不測之境，此即佛門之止觀，乃安心之法也。地文，乃安心於至靜之地，此止也。
	二	「示之以天壤」——「善者機」	垂迹應感，動而不寂。	即觀（即止之觀）：天壤，謂高明昭曠之地，此即觀也。
	三	「示之以太沖莫勝」——「衡氣機」	本迹相即，動寂一時。	止觀雙運：言動靜不二也。初偏於靜，次偏於動，今則安心於極虛、動靜不二，猶言止觀雙運，不二之境也。
	四	「示之以未始出吾宗」——「波隨機」	本迹相忘，動寂雙遣。	三觀於一心：宗者，謂虛無大道之根宗。安心於無有，了無動靜之相，即佛氏之攝三觀於一心也。

〔註86〕牟宗三，《才性與玄理》，（臺北市：臺灣學生書局，民國 86 年 8 月，修訂八版臺八刷），頁 228。

〔註87〕表 5-3：「莊子：『四門示相』之原意」與「憨山：佛家『止觀』註解之義」，原文皆引自：《莊子內七篇註》〈應帝王〉，頁 443～446；至於「成玄英：佛家『四門』疏解之義」，原文則引自：晉‧郭象注、唐‧成玄英疏；曹礎基、黃蘭發點校，《南華真經注疏》〈南華真經疏序〉，（北京：中華書局，民國 87 年 7 月，北京第一次印刷），頁 175：「而壺丘示見，義有四重：第一，示妙本虛凝，寂而不動；第二，示垂迹應感，動而不寂；第三，本迹相即，動寂一時；第四，本迹相忘，動寂雙遣」。

根據表5-3，吾人可清楚看出，成玄英以佛家「四門」疏解莊子「四門示相」之義理，牟宗三則以佛家「無門」、「有門」、「亦有亦無門」、「非有非無門」示之，並以爲成玄英疏之四門可縮爲三觀，關乎此，高師柏園進一步解釋曰：「牟先生將成疏之意分爲四門，並以三觀通之，易言之，無門對應空，有門對應假，而亦有亦無門及非有非無門則對應中。此所謂以四門配三觀也」。〔註88〕故可知，牟宗三所云之四門配三觀，乃以「空觀」、「假觀」、「中觀」三觀配之以「無門」、「有門」、「亦有亦無門」、「非有非無門」之四門。

吾人既瞭解成玄英疏莊子「四門示相」之義理，那麼，憨山以佛教「止觀」之工夫論，註解莊子「四門示相」，是否有其特殊性？根據表 5-3，憨山以「止觀」註解莊子之「四門示相」，全在「止觀」二字而已。亦即憨山註「示之以地文」爲「止觀」；「示之以天壤」爲「即觀」；「示之以太沖莫勝」爲「止觀雙運」，在在都揭示出「止觀」之工夫論。換言之，憨山所言之「止觀」，並未明白賦予「空」、「假」、「中」三觀之意，其註解「示之以未始出吾宗」爲「佛氏之攝三觀於一心也」之「三觀」，所指的乃是「三種觀法」，亦即前面所註之「止觀」、「即觀」、「止觀雙運」之定法，將此「三種觀法」統攝於「一心」，則爲「示之未始出於吾宗」之工夫，如此，即能達到「波隨機」之境界。是故，憨山所註解之「四門示相」，乃有一工夫次第，此乃由「示之以地文」，佛教之「止觀」工夫論開始，而憨山註「杜德機」爲「言彼殆見我止絕生機，故將謂我必死也」〔註89〕則爲第一階段之工夫。而「示之以天壤」，乃以「即觀」爲工夫論，此「即觀」亦即「即止之觀」，而「善者機」，憨山註解爲「言彼見吾善而不死者，以我示之以天機也」，〔註90〕乃爲第二階段之工夫。至於「示之以太沖莫勝」，憨山以「動靜不二，止觀雙運」註之，吾人即可明白，此一境界乃爲「不二之境」，又更勝於前面二層之工夫，故「衡氣機」，憨山以「言平等持心，動靜不二。故氣機亦和融而不測也」〔註91〕爲註解，此則爲第三階段之工夫論。基於以上論述，吾人可推論，憨山所註解之三階段工夫論，乃爲「三種觀法」，亦即此三種觀法，乃有一層次漸進之次第關係，此可由憨山註解《莊子》〈應帝王〉「鯢桓之審爲淵，止水之審爲淵，

〔註88〕高柏園，《莊子內七篇思想研究》，（臺北市：文津出版社，民國89年5月，初版二刷），頁217。
〔註89〕《莊子內七篇註》〈應帝王〉，頁443。
〔註90〕《莊子內七篇註》〈應帝王〉，頁444。
〔註91〕《莊子內七篇註》〈應帝王〉，頁445。

流水之審爲淵」段得知，其云：

> 鯢桓之審爲淵：「淵，湛淵。乃止觀之名。然鯢桓之所處於深泥，以喻至靜，即初之止也。」

> 止水之審爲淵：「此喻觀也。止水澄清，萬象斯鑑，即次之天壞之觀也。」

> 流水之審爲淵：「流水雖動，而水性湛然不動。此喻即動而靜，即靜而動，動靜不二，平等安心。即末後太沖莫勝，止觀不二也。」〔註92〕

以上三種觀法，憨山稱之爲「三種定法」，皆由「止觀」工夫入手，且有其工夫次第之關係，而此三種觀法，乃統攝於「一心」，吾人可根據表5-3，憨山註解「四門示相」之最後一相：「示之以未始出吾宗」爲「宗者，謂虛無大道之根宗。安心於無有，了無動靜之相，即佛氏之攝三觀於一心也」得知。且此「佛氏之攝三觀於一心也」之「一心」，乃憨山用以貫穿內七篇之「眞宰」，此「眞宰」已被賦予佛意，亦即憨山以「一心」統攝三種工夫論之用心，所欲到達之境界，乃爲一「精神浩蕩，捉摸不定」〔註93〕之境，此境界亦稱之爲「不測之境」。

而吳怡更以「修禪」之工夫論，詮解莊子之「四門示相」，其以「修禪者的絕滅一切心念，而走入枯禪死定的路子」〔註94〕爲第一相；以「修禪者的氣脈初通，氣息從腳跟緩緩上升」〔註95〕爲第二相；以「修禪者不僅氣息沖和，而他的心念更是不住不執，正是莊子描寫心齋時的所謂『無門無毒』的境界」〔註96〕爲第三相；以「修禪者，不僅能見自家本來面目，也能見萬物的本來面目。這時此心有如『心普萬物而無心』，並非眞正無心，而與萬物同化」〔註97〕爲第四相。吾人以爲，吳怡以「修禪工夫」之四種進程方式，詮

〔註92〕《莊子內七篇註》〈應帝王〉，頁445。

〔註93〕《莊子內七篇註》〈應帝王〉，頁446。

〔註94〕吳怡，《逍遙的莊子》，（臺北市：東大圖書有限公司，民國73年10月，初版），頁182～183。

〔註95〕吳怡，《逍遙的莊子》，（臺北市：東大圖書有限公司，民國73年10月，初版），頁183。

〔註96〕吳怡，《逍遙的莊子》，（臺北市：東大圖書有限公司，民國73年10月，初版），頁183～184。

〔註97〕吳怡，《逍遙的莊子》，（臺北市：東大圖書有限公司，民國73年10月，初版），頁184。

解莊子之「四門示相」，與憨山以佛教「止觀」之工夫論註解莊子，其修養工夫論之次第方式，兩者皆有異曲同工之妙！

　　透過以上論述，吾人可知憨山乃以「四門示相」爲「註莊」之工夫論，而此工夫論正是佛教之「止觀」工夫，憨山透過此工夫，最後歸結者乃在於「至人之用心若鏡，不將不迎，應而不藏，故能勝物而不傷」二十二字而已，其云：

> 至人用心，如明鏡當台，物來順照，並不將心要應，事之未至，亦不以心先迎，即物一至，妍醜分明，而不留藏妍醜之跡，了無是非之心，如此虛心應世，故能勝物而物卒莫能傷之者，虛之至也。〔註98〕

故可知，此工夫論之歸結，只在於「虛心應世」而已，亦即憨山所言「已前說了眞人許多情狀，許多工夫，末後直結歸至人已下二十二字，乃盡莊子之學問功夫效驗作用，盡在此而已，其餘種種撰出，皆蔓衍之辭也，內篇之意已盡此矣」。〔註99〕是以憨山「註莊」工夫論之極則，乃在於此二十二字而已，而此二十二字，乃以「虛」爲極則，亦即「虛心應世」；而憨山亦將此工夫論之效驗，作爲學者工夫論之總歸，其云：「學者體認亦不必多，只在此數語下手，則應物忘懷，一生受用不盡，此所謂逍遙遊也」，〔註100〕故吾人若能順此「四門示相」之工夫論下手，亦即以佛家之「止觀」爲工夫，並且以「漸漸開悟」之方式修養，如此，即可到達「逍遙遊」之最終境界！

第三節　憨山德清註莊之境界說

　　憨山於「註莊」之際，並未明確揭示其「註莊」之境界說，然吾人卻可由其對三教之判攝及歸趣，見出其「註莊」境界之端倪，故以下先論述憨山判攝三教之境界，再由此進一步揭露憨山「註莊」之境界說。

　　憨山對三教判攝之境界說，吾人可由其〈觀老莊影響論〉「論宗趣」中得知。林文彬拈出，所謂「論宗趣」，應爲憨山依教理實踐所趨致之「境界」，其云：

> 《觀老莊影響論》最後一段文字是論「宗趣」，華嚴三祖法藏云：「宗」

〔註98〕《莊子內七篇註》〈應帝王〉，頁449。
〔註99〕《莊子內七篇註》〈應帝王〉，頁449～450。
〔註100〕《莊子內七篇註》〈應帝王〉，頁450。

者，經典語言之所表：「趣」者，宗之所歸。這原是華嚴宗人探討《華嚴經》一經之教意及其實踐之歸趣的重要問題。如按華嚴宗原來用法，德清論儒、道之「宗趣」，實是評論儒、道二家立教之宗旨，及其依教理實踐所趨致之境界。〔註101〕

於上一章已論述過，憨山「註莊」之系統架構，乃以「楞嚴爲首，華嚴爲次」，〔註102〕而華嚴思想亦爲憨山融攝三教之主要思想之一，故以下依據林文彬之說，以〈觀老莊影響論〉之「論宗趣」作爲憨山判攝三教之境界說。

　　本章第一節已說明憨山三教之判教觀，其判攝孔子爲「人乘之聖」，老莊爲「天乘之聖」，佛則爲「超聖凡之聖」，而此三聖之境界，憨山又如何定位？其於〈觀老莊影響論〉「論宗趣」中云：

老氏所宗虛無大道，即楞嚴所謂晦昧爲空、八識精明之體也。然吾人迷此妙明一心，而爲第八阿賴耶識，依此而有七識爲生死之根，六識爲造業之本，變起根身器界生死之相，是則十界聖凡，統皆不離此識，但有執破染淨之異耳！〔註103〕

由上可知，憨山乃是以「執破染淨」之差異相，來判定三聖之境界，亦即憨山判定三聖之境界，主要乃在於「破我執」與否而已，此亦即本章第二節所論述，憨山乃是以「破我執」爲三教工夫論之首要，而儒、道二家雖皆有所破執，然卻仍不如佛「一切都破」之境界來的高超。故憨山將孔子境界判定於「以七識爲指歸之地」，其云：

以欲界凡夫不知六塵五欲境界，唯識所變，乃因六識分別，起貪愛心，固執不捨，造種種業，受種種苦，所謂人欲橫流，故孔子設仁義禮智教化爲隄防，使思無邪，姑捨惡而從善。至於定名分，正上下，然其道未離分別。即所言靜定工夫，以唯識證之，斯乃斷前六識分別邪妄之思，以祛鬬諍之害，而要歸所謂妙道者，乃以七識爲指歸之地，所謂生機道原，故曰：生生之謂易是也！〔註104〕

憨山以孔子設「仁義禮智」教化爲隄防，主要乃在於破人欲之執著，而其最

〔註101〕林文彬，〈釋德清《觀老莊影響論》初探〉，（國立中興大學《文史學報》第三十一期，民國90年6月），頁23。
〔註102〕請參見第四章第一節〈憨山德清註莊之系統架構〉之第一、二小節〈以楞嚴爲首的《老子道德經解》〉及〈以華嚴爲次的「平等法界觀」〉之說明。
〔註103〕〈觀老莊影響論〉，頁25。
〔註104〕〈觀老莊影響論〉，頁25～26。

終能到達之境界，只在於以第「七識」爲指歸之地而已，故其判攝孔子爲「人乘之聖」，而工夫則由「人乘止觀」而入，乃爲三教之最低層級。至於其判攝老莊爲「天乘之聖」，而其境界乃高於孔子一層，以第「八識」爲指歸之地，其云：

> 至若老氏以虛無爲妙道，則曰：「谷神不死！」又曰：「死而不亡者，壽。」又曰：「生生者不生。」且其教以絕聖棄智忘形去欲爲行，以無爲爲宗極，斯比孔則又進，觀生機深脈，破前六識分別之執，伏前七識生滅之機，而認八識精明之體，即楞嚴所謂罔象虛無微細精想者，以爲妙道之源耳！〔註105〕

由以上引文可知，老莊已破前「六識」之執著，並且伏「七識」生滅之機，最終到達「八識」精明之體之境界，此乃更進於「人乘之聖」之孔子之境。故憨山以《楞嚴》所謂「罔象虛無」、「微細精想」者稱之，此亦即憨山「註莊」乃以「楞嚴爲首」之系統架構；是故，憨山判攝老莊爲「天乘之聖」，而工夫則由「天乘止觀」入手。然而，憨山定位老莊境界於「八識」精明之體，乃在於其以爲老莊執著於虛無自然之妙道，尚未打破「生死」之窠臼！故憨山進一步論述儒、道所執，乃因皆有所「執著」，兩者尚未到達「破執」之境，唯有「佛」乃得以入「一切都破」之境界，其云：

> 據實而論，執孔者，涉因緣，執老者，墮自然，要皆未離識性，不能究竟一心故也，佛則離心意識，故曰：「本非因緣，非自然性，方徹一心之源耳。」此其世出世法之分，故佛所破，正不止此。即出世三乘，而亦皆在其中矣！〔註106〕

憨山以「佛則離心意識」揭示佛之境界，並以爲佛所破者不止於此，乃「三乘」亦在其中。故吾人可知，憨山乃是以「佛」統攝三教，故其將「佛」判攝爲「超聖凡之聖」，乃超越「五乘」而能「圓融行布」者，亦即五乘之法，皆爲佛法，五乘之行，皆爲佛行，所相異者乃在於施設之不同而已，此乃憨山「心同跡異」三教觀之展現！

　　透過以上論述，吾人可清楚明瞭，憨山三教境界之定位：乃孔子境界以「七識」爲指歸；老子境界以「八識」爲指歸；佛則「離心意識」且統攝「三教」。是以吾人可以推論，憨山乃是以「佛」爲「三教合一」之旨歸，其雖以

〔註105〕〈觀老莊影響論〉，頁 26。
〔註106〕〈觀老莊影響論〉，頁 30～31。

為「二聖之學」與「佛」須相須為用，並云「習儒者拘，習老者狂，學佛者隘」，〔註107〕然其判攝三教之最終境界，乃在於以「佛」統攝三教，並達「三教合一」之境，而此論點之開展，正是其三教觀之理論基礎——「心同跡異」之展現，其云：

> 愚嘗竊謂孔聖若不知老子，決不快活。若不知佛，決不柰煩；老子若不知孔，決不口口說無為而治。若不知佛，決不能以慈悲為寶。佛若不經世，決不在世間教化眾生。愚意孔老，即佛之化身也。後世學佛之徒，若不知老，則直管往虛空裏看將去。目前法法都是障礙、事事不得解脫。若不知孔子，單單將佛法去涉世，決不知世道人情，逢人便說玄妙。如賣死貓頭，一毫沒用處。〔註108〕

以上乃憨山以為三教須相須為用之論述。然「孔老，即佛之化身也」一句，正展現其以「佛」統攝「三教」之用心，亦即其以「佛」為「圓融行布」之「行布」也。故吾人可知，三教之「心」皆相同，所異者只在於「跡」而已，是故，憨山定位三教為「人乘之聖」、「天乘之聖」、「超聖凡之聖」之判攝，其所欲到達之境界，乃是以「佛」統攝「三教」之「三教合一」之境，亦即其以「心跡相忘，則萬派朝宗，百川一味」〔註109〕之境界。

　　吾人既瞭解憨山對三教境界之定位，那麼，憨山「註莊」之境界說，又該如何開展？憨山「註莊」之境界，展現於〈逍遙遊〉中乃為「逍遙無待」之境界；展現於〈齊物論〉中乃為「是非自泯」之境界；展現於〈養生主〉中乃為「全身養性」之境界；展現於〈人間世〉中乃為「虛己涉世」之境界；展現於〈德充符〉中，乃為「忘形全性」之境界；展現於〈大宗師〉中，乃為「全體大聖」之境界；展現於〈應帝王〉中，乃為「聖帝明王」之境界。然而，憨山於《莊子內七篇註》中，呈顯其「註莊」境界特色之篇章，主要乃以〈逍遙遊〉、〈德充符〉、〈應帝王〉三篇為主，其中又以「無礙解脫」、「破分別我障」以及「離人而入天」為其境界說之展現。

　　是故，以下以主題式之方式，分為三小節展開論述：第一小節「『逍遙遊』——『無礙解脫』之境界說」；第二小節「『德充符』——『破分別我障』之境界說」；第三小節「『應帝王』——『離人而入天』之境界說」，由此三小節

〔註107〕《老子道德經解》〈卷首〉，頁48。
〔註108〕《老子道德經解》〈卷首〉，頁48～49。
〔註109〕《老子道德經解》〈卷首〉，頁50。

展開憨山「註莊」境界說之特色！

一、「逍遙遊」──「無礙解脫」之境界說

憨山註〈逍遙遊〉卷首，已明白揭示其「註莊」之境界，乃在於佛經之「無礙解脫」，其云：

> 逍遙者，廣大自在之意；即如佛經無礙解脫，佛以斷盡煩惱爲解脫。莊子以超脫形骸，泯絕知巧，不以生人一身功名爲累爲解脫；蓋指虛無自然爲大道之鄉，爲逍遙之境。如下云：『無何有之鄉，廣漠之野』等語是也。意謂唯有眞人能遊於此廣大自在之場者，即下所謂大宗師即其人也。〔註110〕

由以上引文可知，憨山註解「逍遙遊」之境界全然明白。其乃以佛經之「無礙解脫」爲「逍遙」之境界，並以「佛」乃以「斷盡煩惱爲解脫」之境類比莊子「超脫形骸，泯絕知巧，不以生人一身功名爲累爲解脫」之境。其將莊子之「逍遙」以佛經之「無礙解脫」釋之，並以此爲「註莊」境界，故吾人可知，憨山於「註莊」之際，於〈逍遙遊〉卷首，早已揭示其「註莊」之境界，並且揭露出其欲以「佛家」統攝「道家」之用心。

然而，憨山所註解之「逍遙」意，是否就等同於佛家之「涅槃」？吾人以爲，「涅槃」若以泛論而言，乃爲佛教之最高境界，憨山將道家判攝至「天乘」層級，明顯低於「佛」甚多，故「涅槃」勢必不爲其「註莊」之境界。關於此，張學智則云：「德清認爲莊子的逍遙境界尙不能與佛家的涅槃完全類同。涅槃是虛無寂滅，不僅外境已忘，逍遙之境已忘，即忘亦忘。與眞如本體一致而無別。這是佛家作爲宗教與道家老莊作爲世俗之學的差別所在」。〔註111〕張學智以佛家作爲「宗教」與道家作爲「世俗之學」，分辨憨山「註莊」之「逍遙」境界不等同於佛家之「涅槃」，此說尙且亦通，然卻未盡憨山之意。憨山以「佛」之「斷盡煩惱爲解脫」之境界，類比莊子「超脫形骸，泯絕知巧，不以生人一身功名爲累爲解脫」之境界，其中仍有其差異相，亦即「佛」已超脫於「形骸」之外，以「斷盡煩惱」爲其解脫之道，然莊子卻仍處於超脫「形骸」之階段，乃以「超脫形骸，泯絕知巧，不以生人一身功名爲累」爲解脫之道；故莊子之「逍遙」

〔註110〕《莊子內七篇註》〈逍遙遊〉，頁 154～155。

〔註111〕陳鼓應主編，《道家文化研究》第八輯〈憨山德清的以佛解老莊〉，（上海：上海古籍出版社，民國 84 年 11 月，初版），頁 348。

境界與佛家之「涅槃」必有一段距離，且憨山於判教之際，即明白揭露三教所能到達之最高境界，而此境界又有其次第之分別，並非一蹴可幾，是故，憨山以爲莊子之「逍遙」境界，與「佛」之「涅槃」並不等同。吾人既明白憨山「註莊」之「逍遙」境界，乃爲佛經之「無礙解脫」，那麼，此境界憨山於「註莊」之際，又如何詮解？憨山註《莊子》〈齊物論〉「罔兩問景」至「此之謂物化」段云：

> 此結齊物之究竟化處，故托夢覺不分，以物化爲極則。大概……謂若未悟眞君，則舉世古今皆迷，如在大夢之中，縱有是非之辯，誰當正之耶？縱有正之者，亦若夢中占夢耳。若明正是非，必待大覺之聖人，即不能待大聖，亦直須各人了悟當人本來面目，方自信自決矣！要悟本來眞宰，須是忘我，然忘我工夫，先觀人世如夢，是非之辯如夢中事，正是非者如夢中占夢之人，若以夢觀人世，則人我之見亦自解矣。雖解人我……故如蝶夢之喻，則物我兩忘，物我忘，則是非泯，此聖人大而化之成功也。故以物化結之，如此識其主意，攝歸觀心，則不被他文字眩惑，乃知究竟歸趣，此齊物之總持也，觀者應知。〔註112〕

由上可知，憨山「註莊」之境界，乃以「物我兩忘」爲境界，而此境界乃須悟及「眞宰」，以「忘我」爲工夫，才能達到「是非自泯」之境。此亦即憨山以爲「若明正是非，必待大覺之聖人」，而此「大覺之聖人」，乃爲「大宗師」。然而，若不能待「大覺之聖人」，則須「了悟當人本來面目」，亦即悟及本然之「眞宰」，由「忘我」之工夫入手，循序漸進，如此，才能達到「是非自泯」之境界，此境界正是「物我兩忘」之境。故吾人可知，憨山「註莊」所達至之「逍遙」境界，乃爲「物我兩忘」之境界！

　　憨山以莊子「逍遙」之境界，爲佛經「無礙解脫」之境，而此境界與佛家之「涅槃」卻不等同，然而，其所言之「大宗師」乃能達成此境界之「大覺之聖人」，此「大覺之聖人」，正是所謂之「眞人」，而此「眞人」乃「至人、神人、聖人」也，亦即「忘己、忘功、忘名」之「全體之大聖」，此「全體之大聖」乃爲「佛」！〔註113〕故吾人可推論，憨山透過「忘我」之工夫論，讓

〔註112〕《莊子內七篇註》〈齊物論〉，頁274～277。
〔註113〕請參見第三章第一節〈莊子爲老子之註疏〉之第二小節〈憨山德清註莊之立言本意〉之說明；或參照〈觀老莊影響論〉，頁17之原文。

吾人以循序漸進之工夫，達到莊子「超脫形骸，泯絕知巧」並且「不以生人一身功名爲累」之解脫之境。然而，此境界最終只能到達「逍遙」——乃佛經之「無礙解脫」而已，若要到達「涅槃」之境，則須以「佛家」之修行爲主，故其引出個「大宗師」爲極則，揭示唯有「聖人」乃得以「逍遙」，而此「逍遙」最終之境界，乃是老莊「天乘之聖」所能到達之最終境界，亦即「無礙解脫」之境界。

二、「德充符」——「破分別我障」之境界說

上一小節論述憨山以佛經之「無礙解脫」爲「逍遙」，而此「逍遙」正是莊子以「超脫形骸，泯絕知巧，不以生人一身功名爲累」爲解脫之意，而其中「超脫形骸」、「泯絕知巧」正是憨山以爲道家所欲「破執」之處，吾人若能「忘形骸」、「一心知」，即可到達佛家之「破分別我障」之境界。然而，人之所以有「分別我障」，乃是因何而起呢？憨山以佛家之「愛」，爲「我執之本」，而此「愛」亦是產生「分別我」之主因，其以佛家之「愛」說明道家之所以「執著」，並以爲吾人若欲到達「破分別我障」之境界，則須先破除此「愛欲」，如此則無「分別我」，然後接著「忘形骸」、「一心知」，即可到達此境界，此乃憨山「註莊」境界說之特色。是故，以下先說明憨山以「愛」爲「我執之本」之說，再透過其破除「愛欲」執著之進程，所揭示出其「註莊」「破分別我障」之境界。憨山註《莊子》〈齊物論〉「古之人，其知有所至矣」至「果且無成與虧乎哉」段云：

> 此一節，言由迷大道，則成我形，我成而道虧矣。前云「一受其成形，不亡以待盡」，直說到此處，方透出一箇「愛」字爲「我執之本」，以成其一己之我，則所成者小，而大道隱矣！申明前云「道隱於小成」之意也。後文意由所成者小，故舉世之人，終身役役而不見其成功，故以三子發之。〔註114〕

由上可知，憨山以「愛」爲「我執之本」，並云「愛，私愛於一己也」，〔註115〕故吾人可知，憨山以此愛爲「私愛」，亦即有此「私愛」，則所成者者小，因其所成者只在於「一己」而已，故「道隱於小成」，此亦產生「分別我」之主因，其又云：

> 從一虧上發揮「道之所以虧」，由「愛之所以成」，以此「愛之所以

〔註114〕《莊子內七篇註》〈齊物論〉，頁 231～232。
〔註115〕《莊子內七篇註》〈齊物論〉，頁 231。

成」一句，又遠結前立義中「一受其成形」，及「隨其成心而師之」，兩成字之意，謂若受其成形，即愛之所以成，故道有所虧，此有成有虧也；若隨其「成心」〔註116〕而師之，則本無成虧，因有成形，故有辯論，是非之彰，蓋由此耳。是以成形、成心二意做骨子也，

此道隱小成，言隱榮華，有自來矣，皆未悟明大道之過也！〔註117〕

透過以上引文，吾人可得知，憨山以「若受其成形，即愛之所以成」爲重點，亦即因爲有「形骸」之成形，故「私愛」成之，如此「道」則有所虧損。而所謂「成形」，乃成其「形骸」，因有其「形骸」，故人我之間產生辯論，是非則可彰顯，此乃因有「形骸」，而「愛」隨之產生之執，故應破除之。憨山於此拈出「愛」與「形骸」之間的關係，兩者正是其欲破除之處，亦即吾人破除對「私愛」、「形骸」之執著，才能達到「破分別我」之境界！

憨山雖主張破除「私愛」之執著，然而，其註解《莊子》〈德充符〉「所愛其母者，非愛其形也，愛使其形者也」句，依然肯定所謂「天性之愛」。其以「則知精神不在，故棄之而走，是則死生不遠，即棄之而走，是知所愛者非形骸，乃愛使其形骸之眞宰也」〔註118〕等爲註，吾人即可由「所愛者非形骸，乃愛使其形骸之眞宰也」這句話得知，其所愛者，乃是使其形骸之「眞

〔註116〕「成心」，《莊子內七篇註》〈齊物論〉，頁211註解爲「現成本有之眞心也」。關於憨山此註解，以下有兩種不同之說法：

一、陳鼓應以憨山所註解爲錯誤，其於《莊子今註今譯》（上冊），（臺北：臺灣商務印書館股份有限公司，民國88年11月，修訂版第一次印刷），頁56～57云：「成心：成見之心。『成心』在〈齊物論〉是個很重要的觀念，物論之所以自我中心，引發無數主觀是非的爭執，產生武斷的態度與排他現象，歸根究柢是由於『成心』作祟。然歷代解者多誤，或說『有此心天理渾然』（宋‧林希逸說）、或釋爲『現成本有之眞心』（明‧釋德清說）、或謂『成心之中有妙道存焉』（清‧宣穎說）、或解爲『眞君所成之心』『天然自成之心』（近人蔣錫昌說），皆大誤。以成疏爲確。成玄英說：『域情滯著，執一家之偏見者，謂之『成心』。』……」。

二、吳怡則以憨山所註解爲正確，其於《新譯莊子內篇解義》，（臺北市：三民書局股份有限公司，民國89年4月，初版），頁73～74云：「這個眞心是人人都具有的，所謂『夫隨其成心而師之，誰獨且無師乎？』這裡的『成心』有兩種截然不同的注解，一作成見，如成玄英《疏》：『夫域情滯著，執一家之偏見者，謂之成心。』一解作眞心，如憨山《注》：『現成本有之眞心也。』這兩種注解完全相反，因此不能不審慎的抉擇。本書解義偏於後者，以『成心』爲眞心，理由可從以下三方面觀察……」。

〔註117〕《莊子內七篇註》〈齊物論〉，頁235～236。

〔註118〕《莊子內七篇註》〈德充符〉，頁357。

宰」，此「愛」亦即憨山所肯定之「天性之愛」，此乃所愛之眞實處。然而，其所欲破除之執著者，乃在於造成是非辯論的「私愛」，亦即「一己」之私也，並非愛其「眞宰」之「天性之愛」。是故，吾人可知，「以佛家『我執』、『我愛』「註莊」是憨山特殊觀點之一」，〔註119〕而此「私愛」，憨山亦以「愛欲」稱之，此「愛欲」正是眾生所受生死之苦的主因，其云：

> 以一切眾生受生死之苦，皆愛慾之過也。推此愛根，不是今生有的，也不是二三四生有的，乃自從無始最初有生死以來，生生世世，捨身受身，皆是愛欲流轉，直至今日，翻思從前，何曾有一念暫離此愛根耶？如此愛根種子，積劫深厚，故生死無窮。〔註120〕

憨山以爲「愛欲」乃導致生死無窮之因，故此「愛欲」應當破除，此「愛欲」亦即爲「有我」之病因，其云：

> 一切眾生生死苦具，皆以有我而成，無上菩提，福慧莊嚴，皆以無我而至，以我與物敵故是非生，是非生則愛憎立，愛憎立則喜怒滋，自性濁心地昏，心地昏則諸惡長，諸惡長則眾苦集，眾苦集而生死長矣！是皆從我之所致，甚矣我之爲害。〔註121〕

故可知，憨山以爲眾生生死之苦，乃在於「愛欲」橫生，此「愛欲」一生，則「有我」亦生，「有我」一生，則「是非」朗現，如此「分別我」亦進駐心中，唯有破除此「愛欲」，才能到達「破分別我障」之境界。然而，眾生生死苦具，又該如何修行？憨山云：「故以死爲樂，亦非佛之寂滅之樂，以佛證之，正是人中修離欲行，得離欲界生死之苦，而生初禪禪天之樂，亦非世間人以死爲樂」，〔註122〕此「修離欲行」正是到達初禪禪天之樂境的修養工夫，亦即憨山以道家之境界，不等同於佛家之「涅槃」，然而卻仍可離開「欲界」生死之苦，到達「初禪」之境界。而修此「離欲行」之工夫，正是憨山註解《莊子》〈德充符〉中所云：

> 蓋忘形骸，一心知，即佛說破分別我障也，能破分別我障，則成阿羅漢果，即得神通變化；今莊子但就人中說，老子忘形釋智之功夫，即能到此境界耳！即所謂至人無己也。此寓六骸，象耳目，一知之所知，

〔註119〕邱敏捷，〈憨山《莊子內篇注》之特色〉，（中國文化月刊第二百五十八期，民國90年9月），頁75。

〔註120〕《夢遊集》卷七〈示念佛切要〉，總0337。

〔註121〕《夢遊集》卷二〈示法錦禪人〉，總0121～0122。

〔註122〕《莊子內七篇註》〈齊物論〉，頁259～260。

即佛說假觀，乃即世間出生死之妙訣，正予所謂修離欲禪也。〔註123〕

憨山「破分別我障」之境界至此全然揭示，其以修「離欲禪」爲工夫，而所欲到達之境界乃道家之「至人無己」之境，亦即吾人忘卻「形骸」，破除「愛欲」，則能破除「分別我障」，如此「是非自泯」，則能成「阿羅漢果」。此「阿羅漢果」之果位，正是憨山將老莊定位於「天乘」所能修行之最高境界，亦即其以爲道家之「忘形骸」、「一心知」，乃佛所說「破分別我障」，若能「破分別我障」，則可成「阿羅漢果」之境界！

三、「應帝王」──「離人而入天」之境界說

憨山將老莊判攝於「天乘之聖」，而「離人而入天」乃去「人乘」而入「天乘」之首要，此亦即老莊境界高於孔子境界之展現；而此境界於「應帝王」中，乃被稱之爲「不測之境」。本章第二節「憨山德清註莊之工夫論」之第三小節，已論述過憨山註解莊子「四門示相」之工夫論，而此「四門示相」經由憨山註解之「止觀」工夫論，最終所欲達至之境界，乃稱之爲「不測之境」，關於「不測」之境，憨山云：

> 此一節，因上言明王立乎不測，以無爲而化，莊子恐世人不知不測是何等境界，爲何等人物，故特撰出箇壺子，乃其人也；即所示於神巫者，乃不測之境界也。如此等人，安心如此，乃可應世，可稱明王，方能無爲而化也，其他豈可彷彿哉？言此段學問，亦可學而至，只貴信得及，做得出，若列子即有志信道之人也，此勵世之心，難以名言矣！〔註124〕

由上可知，憨山所言之不測之境，乃其「註莊」之境界說，而此境界乃由莊子寓言中的壺子所達成，故撰出此人以示「不測之境」，此「不測之境」，亦即壺子「四門示相」中，逐一由「示之以地文」──「杜德機」之境界→「示之以天壤」──「善者機」之境界→「示之以太沖莫勝」──「衡氣機」之境界→最終到達「示之以未始出吾宗」──「波隨機」之境界。此境界乃憨山以佛氏之「攝三觀於一心也」之最終境界，亦即達此境界之聖人，則可應用於世，乃稱之爲「聖帝明王」！

然而，無論憨山之「無礙解脫」爲其「註莊」之境界說，抑或以「破分

〔註123〕《莊子內七篇註》〈德充符〉，頁346～347。
〔註124〕《莊子內七篇註》〈應帝王〉，頁447～448。

別我障」爲其「註莊」之境界說，其「註莊」最後歸結者，乃在於「應帝王」
而已，亦即憨山乃是以《莊子》〈應帝王〉「南海之帝爲儵」段總結內七篇之
境界，其云：

> 此儵忽一章，不獨結〈應帝王〉一篇，其實總結內七篇之大意，前
> 言逍遙，則總歸大宗師，前頻言小知傷生，養形而忘生之主，以物
> 傷生，種種不得逍遙，皆知巧之過，蓋都爲鑿破渾沌，喪失天眞者；
> 即古今宇宙兩間之人，自堯舜以來，未有一人而不是鑿破渾沌之人
> 也。此特寓言，大地皆凡夫愚迷之人，槪若此耳，以俗眼觀之，似
> 乎不經，其實所言無一字不是救世愍迷之心也。豈可以文字視之哉？
> 讀者當見其心可也。〔註125〕

又云：

> 即予此解，亦非牽強附合，蓋就其所宗，以得其立言之旨，但以佛
> 法中人天止觀而參證之，所謂天乘止觀，即宗鏡亦云，老莊所宗，
> 自然清淨無爲之道，即初禪天、通明禪也。吾徒觀者，幸無以佛法
> 妄擬爲過也。〔註126〕

故可知，憨山以老莊之「天乘止觀」爲工夫，且「離人而入天」，到達《宗鏡
錄》所云「初禪天」、「通明禪」之境界。憨山判攝老莊於「天乘之聖」，其工
夫由「止觀」入手，其所欲到達之境界，不外乎佛門所云之「無礙解脫」，「破
分別我障」以致於達到「阿羅漢果」，或「離人而入天」，達至「不測之境」。
然而，此種種境界，在在都揭示出憨山以「道家」之境低於「佛」境界之主
張，且最終皆以「佛」統攝道家。憨山以「大宗師」爲「大覺之聖人」，此「大
覺之聖人」乃指歸於「佛」，此乃展現其以「佛」統攝老莊之用心。是故，無
論憨山「註莊」之工夫論或其「註莊」之境界說，皆非站在公平之角度去判
攝三教；其隱藏在看似單一判準判攝的背後，其實是以「佛」爲基礎，進行
對三教之統攝與融會，是以憨山「註莊」之最終目的，仍然以會歸於「佛」
爲首要！

〔註125〕《莊子內七篇註》〈應帝王〉，頁451～452。
〔註126〕《莊子內七篇註》〈應帝王〉，頁452～453。

第六章 結 論

第一節 本文回顧與總結

　　本論文主要以憨山「註莊」為研究對象，通過憨山「註莊」之研究，突顯其特色及價值。本論文之導論、結論及正文四章，[註1] 總共六個章節，以下逐一作重點回顧與總結。

　　第一章〈導論〉：研究明末之憨山必具有一定之學術價值，此乃因明末佛教衰微，流弊甚多，而晚明四大師之出現，帶來了振興佛教之契機，是以四大師之一的憨山，於明末必具有一定之地位。加上明末三教融合之色彩濃厚，憨山本身亦有融通三教之主張，其調合三教之立場，勢必為明末佛教帶來嶄新色彩。是故，本論文以憨山作為研究對象。然而，憨山著作繁多，無論是佛學著作，抑或儒、道註解，皆可見於現世，吾人單以其「註莊」為對象，乃有鑑於憨山三教合一之思想，已有諸多專論見世，且研究憨山之學者，大都以其佛學角度切入，並且針對其佛學思想作研究，是以吾人欲以不同角度詮釋憨山思想，而所切入之角度，乃以憨山註儒、道為考量。之所以選擇「註莊」，乃吾人以為，儒家思想雖作為積極努力之動力，然而，在積極實踐的背後，卻也需要道家思想加以調合。而憨山「註莊」所呈顯之特色，及其「內聖外王」之完美藍圖，正涵融儒、道兩家思想於其中，其三教融合之思想，亦充分開展其「註莊」之特色。吾人希望透過憨山「註莊」方面，以往研究成果的侷限，進一步開展憨山「註莊」之研究，並且期以不同角度詮釋憨山

[註1] 本論文之正文乃第二章、第三章、第四章、第五章，總共四章。

思想，由此揭示其「註莊」之特殊性。換言之，乃希望透過憨山「註莊」之
研究，進一步揭示其思想上之差異性，由其對佛、道二家之註解，揭示其「註
莊」研究之深度意涵。

　　透過以上，對憨山研究之前人研究成果作一檢討，並在研究方法與範圍
上作一限定。並且以「文獻解讀法」與「比較研究法」為進路，希望透過文
獻資料上的解讀與爬梳，如實呈現憨山「註莊」之思想，再透過比較、對照
之方式，揭露憨山「註莊」與其他注莊者之「相同」與「相異」處。而範圍
則限定在憨山《莊子內七篇註》為主，其餘則以與憨山「註莊」思想有關之
文獻為輔。

　　第二章〈憨山德清註莊之動機及其中心思想〉：首先以憨山「註莊」思想
之「動機」為其基礎，再透過憨山「註莊」之動機緣由，揭示其「註莊」之
「中心思想」，最後，再透過此「中心思想」，開展憨山融攝儒、道二家會歸
於佛之主張。

　　關於憨山「註莊」之「動機」，本文由三個方向加以展示：其一「破外道
之執以融攝儒道」、其二「援老莊之語以利俗眾生」、其三「明唯心識觀以印
決儒道」。憨山所謂破外道之執，指的乃是對於儒、道二家之執著，唯有破除
此二家之執，才能融攝儒、道，會通三教，是以此乃憨山「註莊」之動機之
一。接續此動機之一，再論述憨山動機之二，乃欲以老莊之語，以利俗眾生，
換言之，憨山「註莊」乃有其動機、目的，而此目的正是為求「利俗」之便。
以上兩點動機，皆歸攝於「明唯心識觀以印決儒道」，亦即此乃憨山「註莊」
背後之中心思想，憨山之所以「註莊」，乃在於闡明「唯心識觀」之中心思想，
再透過此中心思想印決儒、道二家，如此即能達到融攝三教之目的。是以第
二節則以憨山「註莊」之「中心思想」為主軸論述，通過憨山「唯心識觀」
之理論定義，再透過第二序之研究，將憨山「唯心識觀」作一思想溯源。吾
人將第二序資料分為五大系統，由此五大系統中，對憨山「唯心識觀」作思
想溯源之工作，再由此「唯心識觀」之溯源，對憨山「註莊」之中心思想—
—「唯心識觀」重新定位。透過以上操作，將憨山「註莊」之「中心思想」，
定位於「楞嚴為首、華嚴為次」；接著，再透過此「中心思想」，揭示憨山「註
莊」之深度意涵，乃「融攝儒道會歸於佛」。分別列舉憨山註儒、「註莊」之
著作，以此揭露憨山融攝儒、道二家，最終乃以會歸於佛為終旨之主張。

　　透過以上論述，揭示憨山「註莊」之動機及其中心思想，首先由此動機，

窺見憨山之所以「註莊」之緣由；再透過此動機，揭示憨山三教之「中心思想」——「唯心識觀」。然而，憨山之「唯心識觀」，歷來研究學者眾說紛紜，是以透過對憨山「唯心識觀」之思想溯源，將歷來學者之說法分爲五大系統，並透過第二序之研究，釐清憨山「註莊」之中心思想，進一步將其中心思想重新定位，希望藉此釐清分歧之說。而通過第二序研究所重新定位之「中心思想」，則爲憨山「註莊」以「唯心識觀」——「楞嚴爲首、華嚴爲次」之方式註解，此亦爲本論文揭示憨山「註莊」會歸於佛之主要詮釋方式。

　　第三章〈憨山德清註莊之基本立場〉：吾人透過第二章，已然瞭解憨山「註莊」之「動機」及其「中心思想」，那麼，在憨山「註莊」「動機」及其「中心思想」之下，勢必展現其「註莊」之基本立場，是以透過憨山以爲「莊子爲老子之註疏」之說法，加以論述其基本立場。憨山以莊子爲老子之註疏，是故莊子與老子之間的關係，相對於憨山而言，乃可視爲同一系統，而吾人透過憨山對於「莊子自云『言有宗事有君』」之理解，進一步探究憨山「註莊」之立言本意，由此揭示憨山對老莊關係之理解。

　　在瞭解憨山以莊子爲老子之註疏之老莊關係後，接續將憨山解老、註莊之方式作一展示，通過憨山《老子道德經解》與《莊子內七篇註》兩本著作，分別將兩者互相引用之部分展現出來。由《老子道德經解》中引莊子爲註疏者，以及《莊子內七篇註》中引老子原文者兩部分，作一舉例說明，最後通過憨山解老、註莊兩部分之「內部比較研究」，[註2] 作一「憨山德清解老與註莊對照表」，由此「對照表」中，可清楚揭露憨山《老子道德經解》與《莊子內七篇註》之老莊關係。吾人再透過此「對照表」，對憨山解老、註莊之關係，作一分析論述。並且透過「外篇蔓衍之說」、「內七篇爲主軸」、「內外雜篇整體論述」三點，分析釐清憨山以「莊子爲老子之註疏」、「內篇已盡其意」、「外篇皆蔓衍之說」等說法，是否如實開展於其「註莊」之基本立場中。首先，吾人通過「外篇蔓衍之說」之分析論述，得知憨山雖然以內七篇爲主軸註疏老子，然卻也見其以外雜篇之引用註疏者，然數量不多，仍然以內七篇爲主註之。其次，通過「內七篇爲主軸」分析論述，發現憨山註解《老子》「上篇」乃以《莊子》〈齊物論〉註疏爲多，而「下篇」則以《莊子》〈大宗師〉、〈應帝王〉爲註疏對象，此乃憨山將「上篇」、「下篇」理解爲「道篇」、「德

〔註2〕請參考第一章第三節〈研究方法及範圍限定〉之第一小節〈研究方法〉之〈比較研究法〉之說明。

篇」之結果，而其中亦蘊含「體用」之關係。最後，由「內外雜篇整體論述」
之分析得知，憨山解老、註莊尚有其矛盾處，吾人將此矛盾處羅列呈現，希
望藉此釐清憨山對於解老、註莊之理解及其基本立場。

　　透過以上之論述，對於憨山解老、註莊作一「內部比較研究」，即可呈現、
釐清憨山「註莊」之基本立場，而此基本立場的釐清，乃有助於揭示憨山「註
莊」之特殊性。

　　第四章〈憨山德清註莊之系統架構及其內容特色〉：吾人透過以上第二、
三章之論述，對憨山「註莊」之動機、中心思想及其「註莊」立場有一基本
瞭解之後。此章乃進入憨山「註莊」特殊性之脈絡，以此為主軸探究，亦即
此章乃為本論文之重心。透過「外部比較研究」〔註3〕之方式，將憨山「註莊」
與歷代注莊之「相同」與「相異」突顯出來，藉此展現憨山「註莊」之特殊
性。本章分為三個層次：其一「憨山德清註莊之系統架構」，由憨山「註莊」
之中心思想——乃以「楞嚴為首、華嚴為次」為主軸論述，通過〈以楞嚴為
首的《老子道德經解》〉及〈以華嚴為次的「平等法界觀」〉之敘述，藉此釐
清憨山「註莊」之系統架構。其二「憨山德清註莊之次第脈絡」，乃進入憨山
「註莊」之主題，以其《莊子內七篇註》為主軸，探論其內七篇之相因次第，
及其註內七篇為「內聖外王」之展現，吾人以陳榮波、陳松柏兩位學者之理
解，作一表格展示，藉此開展憨山「註莊」之次第脈絡。其三「憨山德清註
莊之內容特色」，乃以「外部比較研究」之方式，突顯憨山「註莊」之特殊性。

　　本章第三個層次「憨山德清註莊之內容特色」，乃依據憨山《莊子內七篇
註》之相因次第，依其內七篇之順序，依序論述：一、為〈逍遙遊〉、〈齊物
論〉所突顯之「眞宰」，透過憨山「論逍遙」、「泯是非」，以致於「顯眞宰」
論述之；「論逍遙」方面，則以「小大之辯」、「至人聖人神人」為主題探討，
「泯是非」方面，則以「齊物論」、「言三籟」為主題探討，「顯眞宰」方面，
則以「吾喪我」、「怒者其誰」、「彼」、「觀」等主題為探討，藉此突顯憨山「註
莊」以「眞宰」為中心之主張，並進一步釐清憨山之「眞宰」乃賦予佛意。
二、為〈養生主〉、〈齊物論〉乃發明「體用」，透過憨山「養性全生」、「虛己
涉世」論述之；「養性全生」方面，乃以「緣督以為經」、「庖丁解牛」為主題
探討，「虛己涉世」方面，乃以「三術」、「忠孝」、「不才」為主題探討，藉此

〔註3〕請參考第一章第三節〈研究方法及範圍限定〉之第一小節〈研究方法〉之〈比
　　　較研究法〉之說明。

突顯憨山註莊「體用」之關係。三、爲〈德充符〉乃「體用兩全」，以憨山「才全德不形」爲主題論述之，以此揭示憨山「體用兩全」之極致展現。四、爲〈大宗師〉、〈應帝王〉乃「內聖外王」，透過憨山「全體大聖」、「聖帝明王」論述之；「全體大聖」方面，則以「大宗師」、「眞知」爲主題探討，「聖帝明王」方面，則以「應帝王」、「未始出於非人」爲主題探討，藉此突顯憨山「內聖外王」之完美藍圖。

以上之探究，乃先通過「文獻解讀」之方式，重新解讀爬梳憨山「註莊」之文獻，再以「外部比較研究」之方式，將歷代注莊與憨山「註莊」作一對照、比較之研究，透過此比對之方式，突顯憨山「註莊」之特色，並釐清解決憨山「註莊」特色所呈顯之問題，如實展現憨山「註莊」之詮釋。

第五章〈憨山德清註莊之工夫論及其境界說〉：吾人透過第四章，已然瞭解憨山「註莊」之特殊性，此章乃以憨山「註莊」所呈顯之「工夫論」及其「境界說」爲主軸論述。此章分爲三個主題：其一「憨山德清三教之判教觀」，透過憨山對於孔子、老莊、佛之定位及其判攝，釐清憨山對三教之判教觀，再經由此判教架構的釐定，進而進入憨山「註莊」之「工夫論」及其「境界說」之探討。其二「憨山德清註莊之工夫論」，既已釐清憨山對於三教之定位及其判攝，那麼，憨山「註莊」之工夫論，乃以主題式之方式，突顯憨山「註莊」工夫論之特殊性。工夫論方面，先以「自取怒者其誰」對照「禪門參究」之工夫論，再以「攖寧」境界對照「漸漸開悟」之工夫論，最後以「四門示相」對照「止觀」之工夫論，以此爲主題展開論述，藉此突顯憨山註莊「工夫論」之特色及價值。其三「憨山德清註莊之境界說」，在憨山「註莊」境界說方面，仍然以主題式之方式，突顯憨山「註莊」境界說之特殊性，先以「逍遙遊」對照「無礙解脫」之境界說，再以「德充符」對照「破分別我障」之境界說，最後以「應帝王」對照「離人而入天」之境界說，以此展開論述，藉此突顯憨山「註莊」「境界說」之特色及價值。

此章之探究，亦先通過「文獻解讀」之方式，重新解讀爬梳憨山註莊「工夫論」及「境界說」之文獻，再以「外部比較研究」之方式，將歷代注莊與憨山「註莊」作一比較、對照之研究，藉此突顯憨山「註莊」之「工夫論」及其「境界說」，並釐清解決憨山「註莊」「工夫論」及其「境界說」所呈顯之問題，如實展現憨山「註莊」「工夫論」及其「境界說」之詮釋。

第六章〈結論〉：吾人通過本論文之論述，憨山「註莊」賦予佛意之特殊

性已然展現，本論文之主旨至此亦全明白。透過本文，釐清歷來對憨山「註莊」之解釋，並且通過歷來解釋之差異相，重新以另一角度，以及非憨山佛學之脈絡，爲憨山「註莊」之中心思想重新定位。希望通過此中心思想，開展憨山「註莊」融攝三教之特點，並以「文獻解讀法」及「比較研究法」，重新解讀憨山「註莊」之文獻，進一步揭示其「註莊」與其他注莊者之「相同」及「相異」處，由此如實呈現憨山「註莊」之特殊性，並展現其「註莊」之價值意義！

第二節　本文未來研究之展望

本論文以憨山「註莊」之角度爲進路，對憨山「註莊」之思想，作一研究探討，然而，於本論文著力點之外，尚有可以發展研究之空間，換言之，針對憨山研究爲進路，於本論文之外，仍有可以開展之議題，以及可作爲今後研究議題之方向。以下針對學術研究之脈絡，分爲「內部研究展望」及「外部研究展望」兩點進行論述。所謂「內部研究展望」，乃針對憨山「註莊」思想研究之未來展望，作一議題探討，主要針對憨山「註莊」思想中，尚未探討之議題，進行研究展望與今後議題開展。至於「外部研究展望」，乃針對憨山「註莊」思想以外之研究，作一議題探討與未來展望，主要以憨山佛學思想、儒學思想爲主，至於老子思想，亦可作爲此議題之展望。以下分別述之。

一、內部研究展望

關於「內部研究展望」，乃針對憨山「註莊」思想研究之未來展望，作一議題說明，主要以「註莊」作爲今後課題開展之對象。以下分爲「解老與註莊」、「以儒解道」、「以道解儒」及《夢遊集》中的道家思想」四部分加以說明。以下分別述之。

其一、「解老與註莊」，主要針對本文〈附錄〉中的「憨山德清解老與註莊對照表」所能開展出來的未來議題而言。換言之，「憨山德清解老與註莊對照表」，仍有進一步開展之空間，及可作爲今後研究之課題。根據此對照表，可清楚呈現憨山《老子道德經解》及《莊子內七篇註》之關係，而兩者義理上之探究，亦可由此窺知。本文因限於憨山「註莊」爲議題研究，是以對於憨山解老部分，並未著墨太多，透過此對照表，可提供後人對於《老子道德

經解》及《莊子內七篇註》兩者關係之研究，及兩者義理上相異或同源之未
來開展。

其二、「以儒解道」，乃針對憨山《莊子內七篇註》中，以儒家思想作為
註解之部分，作一未來研究展望。例如《莊子內七篇註》〈人間世〉，憨山註
解「仲尼曰，天下有大戒二」至「夫子其行可矣」段云：

> 莊子全書，皆以「忠孝」為要名譽，喪失天真之不可尚者，獨〈人
> 間世〉一篇，則極盡其「忠孝」之實，一字不可易者；誰言其人不
> 達世故，而恣肆其志耶？且借重孔子之言者，曷嘗侮聖人哉？蓋學
> 有方內方外之分，在方外，必以放曠為高，特要歸大道也；若方內，
> 則於君臣父子之分，一毫不敢假借者，以世之大經大法不可犯也。
> 此所謂世出世間之道，無不包羅、無不盡理，豈可以一概目之哉？
> 〔註4〕

透過以上引文，吾人即可明瞭，憨山乃以儒家之「忠孝」二字，註解《莊子》
〈人間世〉篇。且憨山於〈觀老莊影響論〉中又云：「詆訾孔子，非詆孔子，
詆學孔子之迹者也」，〔註5〕故吾人可知，憨山以為在《莊子》書中，莊子詆
毀孔子，只在於兩者形跡不同而已。是以，憨山《莊子內七篇註》中，乃以
儒道二家同源之觀念註解《莊子》，故其中仍有以儒家思想作為註解者，亦即
「以儒解道」之部分。故此部分之議題，可提供為後人作接續之研究。

其三、「以道解儒」，乃針對憨山註儒之著作，以道家思想作為註解之部
分，所作之未來展望及今後研究課題之開展。例如憨山於〈大學綱目決疑〉
中云：

> 孔子告以克己復禮為仁，此正是真正修身的樣子……孔子便告之以
> 四勿乎，且四勿，皆修身之事也。克己乃心地為仁之工夫也，克己
> 為仁，即明明德也；天下歸仁即新民也，為仁由己，此己乃真己，
> 即至善之地，故顏子墮聰明，黜肢體，心齋坐忘，皆由己之實效，
> 至善之地也。〔註6〕

憨山以顏回「墮聰明，黜肢體」、「心齋坐忘」來註解「至善之地」，其中的「墮
聰明，黜肢體」、「心齋」、「坐忘」等句，乃出自於《莊子》的〈人間世〉及

〔註4〕《莊子內七篇註》〈人間世〉，頁 317～318。
〔註5〕〈觀老莊影響論〉，頁 16。
〔註6〕《夢遊集》卷四十四〈大學綱目決疑題辭〉，總 2387～2388。

〈大宗師〉篇，又憨山接續云：

> 顏子一聞，當下便領會，逐將聰明隳了，將肢體黜了，一切屏去，
> 單單坐，坐而忘，忘到無可忘處，翻身跳將起來，一切見聞知覺，
> 全不似舊時的人，乃是從新自己別修造出一箇人身來一般，如此豈
> 不是新人耶？自己既新，就推此新以化民，而民无不感化，而新之
> 者，此所謂一日克己復禮，天下歸仁，正修身之效也。〔註7〕

故吾人可知，憨山乃以道家思想，亦即《莊子》之〈人間世〉、〈大宗師〉，註
解儒家思想之《大學》，此乃憨山以道家思想作爲儒家思想註解之表現，亦即
「以道解儒」之部分。而憨山於〈大學綱目決疑〉中，對於「眞知」的「感
格之格」，及「妄知」的「鬭格之格」，兩者之間的相互對舉方式，亦以道家
思想加以詮釋，其云：

> 古人云，知之一字，眾妙之門，眾禍之門是也。今撥亂反正，必内
> 仗眞知之力，以破妄想，外用眞知之炤，以融妄境。格即禹格三苗
> 之格，謂我以至誠感通，彼即化而歸我，所謂至誠貫金石，感豚魚。
> 格也，且知有眞妄不同，故用亦異，而格亦有二，以妄知用妄想，
> 故物與我相扦格，此格爲「鬭格之格」，如云：與接爲搆，日與心鬭
> 是也；以眞知用至誠，故物與我相感通，此格乃「感格之格」，如云：
> 格其非心是也。〔註8〕

由上可知，憨山乃以《莊子》〈齊物論〉中的「與接爲搆，日與心鬭」詮解「鬭
格之格」，乃以道家思想詮釋儒家思想。是以，〈大學綱目決疑〉中對於「以
道解儒」之部分，仍可作爲今後課題之研究。

憨山在註解〈中庸直指〉時，亦有出現以道家思想加以註解儒家思想，
亦即「以道解儒」之部分，其云：

> 上古之君如此，而上古之民亦如此。故無爲……及至中古，人心漸
> 鑿，知身可愛，故愛物以養身，既以一己爲我，則我與物對；物我
> 既二，則性不一，性被物染，則不精，不精則不一，故凡所作爲，
> 不率性而率情矣。〔註9〕

〔註7〕《夢遊集》卷四十四〈大學綱目決疑題辭〉，總2389。

〔註8〕《夢遊集》卷四十四〈大學綱目決疑題辭〉，總2391～2392。

〔註9〕蕭天石主編，《中國子學名著集成》珍本初編儒家子部第十六冊《中庸彙函》
〈中庸直指〉，（臺北：中國子學名著集成編印基金會），頁465。

以上乃憨山註解《中庸》「修道之謂教」之一段落，其中「人心漸鑿，知身可愛，故愛物以養身」，乃與《莊子》〈應帝王〉、〈養生主〉相呼應；而「物我既二」等語，則與《莊子》〈齊物論〉之「物我兩忘」中心思想相結合。又憨山於〈中庸直指〉中云：「以性遇物，故物我忘，而好惡絕；好惡絕，故是非公，是非公則人心樂，故曰『發而中節謂之和』。」〔註10〕其中「物我忘」、「好惡絕」、「是非公」等思路，皆來自於《莊子》〈齊物論〉中的「物我兩忘」、「是非自泯」等思想，此亦即「以道解儒」之部分。

是故，吾人可以推斷，憨山註解儒家著作時，乃有以道家思想加以詮釋者，亦即「以道解儒」。凡此種種，皆出現於憨山註儒之著作中，是以，憨山註儒思想中，凡以道家思想加以詮釋、註解之處，皆可提供爲後人接續研究，作爲本文未來展望之研究課題。

其四、「《夢遊集》中的道家思想」，乃針對憨山《夢遊集》中，所呈顯出來與道家思想相關之部分，此部分亦可作爲研究憨山「註莊」之未來研究課題。憨山《夢遊集》中，常有出現以道家思想詮解或說明之處，例如〈憨山緒言〉，〔註11〕其所揭示之思想，乃憨山以佛教教理，詮釋老莊思想之三教觀，其寫作手法及字句，皆似老莊，其中「魚相忘於水」、〔註12〕「人相忘於道」、〔註13〕「兩忘則物我一」、〔註14〕「即世而離世者，謂之至人」〔註15〕等語，乃出自於《莊子》；至於「聖人無爲而無不爲也」等語，〔註16〕則爲老子思想。是以，〈憨山緒言〉中含有諸多道家思想，可供後人之研究。

而《夢遊集》中仍有多處，憨山以道家思想揭示他人之語，例如〈示本淨貴禪人〉，其中「人法雙空，是非齊泯，則己與物皆無跡矣，又從何而分別耶」〔註17〕句，乃援引《莊子》〈齊物論〉中「物我如一」、「是非自泯」的道家觀念來說明。〈示法錦禪人〉，憨山以「一切眾生生死苦具，皆以有我而成無上菩提，福慧莊嚴，皆以無我而至，以我與物敵，故是非生，是非生則愛

〔註10〕 蕭天石主編，《中國子學名著集成》珍本初編儒家子部第十六冊《中庸彙函》〈中庸直指〉，（臺北：中國子學名著集成編印基金會），頁 477。
〔註11〕 《夢遊集》卷四十五〈憨山緒言〉，總 2452～2478。
〔註12〕 《夢遊集》卷四十五〈憨山緒言〉，總 2471。
〔註13〕 《夢遊集》卷四十五〈憨山緒言〉，總 2471。
〔註14〕 《夢遊集》卷四十五〈憨山緒言〉，總 2473。
〔註15〕 《夢遊集》卷四十五〈憨山緒言〉，總 2474。
〔註16〕 《夢遊集》卷四十五〈憨山緒言〉，總 2472。
〔註17〕 《夢遊集》卷二〈示本淨貴禪人〉，總 0119。

憎立，愛憎立則善怒滋，自性濁而心地昏，心地昏則諸惡長，諸惡長則眾苦集，眾苦集而生死長矣」〔註18〕等語示之，其中亦包含《莊子》「物我兩忘」、「泯除是非」之概念。〈示曾生六符〉，憨山則以《莊子》〈應帝王〉及老子思想加以示之，其云：

> 聖人用心如鏡，不將不迎，來無所粘，去無踪跡，以其至虛而應萬有也。故老子有言，不出戶知天下，豈妄想思慮，機變智巧，揣摩所能及哉？所謂廓然大公，聖人之心也。古今智巧機變之士，自謂思無不致，智不可及，故餙智自愚，是心光未透，本體未明，墮於無明妄想網中，而將以為智大，若持螢火而與赫日爭光也。曾生志道，當以此自勉。〔註19〕

由上可知，憨山乃援引《莊子》〈應帝王〉：「至人之用心若鏡，不將不迎，應而不藏，故能勝物而不傷」〔註20〕以及《老子》：「不出戶，知天下；不窺牖，見天道。其出彌遠，其知彌少。是以聖人不行而知，不見而名，不為而成」〔註21〕等概念來詮釋。是以吾人可知，憨山《夢遊集》中，多有以道家思想示人之語，其中亦包括〈示方覺之〉「孰能離形釋智以全其性耶？聖人謂形為生累，故曰大患為吾有身」、〔註22〕〈示古愚拙禪人〉「心境兩忘」、〔註23〕〈示王鹿年〉「聖人教人以不用為用，故曰柔勝剛，弱勝強」、〔註24〕〈示澹居鎧公〉「莊周言以有涯隨無涯，殆已。已而為知者，殆而已矣。此言過用而不知所養也」、〔註25〕〈示吳江沈居士〉「以有我則有物，物與我對，則形敵生」、〔註26〕〈示省然覺禪人〉「老人因示之曰，身為大患之本，眾苦所聚」、〔註27〕〈示說名道禪人〉「本來無我，無我則無人，無人則了無眾生」、〔註28〕〈示福厚禪人〉「故曰水之積也不厚，則負大舟也無力」、〔註29〕〈示周子寅〉「顏子心齋三月」、〔註30〕

〔註18〕《夢遊集》卷二〈示法錦禪人〉，總0121。
〔註19〕《夢遊集》卷三〈示曾生六符〉，總0139。
〔註20〕《莊子內七篇註》〈應帝王〉，頁449。
〔註21〕《老子道德經解》〈下篇〉，頁107～108。
〔註22〕請參見：《夢遊集》卷五〈示方覺之〉，總0221。
〔註23〕請參見：《夢遊集》卷六〈示古愚拙禪人〉，總0284。
〔註24〕請參見：《夢遊集》卷七〈示王鹿年〉，總0325。
〔註25〕請參見：《夢遊集》卷七〈示澹居鎧公〉，總0335。
〔註26〕請參見：《夢遊集》卷七〈示吳江沈居士〉，總0351。
〔註27〕請參見：《夢遊集》卷九〈示省然覺禪人〉，總0424～0425。
〔註28〕請參見：《夢遊集》卷九〈示說名道禪人〉，總0427。
〔註29〕請參見：《夢遊集》卷九〈示福厚禪人〉，總0433。

〈示杜生〉「夫螳螂怒臂以當車轍，此其志果何如哉」〔註31〕等篇章。而示人以外的〈送吳將軍還越序〉、〔註32〕〈賀僧錄左善世超如應公住持大慈壽寺序〉、〔註33〕〈水月觀音贊〉、〔註34〕〈師心銘〉、〔註35〕〈容我字說〉、〔註36〕〈咏懷〉〔註37〕等篇章，亦多包涵道家思想於其中。是以，憨山「《夢遊集》中的道家思想」，可提供爲後人接續研究，並可作爲本文未來展望之研究課題。

二、外部研究展望

　　關於「外部研究展望」，乃針對憨山思想研究之未來展望，作一議題說明。本論文之未來展望，除了上一小節「內部研究展望」：乃以憨山「註莊」爲主軸之未來研究展望之外，尚有憨山思想研究之未來展望。以下分爲三點論述：其一、憨山「佛學思想」；其二、憨山「儒學思想」；其三、憨山「道家思想」。以下分別述之。

　　其一、憨山「佛學思想」：憨山「佛學思想」著作繁多，例如《肇論略注》、《圓覺經直解》、《金剛經決疑》、《楞嚴經通議》、《華嚴經綱要》、《楞枷補遺》、《般若心經直說》、《法華經通議》、《大乘起信論直解》、《性相通說》等佛學著作，皆可作進一步之處理，或將其佛學思想，置於思想史脈絡下進行討論，亦可作爲未來研究之發展。而憨山佛學思想中的「唯心淨土」、「念佛觀想」、「參究念佛」及其「佛性論」、「修行論」等，皆可作爲未來研究之課題。

　　而關於憨山「三教思想」，雖已有專著問世，然而，三教問題廣博精深，仍有進一步開展之空間。又三教問題並非單獨存在於明末，是以可以透過歷史溯源法，將「三教合一」，置於思想史脈絡下進行討論。抑或透過對比研究之方式，將明末「三教合一」之特色與其他時代作比較研究。此亦可提供後人參考，並作爲本論文未來研究之課題。

　　其二、憨山「儒學思想」：憨山之《春秋左氏心法》及《論語通解》目前

〔註30〕請參見：《夢遊集》卷十二〈示周子寅〉，總 0584。
〔註31〕請參見：《夢遊集》卷十二〈示杜生〉，總 0614。
〔註32〕請參見：《夢遊集》卷二十一〈送吳將軍還越序〉，總 1113〜1116。
〔註33〕請參見：《夢遊集》卷二十一〈賀僧錄左善世超如應公住持大慈壽寺序〉，總 1140〜1144。
〔註34〕請參見：《夢遊集》卷三十三〈水月觀音贊〉，總 1776〜1783。
〔註35〕請參見：《夢遊集》卷三十六〈師心銘〉，總 1953〜1954。
〔註36〕請參見：《夢遊集》卷三十九〈容我字說〉，總 2120〜2121。
〔註37〕請參見：《夢遊集》卷四十七〈咏懷〉，總 2554。

已亡佚或未見，是以其儒學思想方面之著作，乃以〈春秋左氏心法序〉、《中庸直指》、《大學綱目決疑》為代表。憨山註儒之著作，除〈春秋左氏心法序〉篇幅較少外，《中庸直指》及《大學綱目決疑》，其內容豐富，且憨山「以佛釋儒」之特色，亦開展於其中，是以皆可作為獨立之研究。而其註儒之著作，亦可透過對照、比較研究之方式，例如《中庸直指》，則可比較歷代《中庸》之註解；《大學綱目決疑》，則可比較歷代《大學》之註解。或將憨山註儒之思想，置於明末三教合一之立場上研究。以上議題皆可進一步開展，並作為後人參考之課題，為本文外部研究之展望。

其三、憨山「道家思想」：憨山「道家思想」之著作，則以《老子道德經解》及《莊子內七篇註》為主，其中亦包含〈觀老莊影響論〉。本文主要以憨山《莊子內七篇註》為文獻，至於〈觀老莊影響論〉及《老子道德經解》，則為本文輔助之材料。是以，憨山《老子道德經解》及〈觀老莊影響論〉，皆有其發展之空間。就《老子道德經解》而言，目前尚未有專論見世，大都為專論中的某一章節，〔註38〕或為單篇論文，〔註39〕故《老子道德經解》仍可作為未來研究之課題。就〈觀老莊影響論〉而言，專論雖已問世，〔註40〕然而，此專論以《占察善惡業報經》作為歸攝憨山「唯心識觀」之觀點，則頗具爭議。〈觀老莊影響論〉仍有進一步開展之空間。是故，《老子道德經解》及〈觀老莊影響論〉皆可作為本文未來研究之展望，以及提供後人研究之課題。

第三節　本文時代意義與開展

本論文於時代上有何意義，及其在時代上如何開展，吾人將於本節作一

〔註38〕例如：張玲芳，《釋德清以佛解老莊思想之研究》，（中興大學中國文學系碩士論文，民國88年6月15日）、陳松柏，《憨山禪學之研究——以自性為中心》，（東海大學哲學研究所博士論文，民國85年12月）、陳運星，《儒道佛三教調合論之研究——以憨山德清的會通思想為例》，（中央大學哲學研究所碩士論文，民國80年6月）等專著。

〔註39〕例如：陳松柏，〈憨山老學之思考方式與世間特質〉，（華梵大學哲學系：《第六次儒佛會通論文集》下冊，民國91年7月）、李曦，〈釋德清《道德經解》評述〉，（《五台山研究》第三期，民國77年）、夏春梅，〈儒佛註老的《道德經》詮釋研究初稿〉，（華梵大學哲學系：《第五次儒佛會通學術研討會論文集》，民國90年5月）等篇章。

〔註40〕許中頤，《釋憨山《觀老莊影響論》的義理研究》，（華梵大學東方人文思想研究所碩士論文，民國90年6月）。

總述，以下分爲兩小節展開論述：其一、「憨山德清註莊於明末之時代意義」，透過本文，揭露憨山「註莊」在明末所呈顯之時代意義。其二、「憨山德清註莊於當代之時代意義」，透過本論文，揭露憨山「註莊」於當代所呈顯之時代意義。

一、憨山德清註莊於明末之時代意義

憨山「註莊」之價值，乃建立在明末三教融合之思想上，而其所開展之時代意義，亦展現於明末三教合一之時代背景中。憨山於明末，乃爲四大師之一，其地位明顯可知，明末佛教式微，四大師之出現，無益帶來振興佛教之契機。又憨山「註莊」之思想，已然融入佛教之色彩，是以充分展現其以佛解莊之特殊性，憨山三教調合之立場，亦充分開展於其中。

然而，憨山「註莊」於明代之時代意義不僅於此，憨山在明末，乃爲「世俗化」〔註41〕僧人，亦即其乃是「前進派」〔註42〕之人物，其不只是「自度」，乃以「自度度人」爲己要，是以憨山處於明代末年，即使政治、經濟、社會等皆陷入混亂時期，其仍本著「救世」之心，爲眾生求得解脫。換言之，憨山乃由對自我本身之生死大事的關注，轉而爲關心天下蒼生及世俗百姓之安寧，如此菩薩行，乃憨山於明末之行事風格。而憨山「註莊」，無疑爲明末佛教帶來一股新的契機，其以佛意解說莊書，不僅破除世人對外道之執著，且以老莊之語，利俗眾生，達到融攝道家歸攝於佛之主張，其以佛救世之基本立場不變，卻援莊入佛，統攝三教，此乃憨山於明末菩薩行之展現。其通過「註莊」之思想，破除世俗之執著，達到自利利他之用心，更替明末佛教帶來一股新氣象。

憨山與雲棲袾宏、紫柏眞可、藕益智旭並稱爲明末四大師；又與雲棲袾宏、紫柏眞可並稱爲「三大師」。然而，在明代僧人中，只有憨山兼註《老子》、《莊子》，〔註43〕換言之，在明代三教調合之風氣下，唯有憨山眞正將儒、釋、道三教加以融合。即時其當時立場依然在於將儒、道二家，會歸於「佛」，然

〔註41〕「世俗化」之定義，以江燦騰所定義爲主：請參見第一章第二節〈前人研究成果之檢討〉之第一小節〈以時代背景及憨山生平爲範圍之探討者〉部分。

〔註42〕「前進派」之定義，以釋見曄所定義爲主：請參見第一章第二節〈前人研究成果之檢討〉之第一小節〈以時代背景及憨山生平爲範圍之探討者〉部分。

〔註43〕張玲芳，《釋德清以佛解老莊思想之研究》，（中興大學中國文學系碩士論文，民國88年6月15日），頁179。

而，就當時時代背景而言，憨山「解老」、「註莊」以利俗之便，已充分展現。

　　憨山將老莊定位於同一系統，並且「解老」、「註莊」，以佛學立場而言，憨山註解儒、道之作，更甚於明末其他僧人，其對於儒、道二家之經典，皆有所詮釋。姑且不論其以佛學爲註釋角度，然其接受、閱讀儒、道二家之經典，更展現其寬大之胸襟。即使其最終目的乃是將儒、道二家歸攝於佛，然其對儒、道二家之理解，以其立場而言，亦不失中肯，此乃憨山「註莊」於明末時代意義之展現。

二、憨山德清註莊於當代之時代意義

　　本文於當代之時代意義，乃在於搭建一道接續古今之橋樑，透過憨山「註莊」之圓融智慧，將其引入二十一世紀中。憨山「註莊」之智慧，乃在於建構一套完美「內聖外王」之藍圖，亦即透過憨山「註莊」之特殊性，開展此一「內聖外王」之完美境界，而此境界，乃須經由憨山「註莊」之工夫論而來，經由工夫論逐一實踐，進而達到圓融之境。

　　憨山「註莊」對於三教有其一定之判攝，而其調合三教之主張，以當代角度觀之，乃有融合各宗教之用心。換言之，憨山三教調合之主張，不僅可作爲當今世界全球化與區域化之對話，更能成爲不同文明間之對話。現今所處之世代，宗教信仰尚有一定之自由度，然宗派與宗派之間，是否能夠融通調合，乃吾人所應關懷之處。憨山「註莊」所呈顯之時代意義，乃在於融攝三教，即使其出發點仍以佛爲主軸，然其融通三教之主張，仍可爲吾人帶來省思。

　　憨山所提倡之三教融合及其自度度人之生命性格，正可與當代之「人間佛教」作一對話。「人間佛教」是近代佛教界所提出來的一個課題，「所謂人間佛教，顧名思義，便是要把佛教引向現實人生中來，倡導『人本佛教』，要佛教爲現實的人生服務」。〔註44〕印順導師在其《佛在人間》這本專著中，更以闡揚「人間佛教」爲要義，其云：

> 佛教是宗教，有五趣說，如不能重視人間，那麼如重視鬼、畜一邊，
> 會變爲著重於鬼與死亡的，近於鬼教。如著重羨慕那天神（仙、鬼）
> 一邊，即使修行學佛，也會成爲著重於神與永生（長壽、長生）的，

〔註44〕郭朋，《印順佛學思想研究》，（臺北市：正聞出版社，民國81年11月，初版），頁455。

近於神教。神、鬼的可分而不可分，即會變成又神又鬼的，神化、巫化了的佛教。這不但中國流於死鬼的偏向，印度後期的佛教，也流於天神的混濫。如印度的後期佛教，背棄了佛教的眞義，不以人爲本而以天爲本（初重於一神傾向的梵天，後來重於泛神傾向的帝釋天），使佛法受到非常的變化。所以特提「人間」二字來對治他：這不但對治了偏於死亡與鬼，同時也對治了偏於神與永生。〔註45〕

由上可知，印順導師所言之「人間佛教」，指的乃是不偏重於死亡與鬼，亦不偏重於神與永生，而將眼光放置於現實人生的宗教。而此主張，正與憨山調合三教，並且自度度人之主張相呼應。憨山處於明末這個時代，正是三教調合主張盛行之時代，其因應時代，不僅註儒、註莊，更將兩者歸攝於佛，其對於現世之關懷，更展現出「人間佛教」之用心。印順導師云：「眞正的佛教，是人間的，唯有人間的佛教，才能表現出佛法的眞義。我們應繼承『人生佛教』的眞義，來發揚人間的佛教。」〔註46〕而憨山對於儒、釋、道三家註解之展現，以及其試圖以「註莊」利俗眾生之表現，正可證明其關懷人世，並以「佛在人間」之立場，發揚人間之佛教。憨山於《夢遊集》〈示玄津壑公〉中云：

佛所最重者，唯末世中護慧命者，爲極難。其人以處剛強濁世，自救不暇，安能爲法門乎？周身不給，安肯愛護眾生乎？諸大乘教中，皆稱能護法者爲眞佛弟子，以能克荷其家業耳。佛憂滅度之後，求持經者爲難，然經即佛之法身慧命，非紙墨文字也。且法身流轉五道而爲眾生，是知能護眾生，即護佛慧命。故般若教菩薩法，以度眾生爲第一，以不住眾生相爲妙行，所謂滅度無量無數眾生，實無一眾生可度，是了眾生相空也。〔註47〕

由以上引文可知，憨山乃是以濟度眾生爲首要，此菩薩行乃其人生佛教之追求，此亦可作爲憨山與當今「人間佛教」之對話。憨山之所以「註莊」，乃建立在自度度人之立場上而完成，換言之，憨山「註莊」乃本著利俗眾生之便，欲以「註莊」達到普渡眾生，且會歸於佛之目的。是以憨山「註莊」於當代之時代意義，乃在其展現不離世間、積極入世，並以慈悲爲關懷、自度且度

〔註45〕印順，《佛在人間》，（臺北市：正聞出版社，民國76年），頁21～22。
〔註46〕印順，《佛在人間》，（臺北市：正聞出版社，民國76年），頁22。
〔註47〕《夢遊集》卷七〈示玄津壑公〉，總0343～0344。

人之大乘菩薩精神。亦即其在人間，以人間爲主，所成就之「人間佛教」。

　　現今宗教之調合融攝，是否能有一完美藍圖，並且發展成爲圓融之境？吾人透過憨山「註莊」，由其「註莊」之特殊性，呈顯其「眞宰」、「體用」、「內聖外王」之關係；再透過其工夫論，到達圓融之境界，此一進路，是否可以作爲當今宗教調合融攝之法門。憨山「註莊」於當代所呈顯之處，乃在於透過省思，吾人返觀心靈之眞實、回歸自我之本心，再經由此本心出發，逐一實踐工夫論之進程，以期達到圓融之境界，此乃憨山於當代所開展之時代意義！

附錄　憨山德清解老與註莊對照表

| 序號
(3) | 篇章
(4) | 章節
(5) | 《老子道德經解》引莊子註疏者
(1) | | 《莊子內七篇註》引老子原文者
(2) | |
			《老子》 (6)	《老子道德經解》 (7)	《莊子》 (8)	《莊子內七篇註》 (9)
01	上篇	一	無，名天地之始。(p.51)(10)	然無相無名之道，其體至虛，天地皆從此中變化而出，故爲天地之始。(p.51)	〈齊物論〉「有始也者」。(p.239)	即老子「無，名天地之始」。(p.239)
02			有，名萬物之母。(p.51)	斯則無相無名之道體，全成有相有名之天地，而萬物盡從天地陰陽造化而生成。此所謂一生二，二生三，三生萬物，故爲萬物之母。(p.51)	〈齊物論〉「有有也者」。(p.240)	有即天地人物。老子「有，名萬物之母」也。(p.240)
03			故常無，欲以觀其妙；常有，欲以觀其徼。(p.51)	老子謂，我尋常日用安心於無，要以觀其道之妙處。我尋常日用安心於有，要以……是則只在日用目前，事事物物上，就要見道之實際，所遇無往而非道之所在。故莊子曰，道在稊稗，道在屎尿。(p.51~52)	筆者按：《老子道德經解》憨山之註，取自《莊子》〈知北遊〉之大意。	
04			同謂之玄。(p.51)	至此恐人又疑既是有無對待，則不成一體，如何謂之妙道，故釋之曰，同謂之玄。(p.52)	〈齊物論〉「有未始有始也者」。(p.239)	此言有始亦無，謂無始也。即老子云「同謂之玄」。(p.239~240)

05			玄之又玄，眾妙之門。（p.51）	雖是有無同觀，若不忘心忘跡，雖妙不妙。殊不知大道體中，不但絕有無之名，抑且離玄妙之跡，故曰玄之又玄。工夫到此，忘懷泯物，無往而不妙，故曰，眾妙之門。（p.52）	〈齊物論〉「有未始有夫未始有始也者」。（p.240）	此未始有亦無。即老子云「玄之又玄，眾妙之門」，此乃單言無形大道之原也。（p.240）
06	上篇	二	天下皆知美之爲美，斯惡已。（p.53）	譬如西施顰美，東施愛而效之，其醜益甚。此所謂知美之爲美，斯惡已。（p.53）	筆者按：《老子道德經解》憨山之註，取自《莊子》〈天運〉關於「西施」那段之大意。	
07	上篇	二	皆知善之爲善，斯不善已。（p.53）	又如比干，天下皆知爲賢善也，紂執而殺之。後世效之以爲忠，殺身而不毀。此所謂知善之爲善，斯不善已。此皆尚名之過也。（p.53）	筆者按：《老子道德經解》憨山之註，取自其《莊子內七篇註》〈人間世〉「紂殺王子比干……是好名者也」之意。（p.299~300）	言龍逢、比干，以忠立名，而竟見殺者。蓋爲居臣下之位，而傴拊人君之民者……豈非好名取死之道耶。（p.300）
08	上篇	二	是以聖人處無爲之事，行不言之教；萬物作焉而不辭，生而不有，爲而不恃，功成而不居。夫惟不居，是以不去。（p.53）（11）	是以聖人知虛名之不足尚，故處無爲之道以應事。知多言之不可用，故行不言……蓋萬物作焉已下，皆是說天地之德，以比聖人之德。文意雙關，莊子釋此意極多。（p.54）	筆者按：《老子道德經解》憨山之註中所言「文意雙關，莊子釋此意極多」，應指其《莊子內七篇註》〈逍遙遊〉、〈齊物論〉、〈大宗師〉、〈應帝王〉等諸篇而言。	筆者按：憨山所言主要以《莊子內七篇註》中的〈大宗師〉與〈應帝王〉爲主，請參照以下第46、47、48三筆資料。
09	上篇	三	是以聖人之治，虛其心。（p.54）	人以崇高爲貴名，許由則避而遠之。……是以聖人之治，教人先斷妄想思慮之心，此則拔本塞源，故曰虛其心。（p.55）	筆者按：《老子道德經解》憨山之註，取自其《莊子內七篇註》〈逍遙遊〉「堯讓天下於許由曰日月……吾將爲名乎」之意。（p.174~175）	堯以治天下爲己功，今讓與許由，乃見忘己忘功之實。……「今讓與我，是我無功而虛受人君之名也。我豈爲名之人乎？」（p.174~175）

10	上篇	四	同其塵。 （p.56）	與俗混一而不分。正謂呼我以牛，以牛應之。呼我以馬，以馬應之。（p.56~57）	〈應帝王〉 「一以己為馬，一以己為牛，其知情信，其德甚真，而未始入於非人」。 （p.433）	此言泰氏超越有虞，虛懷以遊世。心閒而自得，且物我兼忘，人呼以為牛，則以牛應之。人呼以為馬，則以馬應之。未嘗堅執我見，與物俱化。其知則非……蓋已得大宗師之體而應用世間，特推緒餘以度世。故云未始入於非人。 （p.433~434）
11	上篇	五	天地之間，其猶橐籥乎？虛而不屈，動而愈出。多言數窮，不如守中。（p.57）	天地雖是生育萬物，不是有心要生。……蓋守中，即進道之功夫也。（p.57~58）	〈齊物論〉 （p.189~277）	老子云「天地之間，其猶橐籥乎？虛而不屈，動而愈出。多言數窮，不如守中。」此齊物分明是其注疏。 （p.191~192）
12			虛而不屈，動而愈出。 （p.57）	故用不為伸，不用則虛以自處，置之…任其造作而不修，故曰動而愈出。（p.58）	〈齊物論〉 「喜怒哀樂，慮嘆變熱，姚佚啓態，樂出虛」。（p.203）	言其人雖不同，其情狀雖不一。其實自亦不知其所發，如樂之出於虛。即老子云「虛而不屈，動而愈出」之意也。（p.203）
13	上篇	六	玄牝之門。 （p.58）	且能生天生地，萬物生生而不已，故曰是謂玄牝。……萬物皆出於機，入於機。故曰玄牝之門，是謂天地根。（p.58）	〈德充符〉 「使之和豫通，而不失於兌」。（p.359）	和者，即中和之和，謂性真達於事變，渾然而不失其體也。……兌者，即老子「玄牝之門」。謂虛通應物而無跡者也。言真人所以才全者，蓋保其性真而不失也。 （p.359~360）
14			用之不勤。 （p.58）	愈動而愈出，用之不竭，故曰不勤。……無心而應用，故不勤耳。（p.58）	〈大宗師〉 「而人真以為勤行者也」。 （p.384）	老子云「用之不勤」。勤，勞也。言真人遊行於世，無心而遊，雖行而不勞也。 （p.384）

15	上篇	八	處眾人之所惡，故幾於道。（p.59）	然世人皆好高而惡下，唯聖人處之，故曰處眾人之惡，故幾於道。（p.60）	〈人間世〉「支離疏者……又況支離其德者乎」。（p.336~337）	此言支離其形，足以全生而遠害，況釋智遺形者乎。此發揮老子「處眾人之所惡，故幾於道」之意。前以木之材不材以況，此以人喻，亦更切矣。（p.337）
16			處眾人之所惡，故幾於道。（p.59）	然世人皆好高而惡下，唯聖人處之，故曰處眾人之惡，故幾於道。（p.60）	〈德充符〉（p.340~368）	此篇立意，謂德充實於內者，必能遊於形骸之外，而不……蓋釋老子「處眾人之所惡，故幾於道」之意也。（p.340~341）
17	上篇	十	天門開闔，能無雌乎。（p.61）	蓋門有虛通出入之意。而人心之虛靈，所以應事接物，莫不由此天機發動。蓋常人應物，由心不虛，凡事有所留藏，故心茆塞。莊子謂「室無空虛，則婦姑勃谿」……然聖人用心若鏡，不將不迎，來無所粘，去無蹤跡。所謂應而不藏。此所謂天門開闔而無雌也。（p.62~63）	〈外物〉「室無空虛，則婦姑勃谿」。〈應帝王〉「至人之用心若鏡，不將不迎，應而不藏，故能勝物而不傷」。（p.449）	至人用心，如明鏡當臺，物來順照。並不將心要應，事之未至，亦不以心先迎，即物一至，妍醜分明，而不留藏妍醜之跡，了無是非之心。如此虛心應世，故能勝物而物卒莫能傷之者，虛之至也。（p.449）
18	上篇	十三	貴大患若身。（p.65）	蓋言貴為君人之患。莊子曰，千金重利，卿相尊位也。子獨不見郊祀之犧牛乎。養食之數歲，衣以文繡，以入太廟。當是之時，雖欲為狐豚，豈可得乎？（p.66）	筆者按：《老子道德經解》憨山之註，取自《莊子》〈列禦寇〉之意。	
19	上篇	十五	古之善為士者，微妙玄通，深不可識。（p.68）	莊子謂「嗜欲深者天機淺」。（p.68）	〈大宗師〉「其嗜欲深者，其天機淺」。（p.377）	言世人黷淺如此者，乃嗜欲之深，汩昏真性，全不知有天然妙性，皆墮妄知，無真知也。（p.377）

20			渙若冰將釋。(p.68)	莊子謂暖然似春。又云冰解凍釋。爲其氣融合，使可親愛之意。（p.68）	筆者按：《老子道德經解》憨山之註，取自《莊子》〈庚桑楚〉之意。	
21	上篇	十九	絕仁棄義。（p.73）	此即莊子所謂「虎狼，仁也」。(p.74)	筆者按：《老子道德經解》憨山之註，取自《莊子》〈天運〉「虎狼，仁也」。	
22			見素抱樸，少思寡欲。（p.73）	若知老子此中道理，只以莊子〈馬蹄〉、〈胠篋〉作註解，自是超足。(p.74)	〈馬蹄〉〈胠篋〉	
23	上篇	二十	俗人昭昭，我獨昏昏。俗人察察，我獨悶悶。（p.74~75）	故俗人昭昭，而我獨昏昏。昭昭，謂智巧現於外也。……昏昏悶悶，皆無知貌。（p.76）	〈齊物論〉「是故滑疑之耀，聖人所圖也」。(p.234)	滑疑之耀者，乃韜晦和光，即老子昏昏悶悶之意。（p.234）
24	上篇	二十	俗人昭昭，我獨昏昏。俗人察察，我獨悶悶。（p.74~75）	故俗人昭昭，而我獨昏昏。昭昭，謂智巧現於外也。俗人……昏昏悶悶，皆無知貌。(p.76)	〈德充符〉「申屠嘉，兀者也。而與鄭子產，同師於伯昏無人」。(p.347)	此亦撰出其人名，蓋從老子眾人昭昭，我獨若昏，故以昏爲聖人之名。(p.347)
25			求食於母。（p.75）	聖人忘物體道，故獨求食於母。（p.76）	〈大宗師〉「得之以襲氣母」。(p.394)	襲，取也。氣母，生物之本也。襲氣母，即老子「求食於母」。(p.394)
26	上篇	二十一	孔德之容，惟道是從。(p.77)	言道乃無形名之形名也。……且此德容，皆從道體所發，即是道之形容也。故日孔德之容，惟道是從。（p.77）	〈大宗師〉「若然者，其心志，其容寂，其顙頯」。(p.380)	若然者。言眞人如此遊世。其容貌與眾不同，其心志……不拘拘之狀也。此老子云「孔德之容，唯道是從」也。(p.380)
27			窈兮冥，其中有精。其精甚眞，其中有信。(p.77)	其體至深至幽，不可窺測。……故曰窈兮冥，其中有精。其精甚眞，此正《楞嚴》所謂唯一精眞。精色不沈，發現幽祕，此則……故曰其中有信。(p.77)	〈齊物論〉「若有眞宰，而特不得其朕，可行已信，而不見其形」。(p.205)	但求之而不見其形容耳。此即老子云「杳杳冥冥，其中有精，其精甚眞，其中有信」之意。（p.205）

28			窈兮冥，其中有精。其精甚眞，其中有信。（p.77）	其體至深至幽，不可窺測。……故曰窈兮冥，其中有精。其精甚眞，此正《楞嚴》所謂唯一精眞。精色不沈，發現幽祕，此則……故曰其中有信。（p.77）	〈大宗師〉夫道「有情有信」。（p.393）	此言大道之體用也。齊物云，可形已信，有情無形，正指此也。此從老子「窈窈冥冥，其中有精，其精甚眞，其中有信」，此言有情，謂雖虛而有實體，不失其用曰信。（p.393）
29	上篇	二十三	德者，同於德；失者，同於失。（p.79~80）	即所謂呼我以牛，以牛應之，呼我以馬，以馬應之，無可不可。（p.80）	〈應帝王〉「一以己爲馬，一以己爲牛，其知情信，其德甚眞，而未始入於非人」。（p.433）	此言泰氏超越有虞，虛懷以遊世。心閒而自得，且物我兼忘，人呼以爲牛，則以牛應之。人呼以爲馬，則以馬應之。未嘗堅執我見，與物俱化。其知則非……蓋已得大宗師之體而應用世間，特推緒餘以度世。故云未始入於非人。（p.433~434）
30	上篇	二十五	人法地，地法天，天法道，道法自然。（p.82）	世人但知王大，而不知聖人取法於天地。此則天地又大於王。世人但知天地大，而不知天地自道中生，取法於道。此則道又大於天地也。……故曰道法自然。且而大道之妙，如此廣大精微。而世人豈可以一曲之見，自見自是以爲得哉。此其所以自見者不明，自是者不彰耳。（p.82~83）	〈齊物論〉「是以聖人不由照之於天，亦因是也」。（p.219）	言聖人不由世人之是非，而獨照明於天然之大道，故是爲眞是，故曰亦因是也。此言聖人之因是，乃照破之眞是，不似世人以固執我見爲是，而妄以人爲非也，此即老子之「人法天」。（p.219）

31			人法地，地法天，天法道。（p.82）	世人但知王大，而不知聖人取法於天地。此則天地又大於王。世人但知天地大，而不知天地自道中生，取法於道。此則道又大於天地也。（p.82）	〈齊物論〉「是亦彼也，彼亦是也。彼亦一是非，此亦一是非。果且有彼是乎哉？果且無彼是乎哉？彼是莫得其偶，謂之道樞，樞始得其環中，以應無窮。是亦一無窮，非亦一無窮也。故曰莫若以明」。（p.220~221）	此一節言聖人照破，則了無是非，自然合乎大道，應變無窮，而其妙處，皆由一以明耳。此欲人悟明，乃為眞是也，則物論不待齊而自齊矣。此即老子之「天法道」。（p.222）
32			道法自然。（p.82）	雖然，道固爲大，而猶有稱謂名字。至若離名絕字，方爲至妙，合乎自然，故曰道法自然。（p.82）	〈齊物論〉「已而不知其然，謂之道」。（p.226）	謂至無往而不達，則了無是非，順物忘懷，則不知其所以然，謂之道。此老子「道法自然」。（p.226）
33	上篇	二十六	重爲輕根，靜爲躁君。是以……輕則失根，躁則失君。（p.83）	莊子養生、讓王，蓋釋此篇之意。子由……齊物以身爲臣妾，以性爲眞君，源出於此。（p.84）	〈齊物論〉〈養生主〉〈讓王〉	筆者按：由《老子道德經解》可知，〈養生主〉、〈讓王〉爲此篇之註疏；而〈齊物論〉之「眞君」亦源於此。
34	上篇	二十七	善行無轍迹。（p.84）	此言聖人善入塵勞，過化存神之妙也。……聖人虛己遊世，不與物忤，任物之自然，所謂忘於物者物亦忘之。彼此兼忘，此行之善者。故無轍迹。（p.84）	〈人間世〉「絕跡易，無行地難」。（p.309）	言逃人絕世尚易，獨有涉世無心，不著形跡爲難。即老子「善行無轍跡」。（p.309）
35			故無棄物，是謂襲明。（p.84）	無不可爲之事，物各有理，故無棄物。……莊子庖丁游刃解牛，因其固然，動刀甚微，劃然已解。意出於此。（p.85）	〈養生主〉	筆者按：「庖丁解牛」。
36	上篇	三十二	名亦既有。（p.91）	莊子所謂從有適有，巧歷不能得，故曰名亦既有。而殉名者愈流愈下，逐末忘本，不知其返矣。（p.92）	〈齊物論〉「自此以往，巧歷不能得，而況其凡乎！故自無適有，以至於三，而況自有適有乎！」（p.243）	自以言相待而爲三，則相待無窮，縱有巧於歷數者，不得終窮矣。況其凡乎！言自無才適有，則已成三，而況自有適有，則無極矣！（p.243）

37	上篇	三十三	自知者明。（p.92）	莊子云，所謂見見者，非謂見彼也，自見而已矣。所謂聞聞者，非謂聞彼也，自聞而已矣。所自見自聞，是所謂自知者明也。（p.92）	筆者按：《老子道德經解》憨山之註，取自《莊子》〈駢拇〉之意。	
38			自知者明。（p.92）	莊子云，所謂見見者，非謂見彼也，自見而已矣。所謂聞聞者，非謂聞彼也，自聞而已矣。所自見自聞，是所謂自知者明也。（p.92）	〈德充符〉「今子之所取大者先生也，而猶出言若是，不亦過乎」。（p.348）	此譏子產之不明也。蓋聞老子「自知者明」之意。笑子產不自知也。意謂子產既遊聖人之門，而猶發言如此，足見無眞學問也。（p.348）
39	下篇	三十八	失道而後德，失德而後仁，失人而後義。（p.97）	此所以為忠信之薄，而亂之首也。故其德下衰，至此已極，聖人亦無可為天下之具矣。故失道而後德，失德而後仁，失人而後義。（p.98）	〈大宗師〉「泉涸，魚相與處於陸，相呴以濕，相濡以沫，不如相忘於江湖」。（p.388）	老子云「失道而後德，失德而後仁，失仁而後義」，此取魚失水，如失道德而後仁義，且以仁義相尙，正似相濡以濕沫，不若相忘於江湖，以喻必忘仁義，而可遊於大道之鄉也。（p.388）
40	下篇	三十九	天得一以清。（p.99）	凡諸有為，莫不以之為本。……意謂天地萬物，皆以道體而為本也。故天得之而清覆於上。（p.99~100）	〈大宗師〉「夫道」有情有信」。（p.393）	故此下發揮大道之妙，以明萬物所係一化所待之義，皆從老子「天得一以清」等來。（p.393）
41			天得一以清。（p.99）	凡諸有為，莫不以之為本。……意謂天地萬物，皆以道體而為本也。故天得之而清覆於上。（p.99~100）	〈大宗師〉「莫知其始，莫知其終」。（p.395）	故莫知其始終，此直從老子「天得一以清」一章中變化如許說話。（p.395）
42	下篇	四十五	清淨為天下正。（p.106）	是故聖人貴乎清淨為天下正。此其不言之教，無為之益，天下希及之矣。（p.107）	〈應帝王〉「夫聖人之治也，治外乎，正而後行」。（p.435）	言聖人之治天下，豈治外乎？正，即前云……謂聖人但自正性命，而施之百姓，使各自正之。老子云「清淨為天下正」。（p.435）

43	下篇	五十	出生入死。 （p.110）	此言聖人所以超乎生死之外者，以其澹然無慾，忘形之至，善得無生之理也。出生入死者，爲死出於生也。（p.110）	〈大宗師〉 「古之眞人，不知悅生，不知惡死，其出不訢，其入不距」。（p.378）	此則言眞人不但忘利害，而且超死生……老子云「出生入死」由不悅生，故不貪生。 （p.378）
44			蓋聞善攝生者。（p.110）	蓋聞善養生者，不養其生，而養其生之主。然有其生者，形也。主其生者，性也。性爲生主。性得所養，而復其眞，則形骸自忘。形忘則我自空，我空則無物與敵。（p.111）	筆者按：《老子道德經解》憨山之註，取自《莊子》〈養生主〉之大意。	此篇教人養性全生，以性乃生之主也。（p.277）
45			以其無死地。 （p.110）	夫何故，以其無死地焉。是知我者，生之寄。生者，死之地也。無我無生，又何死之有。（p.111）	〈逍遙遊〉 「物莫之傷」。（p.179）	言已脫形骸，無我與物對，故物莫能傷。即老子云「以其無死地」焉。 （p.179）
46		五十一	生而不有，爲而不恃，長而不宰。 （p.111） （12）	且如此生之，生生不已，而不自有其生。如此作爲，以成熟之，而不自恃其爲。雖爲萬物之主，而不自以爲宰。（p.112）	〈大宗師〉 「齏萬物而不爲義，澤及萬世而不爲仁」。（p.426）	吾大宗師，則齏粉萬物而不以爲義，縱澤及萬世而不以爲仁，以大仁不仁，大義不義，即老子「生而不有，爲而不恃，長而不宰」之意。 （p.426）
47	下篇		生而不有，爲而不恃，長而不宰。 （p.111）	且如此生之，生生不已，而不自有其生。如此作爲，以成熟之，而不自恃其爲。雖爲萬物之主，而不自以爲宰。（p.112）	〈應帝王〉 「立乎不測，而遊於無有者也」。（p.440）	不可測識。不測無有，通指大道之鄉也。此全是老子爲而不長不宰之意。（p.440）
48			生而不有，爲而不恃，長而不宰。 （p.111）	且如此生之，生生不已，而不自有其生。如此作爲，以成熟之，而不自恃其爲。雖爲萬物之主，而不自以爲宰。（p.112）	〈應帝王〉 「陽子居見老聃曰，有人……而遊於無有者也」。 （p.438~440）	此一節，發揮明王之治，皆申明老子之意。以示所宗立言之本極，稱大宗師，應世而爲聖帝明王，以行無爲之化也。（p.440）

49	下篇	五十四	修之於家，其德乃餘；修之於鄉，其德乃長；修之於國，其德乃豐；修之於天下，其德乃普。（p.115）	莊子曰：「道之真以治身，其緒餘以為國家，其土苴以為天下。」故曰，修之家，其德乃餘；修之鄉，其德乃長；修之國，其德乃豐；修之天下，其德乃普。（p.115~116）	筆者按：《老子道德經解》憨山之註，取自《莊子》〈讓王〉「道之真以治身，其緒餘以為國家，其土苴以治天下」之意。	
50	下篇	五十七	我無為而民自化，我好靜而民自正。（p.119）	以此天下擾擾而不安，是皆有為妄動，有事多欲之過也。故古之聖人有言曰，我無為而民自化，我好靜而民自正，我無事而民自富，我無欲而民自樸，宜矣。（p.120）	〈應帝王〉「齧缺問於王倪，四問而四不知……肩吾見狂接輿曰……而曾二蟲之無知」。（p.432~436）	此上二節，言治天下，不可以有心恃知好為以自居其功。若任無為，而百姓自化。老子曰，我無為而民自化，清淨為天下正，若設法以制其民，不但不從，而且若鳥鼠而驚且避之也。（p.436）
51	下篇	五十八	人之迷，其日固久。是以聖人方而不割。（p.120）	此人心之迷固已久矣，縱有聖人之教，亦不能正之矣。莊子曰三人行，一人迷方，猶有解者。二人惑，則不能易。今天下皆迷，其誰能解之耶？是以聖人遊濁世以化民，貴在同塵和光，渾然無跡。故雖方而不傷其割。（p.121）	筆者按：《老子道德經解》憨山之註，取自《莊子》〈天地〉之意。	
52	下篇	五十九	治人、事天。（p.121）	老子所言人天，莊子解之甚明，如曰，不以人害天，不以物傷性。（p.121）	筆者按：《老子道德經解》憨山之註，取自《莊子》〈駢拇〉之意。	
53			早復謂之重積德。（p.121）	莊子曰，賊莫大於德有心。然有心之德施於外，故輕而不厚。復性之功，天德日全，不期復而自復，所謂復見天地之心。故曰早復謂之重積德。（p.122）	筆者按：《老子道德經解》憨山之註，取自《莊子》〈列禦寇〉之意。	

54			重積德，則無不克；無不克，則莫知其極；莫知其極，可以有國。（p.121）	此內聖之德既全，雖無心於天下，乃可以託於天下。故曰莫知其極，可以有國。此內聖之道，眞以治身，其緒餘以爲天下國家。（p.122）	筆者按：《老子道德經解》憨山之註，取自《莊子》〈讓王〉之意。	
55	下篇	六十四	其安易持，其未兆易謀……是以聖人欲不欲，不貴難得之貨；學不學，復眾人之所過。以輔萬物之自然，而不敢爲。（p.128）	莊子內聖外王學問，全出於此。（p.130）	筆者按：憨山所言之「內聖外王」，主要指的乃是〈大宗師〉、〈應帝王〉兩篇。	
56	下篇	六十六	以其不爭，故天下莫能與之爭。（p.131）	此爭非爭鬪之謂，蓋言心不馳競於物也。以其不爭，故天下莫能與之爭。莊子所謂兼忘天下易，使天下忘己難。此則能使天下忘己，故莫能與之爭耳。（p.132）	筆者按：《老子道德經解》憨山之註，取自《莊子》〈天運〉「大宰蕩問仁於莊子」段落之意。	
57	下篇	六十七	天下皆謂我道大似不肖。（p.132）	即莊子所謂大有逕庭，不近人情也。此蓋當時人見老子其道廣大，皆如下文所云，以勇廣器長稱之，且不得而名，故又爲不肖。（p.133）	筆者按：《老子道德經解》憨山之註，取自其《莊子內七篇註》〈逍遙遊〉「大有逕庭，不近人情焉」之意。（p.177）	二字皆去聲，謂過當也。肩吾信不及處，信是小知小見也。（p.177）
58	下篇	七十五	民之飢，以其上食稅之多……夫惟無以生爲者，是賢於貴生。（p.142~143）	此中妙處，難盡形容。當熟讀莊子養生主，馬蹄胠篋諸篇，便是注解。又當通前四章反復參玩，方見老子喫緊處。（p.143）	〈養生主〉〈馬蹄〉〈胠篋〉	

59	下篇	七十九	和大怨，必有餘怨，安可以爲善。（p.146）	大怨既和，而必責報。報之不至，而怨亦隨之，是有餘怨也。莊子云，賊莫大於德有心。故曰安可以爲善。（p.147）	筆者按：《老子道德經解》憨山之註，取自《莊子》〈列禦寇〉「賊莫大乎德有心」段落之意。	
60	下篇	八十一	善者不辯，辯者不善。（p.148）	且世衰道微，人心不古，當時學者不達無言之旨，乃曉曉好辯尙博，各擅專門。如楊朱墨翟御寇公孫之徒，祖述相傳，以辯博爲宗，自以爲善。殊不知以多歧亡羊，多方喪眞，去道轉遠。老子因而斥之曰，孰知不言之教，不辯之辯哉。以彼辯者，則不善於道。果善於道，則自不辯矣。（p.149）	〈齊物論〉故曰辯也者，有不見也。（p.247）	故曰者，引古語也。老子云「善者不辯，辯者不善」。（p.247）

註釋：

（1）請參見第三章第二節〈憨山德清解老與註莊之方式〉之第一小節〈《老子道德經解》引莊子註疏者〉之說明。

（2）請參見第三章第二節〈憨山德清解老與註莊之方式〉之第二小節〈《莊子內七篇註》引老子原文者〉之說明。

（3）爲解說之便，於表中加入序號，由 01、02 之順序開始，以下按照順序排列。

（4）憨山於《老子道德經解》中，將老子《道德經》分爲上、下兩篇，依「章節」排序：一至三十七章爲《老子道德經解》上篇；三十八至八十一章爲《老子道德經解》下篇。表中之上、下篇以憨山《老子道德經解》中所分之篇章爲主。

（5）爲解說之便，將憨山《老子道德經解》中所引之《老子》原文，分爲八十一個章節，由一、二之順序開始，以下照順序排列。

（6）此處所言之《老子》，指的乃是憨山《老子道德經解》中所引之《老子》原文，此處以本文所用之版本：明・憨山大師，《老子道德經憨山註；莊子內篇憨山註（附觀老莊影響論一名三教源流異同論）》，（臺北：新

文豐出版股份有限公司，民國 85 年 4 月，初版四刷）為主。

（7）乃憨山《老子道德經解》中之註疏。

（8）此處所言之《莊子》，指的乃是憨山《莊子內七篇註》中所引之《莊子》
原文，此處以本文所用之版本：明・憨山大師，《老子道德經憨山註；
莊子內篇憨山註（附觀老莊影響論一名三教源流異同論）》，（臺北：新
文豐出版股份有限公司，民國 85 年 4 月，初版四刷）為主。其中若無
原文對照之處，則於「筆者按」後加以說明。

（9）乃憨山《莊子內七篇註》中之註疏。其中，若無註文對照之處，以兩種
方式處理。其一，因憨山未註《莊子》外、雜篇，故無註文，則以「空
白」示之；其二，與《莊子內七篇註》有關者，但缺乏註文，則於「筆
者按」後加以說明。

（10）表中所標示之所有頁數，皆以明・憨山大師，《老子道德經憨山註；莊
子內篇憨山註（附觀老莊影響論一名三教源流異同論）》，（臺北：新文
豐出版股份有限公司，民國 85 年 4 月，初版四刷）之版本為主，以下
不再贅述。

（11）《老子道德經解》《老子》原文中，與第二章「生而不有，為而不恃，功
成而不居，夫惟不居，是以不去」之意相同者有：第十章與第五十一章
的「生而不有，為而不恃，長而不宰，是為玄德」。

（12）《老子道德經解》《老子》原文中，與第二章「生而不有，為而不恃，
功成而不居，夫惟不居，是以不去」之意相同者有：第十章與第五十一
章的「生而不有，為而不恃，長而不宰，是為玄德」。

參考書目

一、原文文獻（依時代排列）

1. 晉・郭象注、唐・成玄英疏；曹礎基、黃蘭發點校，《南華眞經注疏》，（北京：中華書局，民國 87 年 7 月，北京第一次印刷）。

2. 宋・林希逸，《南華眞經口義》，嚴靈峰編輯，《無求備齋莊子集成初編》（七）：宋・林希逸，《南華眞經口義》，（臺北：藝文印書館，民國 61 年 5 月，初版）。

3. 明・陸西星眞人，《莊子南華眞經副墨》（上），（臺北市：自由出版社，民國 63 年 3 月，初版）。

4. 明・焦竑，《莊子翼》，（臺北市：廣文書局有限公司，民國 52 年 7 月，初版）。

5. 明・憨山大師，《大乘起信論直解》，（臺北市：臺灣印經處，民國 47 年 10 月，初版）。

6. 明・憨山大師，《大方廣佛華嚴經綱要》八十卷，《卍續藏》第十二冊〈華嚴綱要〉八十卷之內自一至十五卷；《卍續藏》第十三冊〈華嚴綱要〉八十卷之內自十六至六十七卷；《卍續藏》第十四冊〈華嚴綱要〉八十卷之內自六十八至八十卷，（臺北：新文豐出版股份有限公司，民國 84 年 8 月，臺一版三刷）。

7. 明・憨山大師，《金剛經決疑》，《卍續藏》第三十九冊，（臺北：新文豐出版股份有限公司，民國 84 年 8 月，臺一版三刷）。

8. 明・憨山大師，《般若心經直說》，《卍續藏》第四十一冊，（臺北：新文豐出版股份有限公司，民國 84 年 8 月，臺一版三刷）。

9. 明・憨山大師，《妙法蓮華經擊節》，《卍續藏》第四十九冊，（臺北：新文豐出版股份有限公司，民國 84 年 8 月，臺一版三刷）。

10. 明‧憨山大師，《妙法蓮華經通義》，《卍續藏》第四十九冊，（臺北：新文豐出版股份有限公司，民國 84 年 8 月，臺一版三刷）。

11. 明‧憨山大師，《八十八祖道影傳贊》，《卍續藏》第一百四十七冊，（臺北：新文豐出版股份有限公司，民國 84 年 8 月，臺一版三刷）。

12. 明‧憨山大師，《老子道德經憨山註；莊子內篇憨山註（附觀老莊影響論一名三教源流異同論）》，（臺北：新文豐出版股份有限公司，民國 85 年 4 月，初版四刷）。

13. 明‧憨山大師，《楞嚴經通議》（上、下），（臺中：青蓮出版社，臺中市佛教蓮社恭印結緣，民國 86 年）。

14. 明‧憨山大師、福善記錄、福徵述疏，《憨山大師年譜疏註》，（臺北：老古文化事業股份有限公司，民國 87 年 4 月，初版八刷）。

15. 明‧憨山大師，《性相通說》，（臺北：大千出版社，民國 88 年 4 月）。

16. 明‧憨山大師、福善日錄、通炯編輯，《憨山老人夢遊集》，（臺北：新文豐出版股份有限公司，民國 89 年 12 月，一版四刷）。

17. 明‧憨山大師，《圓覺經直解》，（臺南市：和裕出版社，民國 91 年，一版二刷）。

18. 明‧憨山大師，《肇論略注》，（臺北：佛教出版社）。

19. 明‧憨山大師，《中庸直指》，蕭天石主編，《中國子學名著集成》珍本初編儒家子部第十六冊《中庸彙函》〈中庸直指〉，（臺北：中國子學名著集成編印基金會）。

20. 清‧王夫之，《莊子解》，（臺北市：河洛圖書出版社，民國 67 年 9 月，臺影印初版）。

21. 清‧王先謙、民國‧劉武，《莊子集解、莊子集解內篇補正》，（臺北縣：漢京文化事業有限公司，民國 77 年 12 月 30 日，初版）。

22. 清‧宣穎，《莊子南華經解》，（臺北市：廣文書局有限公司，民國 67 年 7 月，初版）。

23. 清‧陳壽昌，《南華眞經正義》（附識餘）（上），（臺北市：廣文書局有限公司，民國 67 年 7 月，初版）。

24. 清‧郭慶藩集釋，《莊子集釋》，（臺北市：世界書局，民國 44 年 11 月，臺一版）。

25. 民國‧僧懺，《高僧憨山大師選集》，（臺北：新文豐出版股份有限公司，民國 81 年 10 月，一版二刷）。

二、學術專著（依作者姓氏筆畫排列）

（一）中文學術專著

1. 于凌波，《唯識學綱要》，（臺北：東大圖書股份有限公司，民國 81 年 1 月，初版）。

2. 于凌波，《簡明佛學概論》，（臺北：東大圖書股份有限公司，82 年 8 月，再版）。

3. 方立天，《佛教哲學》（增訂本），（北京：中國人民大學出版社，民國 86 年 6 月，二版三刷）。

4. 方東美，《中國哲學之精神及其發展》（上），（臺北市：成均出版社，民國 73 年 4 月，初版）。

5. 方東美，《原始儒家道家哲學》，（臺北市：黎明文化事業股份有限公司，民國 74 年 11 月，再版）。

6. 王邦雄，《中國哲學論集》，（臺北市：臺灣學生書局，民國 72 年 8 月，初版）。

7. 王邦雄，《老子的哲學》，（臺北：東大圖書股份有限公司，民國 80 年 4 月，七版）。

8. 王邦雄、岑溢成、楊祖漢、高柏園，《中國哲學史》，（臺北：國立空中大學，民國 84 年 8 月，初版）。

9. 王叔岷，《莊子校詮》（上冊），（臺北市：中央研究院歷史語言研究所，民國 88 年 6 月，影印三版）。

10. 王煜，《老莊思想論集》，（臺北市：聯經出版事業公司，民國 70 年 3 月，初版第二次印行）。

11. 王煜，《明清思想家論集》，（臺北市：聯經出版事業公司，民國 81 年 4 月，第三次印行）。

12. 王葆玹，《玄學通論》，（臺北市：五南圖書出版有限公司，民國 85 年 4 月，初版一刷）。

13. 左東嶺，《王學與中晚明士人心態》，（北京：人民文學出版社，民國 89 年 4 月，初版初刷）。

14. 印順，《佛在人間》，（臺北市：正聞出版社，民國 76 年）。

15. 江燦騰，《明清民國佛教思想史論》，（北京：中國社會科學出版社，民國 85 年 11 月，初版初刷）。

16. 江燦騰，《晚明佛教叢林改革與佛學諍辯之研究——以憨山德清的改革生涯為中心》，（臺北市：新文豐出版股份有限公司，民國 79 年 12 月，一版）。

17. 江燦騰，《現代中國佛教史新論》，（高雄市：財團法人淨心文教基金會，民國 83 年 4 月）。

18. 牟宗三，《才性與玄理》，（臺北市：臺灣學生書局，民國 86 年 8 月，修訂八版臺八刷）。

19. 牟宗三,《中國哲學十九講》,(臺北市:臺灣學生書局,民國 86 年 1 月,初版第七次印刷)。

20. 何俊,《西學與晚明思想的裂變》,(上海:上海人民出版社,民國 87 年 8 月,初版初刷)。

21. 余培林,《新譯老子讀本》,(臺北市:三民書局股份有限公司,民國 84 年 8 月,初版第十一版)。

22. 吳光明,《莊子》,(臺北:東大圖書股份有限公司,民國 81 年 9 月)。

23. 吳汝鈞,《老莊哲學的現代析論》,(臺北市:文津出版社有限公司,民國 87 年 6 月,初版初刷)。

24. 吳怡,《中國哲學發展史》,(臺北市:三民書局股份有限公司,民國 85 年 11 月,四版)。

25. 吳怡,《逍遙的莊子》,(臺北:東大圖書有限公司,民國 73 年 10 月,初版)。

26. 吳怡,《新譯老子解義》,(臺北市:三民書局股份有限公司,民國 90 年 3 月,初版四刷)。

27. 吳怡,《新譯莊子內篇解義》,(臺北市:三民書局股份有限公司,民國 89 年 4 月,初版)。

28. 吳怡,《禪與老莊》,(臺北市:三民書局股份有限公司,民國 88 年 2 月,九版)。

29. 吳林伯,《莊子新解》,(北京:京華出版社,民國 87 年 10 月,初版初刷)。

30. 吳經熊著;吳怡譯,《禪學的黃金時代》,(臺北:臺灣商務印書館股份有限公司,民國 88 年 3 月,初版第十九刷)。

31. 李焯然,《明史散論》,(臺北市:允晨文化事業股份有限公司,民國 80 年 12 月)。

32. 杜而未,《莊子宗教與神話》,(臺北市:臺灣學生書局,民國 74 年 10 月,初版)。

33. 杜保瑞,《莊周夢蝶》,(臺北市:書泉出版社,民國 84 年 2 月,初版一刷)。

34. 杜繼文、魏道儒,《中國禪宗通史》,(南京市:江蘇古籍出版社,民國 84 年 2 月,初版初刷)。

35. 沈清松,《現代哲學論衡》,(臺北市:黎明文化事業股份有限公司,民國 83 年 10 月,四刷)。

36. 沈善增,《還吾莊子》,(上海:學林出版社,民國 90 年 6 月,初版初刷)。

37. 汪國棟,《莊子評傳──南華夢覺話逍遙》,(南寧市:廣西教育出版社,民國 85 年 11 月,初版初刷)。

38. 周群，《儒釋道與晚明文學思潮》，（上海：上海書店出版社，民國 89 年 3 月，初版初刷）。

39. 岡田武彥著；吳光、錢明、屠承先譯，《王陽明與明末儒學》，（上海：上海古籍出版社，民國 89 年 5 月，初版初刷）。

40. 忽滑谷快天撰、朱謙之譯、楊曾文導讀，《中國禪學思想史》（上、下），（上海：上海古籍出版社，民國 91 年四月，第一次印刷）。

41. 林繼平，《王學探微十講》，（臺北市：蘭臺出版社，民國 90 年 7 月）。

42. 林繼平，《明學探微》，（臺北：臺灣商務印書館股份有限公司，民國 73 年 12 月，初版）。

43. 林繼平，《禪學探微十講》，（臺北市：蘭臺網路出版商務股份有限公司，民國 91 年 7 月，初版）。

44. 邱榮鐄，《莊子哲學體系論》，（臺北市：文津出版社有限公司，民國 88 年 7 月，初版初刷）。

45. 金白鉉，《莊子哲學中天人之際研究》，（臺北市：文史哲出版社，民國 75 年 8 月，初版）。

46. 南懷瑾，《楞嚴大義今釋》，（臺北：老古文化事業股份有限公司，民國 91 年 6 月，臺灣二版一刷）。

47. 柳田聖山著、吳汝鈞譯，《中國禪思想史》，（臺北：臺灣商務印書館股份有限公司，民國 81 年 9 月，二版第一次印刷）。

48. 洪修平，《禪宗思想的形成與發展》（修訂本），（南京市：江蘇古籍出版社，民國 89 年 1 月，第一版第一次印刷）。

49. 洪修平、吳永和，《禪學與玄學》，（臺北市：揚智文化事業股份有限公司，民國 83 年 7 月，初版）。

50. 唐大潮，《明清之際道教「三教合一」思想論》，（北京：宗教文化出版社，民國 89 年 6 月，第一版第一次印刷）。

51. 唐君毅，《中國哲學原論·原道篇》（卷一），（臺北市：臺灣學生書局，民國 81 年 3 月，全集修訂版第二刷）。

52. 唐君毅，《中國哲學原論·原道篇》（卷二），（臺北市：臺灣學生書局，民國 82 年 2 月，全集校訂版第二刷）。

53. 孫尚揚，《基督教與明末儒學》，（北京：東方出版社，民國 85 年 6 月，北京初版第二次印刷）。

54. 徐小躍，《禪與老莊》，（臺北市：揚智文化事業股份有限公司，民國 83 年 5 月，初版）。

55. 徐復觀，《中國人性論史》（先秦篇），（臺北：臺灣商務印書館股份有限公司，民國 83 年 4 月，初版第十一次印刷）。

56. 徐復觀,《中國藝術精神》,(臺北市:臺灣學生書局,民國87年5月,初版第十二次印刷)。

57. 秦家懿,《王陽明》,(臺北:東大圖書股份有限公司,民國81年1月)。

58. 袁保新,《老子哲學之詮釋與重建》,(臺北市:文津出版社,民國80年9月,初版)。

59. 高柏園,《中庸形上思想》,(臺北:東大圖書股份有限公司,民國80年2月)。

60. 高柏園,《莊子內七篇思想研究》,(臺北市:文津出版社,民國89年5月,初版二刷)。

61. 高柏園,《禪學與中國佛學》,(臺北:里仁書局,民國90年3月31日,初版初刷)。

62. 涂又光,《楚國哲學史》,(武漢市:湖北教育出版社,民國84年7月,初版初刷)。

63. 崔大華,《莊學研究》,(臺北:文史哲出版社,民國88年9月,初版)。

64. 張京華,《莊子哲學辨析》,(瀋陽市:遼寧教育出版社,民國88年4月,初版初刷)。

65. 張岱年,《學苑英華:宇宙與人生》,(上海:上海文藝出版社,民國88年1月,初版初刷)。

66. 張學智,《明代哲學史》,(北京:北京大學出版社,民國89年11月,第一版第一次印刷)。

67. 莊耀郎,《郭象玄學》,(臺北市:里仁書局,民國87年3月10日,初版)。

68. 許抗生,《老子評傳——中國第一位偉大的哲學家》,(南寧市:廣西教育出版社,民國86年8,初版第二次印刷)。

69. 連清吉,《日本江戶後期以來的莊子研究》,(臺北市:臺灣學生書局,民國87年12月,初版)。

70. 郭朋,《中國佛教思想史》(下卷),(福州:福建人民出版社,民國84年9月,初版第一次印刷)。

71. 郭朋,《印順佛學思想研究》,(臺北市:正聞出版社,民國81年11月,初版)。

72. 野上俊靜等著、釋聖嚴譯,《中國佛教史概說》,(臺北:臺灣商務印書館股份有限公司,民國82年12月,二版第一次印刷)。

73. 陳沛然,《佛家哲理通析》,(臺北:東大圖書股份有限公司,民國88年2月)。

74. 陳揚炯,《中國淨土宗通史》,(南京市:江蘇古籍出版社,民國89年1月,初版初刷)。

75. 陳鼓應主編,《道家文化研究》(第二輯),(上海:上海古籍出版社,民國 84 年 11 月,初版)。

76. 陳鼓應主編,《道家文化研究》(第八輯),(上海:上海古籍出版社,民國 84 年 11 月,初版)。

77. 陳鼓應主編,《道家文化研究》(第六輯),(上海:上海古籍出版社,民國 84 年 11 月,初版)。

78. 陳鼓應註譯,《老子今註今譯及評介》,(臺北:臺灣商務印書館股份有限公司,民國 86 年 1 月,二次修訂版第一次印刷)。

79. 陳鼓應註譯,《莊子今註今譯》(上、下),(臺北:臺灣商務印書館股份有限公司,民國 88 年 11 月,修訂版第一次印刷)。

80. 陳鼓應,《老莊新論》,(上海:上海古籍出版社,民國 86 年 9 月,初版二次印刷)。

81. 陳鼓應、白奚,《老子評傳》,(南京:南京大學出版社,民國 90 年 7 月,初版初刷)。

82. 陳榮波,《哲學、語言與管理》,(桃園:逸龍出版社,民國 81 年 2 月,初版)。

83. 陶國璋,《莊子齊物論義理演析》,(臺北市:書林出版有限公司,民國 88 年 4 月,一版)。

84. 章啓群,《論魏晉自然觀》,(北京:北京大學出版社,民國 89 年 8 月,初版初刷)。

85. 麻天祥,《中國禪宗思想發展史》,(湖南教育出版社,民國 86 年 3 月,初版初刷)。

86. 傅小凡,《晚明自我觀研究》,(成都:巴蜀書社,民國 90 年 11 月,初版初刷)。

87. 傅佩榮,《儒道天論發微》,(臺北市:臺灣學生書局,民國 74 年 10 月,初版)。

88. 傅偉勳,《佛教思想的現代探索》,(臺北:東大圖書股份有限公司,民國 84 年 3 月,初版)。

89. 傅偉勳,《從創造的詮釋學到大乘佛學》,(臺北:東大圖書股份有限公司,民國 79 年 7 月,初版)。

90. 勞思光,《新編中國哲學史》(一)、(二),(臺北市:三民書局股份有限公司,民國 86 年 10 月)。

91. 湯一介,《佛教與中國文化》,(北京:宗教文化出版社,民國 88 年 9 月,初版初刷)。

92. 湯一介,《學苑英華:昔不至今》,(上海:上海文藝出版社,民國 88 年 1 月,初版初刷)。

93. 馮友蘭，《中國哲學史》（上冊），（臺北：臺灣商務印書館股份有限公司，民國 85 年 11 月，增訂臺一版第三次印刷）。

94. 馮達文，《早期中國哲學略論》，（廣東人民出版社，民國 87 年 11 月，初版初刷）。

95. 黃錦鋐，《新譯莊子讀本》，（臺北市：三民書局股份有限公司，民國 90 年 5 月，初版十六刷）。

96. 楊惠南，《禪史與禪思》，（臺北：東大圖書股份有限公司，民國 84 年 4 月，初版初刷）。

97. 楊曾文，《唐五代禪宗史》，（北京：中國社會科學出版社，民國 88 年 5 月，初版初刷）。

98. 葉海煙，《老莊哲學新論》，（臺北：文津出版社，民國 86 年 9 月，初版一刷）。

99. 葉海煙，《莊子的生命哲學》，（臺北：東大圖書股份有限公司，民國 82 年 10 月，再版）。

100. 蒙培元，《中國心性論》，（臺北市：臺灣學生書局，民國 85 年 3 月，初版二刷）。

101. 蒙培元，《中國哲學主體思維》，（北京：人民出版社，民國 86 年 5 月，初版第三次印刷）。

102. 蒙培元，《心靈超越與境界》，（北京：人民出版社，民國 87 年 12 月，北京初版初刷）。

103. 趙衛民，《莊子的道》，（臺北市：文史哲出版社，民國 87 年 1 月，初版）。

104. 劉光義，《莊學中的禪趣》，（臺北：臺灣商務印書館股份有限公司，民國 80 年 9 月，初版第二次印刷）。

105. 劉光義，《莊學蠡測》，（臺北市：臺灣學生書局，民國 75 年 5 月，初版）。

106. 劉固盛，《宋元老學研究》，（成都：巴蜀書社出版，民國 90 年 9 月，初版初刷）。

107. 劉笑敢，《老子》，（臺北：東大圖書股份有限公司，民國 86 年 4 月，初版）。

108. 劉笑敢，《兩種自由的追求：莊子與沙特》，（臺北市：正中書局，民國 87 年 12 月，臺初版第三次印行）。

109. 歐崇敬，《中國哲學史》（先秦卷），（臺北市：洪葉文化事業有限公司，民國 90 年 10 月，初版一刷）。

110. 蔡仁厚，《王陽明哲學》，（臺北市：三民書局股份有限公司，民國 81 年 8 月）。

111. 鄭世根，《莊子氣化論》，（臺北市：臺灣學生書局，民國 82 年 7 月，初

版）。

112. 鄭志明，《中國意識與宗教》，（臺北市：臺灣學生書局，民國 82 年 2 月，初版）。

113. 鄭志明，《明代三一教主研究》，（臺北市：臺灣學生書局，民國 77 年 8 月，初版）。

114. 盧國龍，《郭象評傳──理性的薔薇》，（南寧市：廣西教育出版社，民國 86 年 8 月，初版第二次印刷）。

115. 錢奕華，《宣穎南華經解之研究》，（臺北市：萬卷樓圖書有限公司，民國 89 年 5 月，初版）。

116. 錢穆，《莊子纂箋》，（臺北：東大圖書股份有限公司，民國 82 年 1 月，重印四版）。

117. 錢穆，《莊老通辯》，（臺北：東大圖書股份有限公司，民國 80 年 12 月）。

118. 謝祥皓、李思樂輯校，《莊子序跋論評輯要》，（武漢：湖北教育出版社，民國 90 年 11 月，初版初刷）。

119. 鍾泰，《莊學發微》，（上海：上海古籍出版社，民國 91 年 4 月，初版初刷）。

120. 譚宇權，《莊子哲學評論》，（臺北市：文津出版社有限公司，民國 87 年 6 月，初版初刷）。

121. 蘇新鋈，《郭象莊學平議》，（臺北市：臺灣學生書局，民國 69 年 10 月，初版）。

122. 釋印順，《中國禪宗史》，（新竹：正聞出版社，民國 87 年 1 月，初版初刷）。

123. 釋果祥，《紫柏大師研究》，（臺北市：東初出版社，民國 76 年 8 月）。

124. 釋聖嚴，《明末佛教研究》，（臺北市：東初出版社，民國 82 年 11 月）。

125. 釋夢參，《占察善惡業報經講記》，（臺北：華嚴學苑，民國 81 年 5 月，初版初刷）。

126. 釋曉雲，《讀晚明諸師遺集》，（臺北市：原泉出版社，民國 72 年 11 月，再版）。

127. 顧偉康，《禪淨合一流略》，（臺北：東大圖書股份有限公司，民國 86 年 11 月，初版）。

128. 龔雋，《《大乘起信論》與佛學中國化》，（臺北：文津出版社，民國 84 年 11 月，初版）。

129. 龔鵬程，《晚明思潮》，（宜蘭：佛光人文社會科學編譯出版中心，民國 90 年 10 月 30 日，初版初刷）。

（二）中文論文專著

1. 夏清瑕,《憨山大師佛學思想研究》,（南京大學哲學系博士學位論文,民國 89 年）,此論文收於《法藏文庫》碩博士學位論文——《中國佛教學術論典》第二十九冊,（高雄：佛光山文教基金會,民國 91 年 4 月,初版一刷）。

2. 崔森,《憨山思想研究》,（四川聯合大學宗教學研究所碩士學位論文,民國 86 年）,此論文收於《法藏文庫》碩博士學位論文——《中國佛教學術論典》第二十九冊,（高雄：佛光山文教基金會,民國 91 年 4 月,初版一刷）。

3. 張玲芳,《釋德清以佛解老莊思想之研究》,（中興大學中國文學系碩士論文,民國 88 年 6 月 15 日）。

4. 許中頤,《釋憨山《觀老莊影響論》的義理研究》,（華梵大學東方人文思想研究所碩士論文,民國 90 年 6 月）。

5. 陳永革,《晚明佛學的復興與困境》,（南京大學哲學系博士學位論文,民國 86 年）,此論文收於《法藏文庫》碩博士學位論文——《中國佛教學術論典》第三十九冊,（高雄：佛光山文教基金會,民國 91 年 4 月,初版一刷）。

6. 陳松柏,《憨山禪學之研究——以自性爲中心》,（東海大學哲學研究所博士論文,民國 85 年 12 月）。

7. 陳紹聖,《法藏三性思想研究》,（淡江大學中國文學系碩士論文,民國 91 年 7 月）。

8. 陳運星,《儒道佛三教調合論之研究——以憨山德清的會通思想爲例》,（中央大學哲學研究所碩士論文,民國 80 年 6 月）。

9. 趙春蘭,《從憨山德清思想探討其夢遊詩——以〈山居詩〉爲重心》,（華梵大學東方人文思想研究所碩士論文,民國 87 年 6 月）。

10. 釋見曄,《明末佛教發展之研究——以晚明四大師爲中心》,（國立中正大學歷史研究所博士論文,民國 86 年 12 月）。

（三）外文學術專著

1. Hsu, Sung-peng. *A Buddhist Leader in Ming China : The Life and Thought of Han-shan Te-ching.* University Park：Pennsylvania State University Press, 1979.

2. 日・荒木見悟,《佛教と陽明學》,（東京：株式會社第三文明社,民國 79 年 7 月 30,初版第二刷）。

3. 日・荒木見悟,《陽明學の開展と佛教》,（東京：研文社,民國 73 年）。

4. 日・福光永司,《莊子》,（東京：中央公論社,民國 87 年 4 月 25 日,57 版）。

三、期刊論文（依作者姓氏筆畫排列）

（一）中文期刊論文

1. 王開府，〈憨山德清儒佛會通思想述評——兼論其對《大學》、《中庸》之詮釋〉，（華梵大學哲學系：《第三次儒佛會通學術研討會論文選輯》，民國 87 年 12 月 26 日出版）。

2. 王鐳，〈儒佛道三教的研究〉，（《道教文化》第三卷第一期，民國 70 年 5 月）。

3. 史繼忠，〈儒道佛的紛爭與融合〉，（《貴州民族學院學報》（社會科學版）第三期，民國 82 年）。

4. 皮朝綱，〈憨山德清對禪宗美學的貢獻及其學術意義〉，（《華中師範大學學報》（人文社會科學版）第四十卷第一期，民國 90 年 1 月）。

5. 江平，〈憨山大師思想特色〉，（《五台山研究》第一期，民國 78 年）。

6. 江燦騰，〈晚明佛教復興運動背景的考察——以憨山德清在金陵大報恩寺的磨鍊爲例〉，（《東方宗教研究》第一期，民國 76 年 9 月）。

7. 江燦騰，〈晚明憨山德清中興曹溪祖庭及其周邊問題〉，（《中國歷史學會史學集刊》第二十八期，民國 85 年 9 月）。

8. 李小平，〈憨山夢遊集中觀音贊之研究〉，（《華梵學報》第一卷第一期，民國 82 年）。

9. 李霞，〈論明代佛教的三教合一說〉，（《安徽大學學報》（哲學社會科學版），第二十四卷第五期，民國 89 年 9 月）。

10. 李霞，〈憨山德清的三教融合論〉，（《安徽史學》第一期，民國 90 年）。

11. 李曦，〈釋德清《道德經解》評述〉，（《五台山研究》第三期，民國 77 年）。

12. 果海，〈調合禪淨雙修之論說〉，（《中國佛教》第三十三卷第一期，民國 78 年 1 月）。

13. 林文彬，〈宗密《原人論》三教和會思想初探〉，（《國立中興大學台中夜間部學報》第三期，民國 86 年 11 月）。

14. 林文彬，〈釋德清《觀老莊影響論》初探〉，（國立中興大學《文史學報》第三十一期，民國 90 年 6 月）。

15. 林聰舜，〈論莊子的「小大之辯」與「齊物」及其關係〉，（《漢學研究》第五卷第二期，民國 76 年 12 月）。

16. 邱敏捷，〈憨山《莊子內篇注》之特色〉，（《中國文化月刊》第二五八期，民國 90 年 9 月）。

17. 姜志翰，〈憨山《觀老莊影響論》的三教判攝觀〉，（《淡江中研所 87 年度冬季論文集》，民國 87 年 12 月 19 日）。

18. 洪修平，〈儒道佛三教與傳統文化的「人學」特質〉，（《哲學與文化》第十九卷第二期，民國 81 年 2 月）。

19. 唐大潮，〈「三教合一」思想成因初探〉，（《宗教哲學》第三卷第一期，民國 86 年 1 月）。

20. 夏春梅，〈儒佛註老的《道德經》詮釋研究初稿〉，（華梵大學哲學系：《第五次儒佛會通學術研討會論文集》，民國 90 年 5 月）。

21. 夏清瑕，〈從憨山和王陽明的《大學》解看晚明儒佛交融的內在深度〉，（《河南師範大學學報》（哲學社會科學版）第二十八卷第六期，民國 90 年）。

22. 夏清瑕，〈憨山德清的淨土思想〉，（《五台山研究》第三期，民國 88 年）。

23. 荒木見悟著、連清吉譯，〈陽明學的心學特質〉，（《中國文哲研究通訊》，民國 81 年 12 月）。

24. 崔正森，〈眞可思想研究〉，（《五台山研究》第三期，民國 78 年）。

25. 崔正森，〈憨山大師是明代五台山的一位著名高僧〉，（《五台山研究》第四期，民國 85 年）。

26. 郭朋，〈略論德清〉，（《世界宗教研究》第三期，民國 71 年）。

27. 郭武，〈明清雲南儒釋道三教合流簡論〉，（《宗教哲學》第二卷第二期，民國 85 年 4 月）。

28. 陳文章，〈莊子寓言精神之工夫型態與境界型態——兼比較憨山、郭象、宣穎、陳壽昌之注解〉（上），（《鵝湖》第二十二卷第十一期，民國 86 年 5 月）。

29. 陳文章，〈莊子寓言精神之工夫型態與境界型態——兼比較憨山、郭象、宣穎、陳壽昌之注解〉（下），（《鵝湖》第二十二卷第十二期，民國 86 年 6 月）。

30. 陳松柏，〈憨山老學之思考方式與世間特質〉，（華梵大學哲學系：《第六次儒佛會通論文集》下冊，民國 91 年 7 月）。

31. 陳長春，〈略談佛學與老子思想之相通處〉，（《中國佛教》，民國 74 年 9 月）。

32. 陳俊民，〈宋明「三教合一」思潮中的「心性」旨趣論稿〉，（《鵝湖》第十五卷第四期，民國 78 年 10 月）。

33. 陳堅，〈晚明「四大高僧」禪教關係論比較〉，（《五台山研究》第四期，民國 87 年）。

34. 傅偉勳，〈老莊、郭象與禪宗——禪道哲理連貫性的詮釋學試探〉，（《哲學與文化》第十二卷第十二期，民國 74 年 12 月）。

35. 黃錦鋐，〈莊子逍遙義與般若即色派的關聯性〉，（《內明》第一百五十期，民國 73 年 9 月）。

36. 溫金玉，〈德清及其佛學〉，（《五台山研究》第四期，民國77年）。

37. 熊琬，〈貫穿儒佛融通性相的──憨山大師〉，（《海潮音》第六十六卷第十一期，民國74年11月）。

38. 劉學智，〈「三教合一」義蘊辨微──兼談心性論與當代倫理實踐〉，（《宗教哲學》第一卷第四期，民國84年12月）。

39. 慧嚴，〈明末清初中國佛教的概況〉，（《中國佛教》第二十九卷第四期，民國74年4月）。

40. 蔡金昌，〈憨山德清以佛解儒思想研究──以《大學綱目決疑》為例〉，（華梵大學：《第十三屆佛學論文聯合發表會論文集》，民國91年9月14、15日）。

41. 蔡惠明，〈禪淨雙修的憨山大師〉，（《內明》第一五四期，民國74年1月）。

42. 蔡纓勳，〈憨山「不真空論」解題之研析──僅就「真空不空」之此一觀點而論〉，（《中國佛教》第三十卷第三期，民國75年3月）。

43. 鄭志明，〈莊子〈齊物論〉的三籟說〉，（淡江大學：「《莊子齊物論》研究」學術研討會，民國91年5月9日）。

44. 蕭振邦，〈莊子〈齊物論〉的三種解讀面相之釐清〉，（淡江大學中文系：莊子〈齊物論〉學術研討會，民國91年5月9日）。

45. 靜華，〈佛教「無我」與莊子「無己」之比較分析〉，（《內明》，民國78年7月）。

46. 顏崑陽，〈莊子思想與般若思想比較研究〉，（《中山學術文化集刊》，民國67年3月）。

47. 釋見曄，〈以憨山為例探究晚明佛教之「復興」內涵〉，（《中華佛學研究》第二期，民國87年3月）。

48. 釋曉雲，〈讀晚明諸師遺集（一）──憨山德清〉，（《文藝復興月刊》第四十三期，民國62年7月）。

（二）外文期刊論文

1. Wu, Pei-Yi. "The Spiritual Autobiography." *The Unfolding of Neo-Confucianism*. Ed. Wm. Theodore de Bary. New York：Columbia University Press, 1975. 67-92.

2. 日・荒木見悟，〈憨山德清の思想〉，（《池田末利博士古稀紀念東洋學論集》，民國69年9月1日）。